经济学思维

胡伟清　胡湫明　著

重庆大学出版社

──────── 内容提要 ────────

　　本书从资源、市场、互动、认知、文化与制度五个约束条件,以及个体、企业、政府、团队四类经济主体的目标优化出发,对现代经济学的庞杂内容进行了梳理,系统地阐述了经济学思维,即"约束条件下的目标优化"。全书由 64 篇随笔构成,文笔流畅幽默,自成一体,可供想系统地了解现代经济学又不愿意"啃"大部头和数学书的读者学习经济学之用,也可作为"经济学基础"或"经济学导论"类课程的教材或参考读物。

图书在版编目(CIP)数据

经济学思维 / 胡伟清,胡湫明著. -- 重庆:重庆大学出版社,2022.3
ISBN 978-7-5689-3133-5

Ⅰ.①经… Ⅱ.①胡…②胡… Ⅲ.①经济学—研究
Ⅳ.①F0

中国版本图书馆 CIP 数据核字(2022)第 054218 号

经济学思维

JINGJIXUE SIWEI

胡伟清　胡湫明　著

策划编辑:史　骥

责任编辑:夏　宇　　版式设计:史　骥
责任校对:刘志刚　　责任印制:张　策

*

重庆大学出版社出版发行
出版人:饶帮华
社址:重庆市沙坪坝区大学城西路 21 号
邮编:401331
电话:(023)88617190　88617185(中小学)
传真:(023)88617186　88617166
网址:http://www.cqup.com.cn
邮箱:fxk@cqup.com.cn(营销中心)
全国新华书店经销
重庆升光电力印务有限公司印刷

*

开本:720mm×1020mm　1/16　印张:22.25　字数:423 千
2022 年 3 月第 1 版　　2022 年 3 月第 1 次印刷
ISBN 978-7-5689-3133-5　定价:69.00 元

PREFACE ❶

序 一

　　伟清把他和儿子湫明合著的书稿《经济学思维》寄来嘱我作序，着实让我高兴！既为他的新成果开心，更为他有儿子作为合作者而欣喜！我的导师蒋学模先生也曾与其子蒋维新合作出版专著和教材，一时传为美谈。家庭成员在同一领域共同钻研学问，无疑是交易成本最低、合作效率最高、成就感最强的工作方式。

　　多年前，伟清在浙大求学。在我的印象中，他思维活跃，兴趣广泛，有湖南人那种倔强好胜、说干就干、敢于霸蛮的臭脾气。研究生毕业后，他干了很多行当，在政府部门、新闻媒体、金融机构、咨询公司等都任过职，同时又发表过小说、散文等不同体裁的作品，展现出旺盛的精力和多才多艺。十多年前我到重庆时曾对他说，他是我最挂心的几个学生之一，并提醒他"有志之人立常志，无志之人常立志"的道理。没想到他最后出人意料地回到高校，安分守己地当起了老师。后来想想也不奇怪。大学里的两大自由（即思想自由和时间自由）对他这种活泼好动的"非良民"无疑具有难以抵挡的诱惑力！而他一旦把精力聚焦于教学科研，便顺理成章地成为一个好学者、好老师、学科带头人和学院负责人。

　　最近，他把录制重庆市在线课程"经济学思维"的讲稿，和儿子胡湫明一起修改扩展成此书，我阅后觉得很有特色。现代经济学是一个庞大的体系，现有的教材一般按"微观""宏观"划分，本书则另辟蹊径，通过五个约束条件和四类经济主体的目标优化，梳理出现代经济学的轮廓，应该是一个创新。书中的内容和观点也有很多新颖、独到之处。当然，作者的努力还需经受实践的检验和读者的评判。

　　经济学著作汗牛充栋，要在其中觅得"立足之地"实属不易。市面上的经济学书籍，大体分为四类：①专著；②辞典等工具书；③教材；④普及读物。本书则"不三不四"又"且三且四"：没有按教材的格式写，但体系完整，可当"经济学导论"类的教材用；同时通俗易懂，有趣味性，使读者在轻松愉悦之中悟道明理。这得益于作者的专业学养、多年从事经济学教学和研究的经验、文学作品创作打下的文字功底和长期从事企业管理培训就的语言把控能力。

伟清爱好广泛，风趣幽默，在本书的文风上也有所体现。不同行业管理工作的长期历练、多个领域摸爬滚打的丰富阅历，都为本书写作提供了良好的素材和生动的案例。

记得他刚来浙大读研时，儿子刚刚出生。如今湫明已在英国拿到了经济学博士学位，又留校任教，子承父业，可喜可贺！期待一代更比一代强！近年来，伟清的主要兴趣转向了思维方式的研究与教学，开设了"批判性思维"等课程，这显然又是一个挑战性强、创新空间大的新领域。他不仅目光敏锐，而且动作敏捷出手快。除本书外，另有《批判性思维》和《思维课》即将出版。虽然坊间有"销量超过五百不能成为经典"的幽默话，但我还是希望他和儿子合作的书能够大卖，成为启迪思想、引领时尚的畅销书与常销书。

姚先国

2021 年 6 月

PREFACE ❷

序 二

　　胡伟清说他写了本《经济学思维》，希望我作序。我当时就想，在经济学已成显学的今天，关于经济学的各类书籍，简直就是汗牛充栋了，专业的、非专业的都有，而且写书的人，也是专业的、非专业的都有。所以就有点疑虑。等看了书稿，疑虑顿消。

　　胡伟清和儿子胡湫明合作的这本书，有以下特点：

　　第一，深入浅出，通俗易懂。全书由六十多篇随笔式的文章构成，除少数地方有必要的图、表、公式外，基本上回避了经济学令众多普通读者望而生畏的数学语言。而且很多经济学概念，也是用日常的语言进行解读。这对于非财经类专业的读者来说，大大减轻了阅读的难度。由于两位作者都是经济学专业人士，也就保证了表述的准确性。

　　经济学的普及，其实连萨缪尔森、贝克尔、克鲁格曼这样的经济学大师也是非常重视和乐意做的，国内的茅于轼、梁小民、汪丁丁等经济学家也写过很多高水平的经济学随笔。但本书有其自身特点。

　　第二，体系完整，逻辑严谨。本书借用了张五常教授的"约束条件下的最优化"来阐述经济学思维，把全书分为"约束条件"和"目标优化"两个部分，并把现代经济学庞杂内容的主要观点囊括进来，不愧是一个巧妙的构思。这就使本书不同于市面上众多的经济学普及读物。本书用二十余万字的篇幅，展现了现代经济学庞杂的内容，这一点很不容易。我们知道，现代经济学自亚当·斯密以来的两百多年间，随着经济的快速发展而快速发展，学派林立，体系庞杂。特别是进入 20 世纪，这一特点更甚。本书把 20 世纪经济学的重要方面归纳为几个约束条件，很有新意，如把博弈论归纳为"互动约束"，把信息经济学、行为经济学等归纳为"认知约束"，把新制度经济学、文化经济学等归纳为"文化与制度约束"，这就比那些把内容插入某一章节里更高明。

　　第三，联系生活，感悟人生。书中的文章，或以实际生活中的点滴出发，或联系实际着墨，不仅能让读者更容易理解，而且结合了作者多年的职场和人生感悟，不乏真知灼见。胡伟清在教育、行政、新闻、金融、咨询等多个行业任过职，阅历丰富，加之他平时本就喜欢为报刊写稿，开设过多个专栏，日积月累，头脑中自然就装了不少生活细节及人生感悟，信手拈来，使文章夹叙夹议，读后令人有所收获。本书把经济学称为"一门善解人意的科学"，在"经济学帝国主义"大行其道的今天，想来也有一定道理。

胡伟清思维活跃，风趣幽默，爱好广泛，颇有创造力和创新精神，干过好些行业，但无论干什么，都能很快就干好。我还记得他的博士论文《无形人力资本研究》，就是从一个大家熟视无睹的现象开始进行研究的。很多大学都聘了院士、知名学者、企业家为兼职教授或客座教授，就是借其名气。胡伟清从这一现象出发，经过层层演进，提炼出了"无形人力资本"的概念，认为这是与传统的人力资本不同的，因为传统人力资本的典型特征，就是不能与所有者分离，而"无形人力资本"，则是可以与所有者分离的。他正是抓住了这一特征，并借助其经济理论根底，写出了十多万字的博士论文，并顺利通过答辩。当然，至于应不应该叫"无形人力资本"，我认为值得商榷，因为在经济学里，人力资本本来就属于"无形资本"。但他的这种由小见大、推陈出新的分析能力和创新精神，我认为是非常不错的。深入浅出、通俗易懂，是胡伟清行文的特点，就连博士论文也不例外，这估计与他长期为报刊写文学作品有关吧。

当然，本书中的一些说法，只能代表作者本人的观点，比如本书认为经济学的基本假设不是资源稀缺而是人的自私性，比如从"阴阳平衡"的角度来分析经济运行。此外，如果全书能够像解数学或物理题一样，把上篇"约束条件"当作已知条件，在下篇的"目标优化"中，结合各个经济主体的目标求解出经济行为，那么其系统性、逻辑性就更强了。这当然需要更进一步的努力，而且也需要经济学本身的进一步发展。我以此作为对两位作者的一点希望吧，毕竟他们是父子二人，可以开展研究的接力赛，这样也就大大延伸了研究的时间横轴。

重庆大学校长　张宗益

2021 年 6 月

FOREWORD

弁 言

在经济学领域，经典名著多，优秀教材多，"生活中的经济学"之类的普及读物多，为何还要写这么一本书？理由如下：

一、经济学体系庞杂，一章一节，很有逻辑，但整体的逻辑性不太好梳理，于是给人"大杂烩"之感，此一憾也。

二、非专业人士，不太可能去啃原著或教材，其经济学常识大都来自普及读物，然普及读物多就事论事，不成体系，无法使读者窥其全豹，此又一憾也。

本书属普及读物，然注重逻辑体系，各专题由数篇随笔构成，整体构成现代经济学的基本框架，既见树木，也见森林，力求通俗易懂，又不失学术严谨，兼具教材与普及读物之长，此本书存在之理由也。

当然，"王婆"之言，得由诸君鉴别。

本人从事经济学教学二十余年，自认为有些心得，不至大谬，亦曾有编写教材之冲动，但总怕不能有所创新，更怕误人子弟，于是作罢。因学生无自由选择之权，又无鉴别优劣之力，故我对撰写教材，历来心怀忐忑，不敢随便。然普及读物，读者可以自由选择，又不需参加考试，实在读不下去了，最多耗费银两少许，不至于更多贻害，故敢一试。恰儿子胡湫明刚在英国获得经济学博士学位，并留校任教，也算子承父业；父子间还常就一些问题交流，也算"中外合作"。架构由我拟就，安排他撰写一些篇章初稿。感谢微信，可以无须昂贵之越洋话费，而每周视频一小时以上，谈论生活之余，也谈写作。最终由我润色，统一文风。

任何意见，无论谬赞，更喜修正，请不吝赐教，直接发我邮箱13308383288@163.com，衷心感谢之余，我当竭力回应。

将书稿交出版社前，犹如怀胎十月终于临产之妇，总想说几句，无论是否矫情。

胡伟清

2021 年 5 月

ACKNOWLEDGEMENT

致 谢

　　首先感谢我从物理学改行到经济学的两位老师，浙江大学的姚先国教授和重庆大学的张宗益教授，他们能够百忙之中为拙作写序，这既是对本书的肯定，更是对我们的勉励。三十多年前，我在浙大经济学系读研时，姚老师除了教授我们"比较经济制度"课程，还是系领导（我们那时都叫"系"，后来都改称"学院"了，姚老师又先后担任浙大经济学院、公共管理学院院长），对我们的学习和生活关怀备至，人又和蔼可亲，亦师亦友，我们背后都亲切地称他"老姚"，因为只比我们大十岁左右。三十余年过去，已是"姚老"了，备受各界尊敬。还记得当年姚老师在我的课程论文写了"把论文写成了散文"的评语，这是否是对我后来论文写得少而散文写得多的预言呢？

　　从浙大毕业后，我先在政府部门工作，后又调到学校，并先后在报社、证券公司、咨询公司等兼职，就像一首歌里所唱的，"为了生活，我们四处奔波"。我曾经在《中国校园文学》上发表过一篇《师恩难忘》，写了从小学到硕士的五位老师，在结尾处，曾说自己"估计不会再读博士，因此，也就不会再有老师，当然，'三人行必有我师'的老师除外"。但没过几年，学校对教师的学历要求"与时俱进"，我就有了博士导师张宗益老师。关于张老师的为人与治学，我曾在《知名度、信誉与人的价值》（重庆出版社，2009年）的"后记"里"倾情表述"过。那本是我的博士论文《无形人力资本研究》，出版社认为换一个"通俗"点的名字有利于销路，于是我就改了书名。张老师和姚老师一样，都希望我一直走学术研究的道路，也许他们都认为我还有那么一点研究能力吧。但我的确辜负了他们，一直"身兼数职，走南闯北"，而没有好好地走学术研究之路。

　　感谢重庆科技学院科研基金（181901005）的资助。

　　感谢我的助教段正锋，要不是他提供技术支持，当初我可能就不会去申报在线课程"经济学思维"，因而也就不会撰写课程的录制台词，也就不会有本书的原始初稿。

感谢众多的学生，是他们让我对经济学有了更深的理解，所谓"要给一碗水，需有一桶水"，于是只有不断给自己"加水"。

感谢教育我、传授我经济学知识的母校——浙江大学经济学系、重庆大学经济与工商管理学院、英国亚伯大学商学院，以及众多恩师，把我领入了经济学这座宏伟大厦的大门。

感谢经济学领域的众多前辈，我从他们的著作中，逐渐靠近经济学的真谛。

感谢生活，使我能够认识经济学生动的一面，善解人意的一面。

感谢重庆大学出版社，以及副总编辑马宁先生，经管分社社长尚东亮先生，以及其他编辑与校对人员，没有他们的认真和付出，本书也无法交到诸君手上。

最后，也是最重要的，感谢我们家的这位贤妻良母——邱驷女士。她不仅承担了几乎所有的家务，还以她心理咨询师的专业知识，给我提出了一些很好的意见和建议。

当然，书中的任何错谬，都由作者负责。

胡伟清

2021 年 5 月

经济学理论并没有提供一套立即可用的完整结论。它不是一种教条，只是一种方法、一种心灵的器官、一种思维的技巧，帮助拥有它的人得出正确结论。

——约翰·梅纳德·凯恩斯

CONTENTS
目　录

1

2

下篇 目标优化

后 记

为什么要学点经济学思维

在一个经济主宰大多数事物的社会，具有经济学思维不一定能够让你成为亿万富翁，但如果没有点经济学思维，那很多方面都会受到影响，从而降低你的生活质量。

经济学能够加深我们对这个世界的理解。

——题记

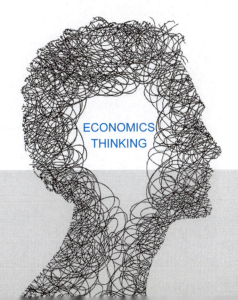

经济学的作用

"有用"与"无用"

现代是功利主义盛行的时代，连以"通识教育"为主的本科教育，也在"应用化""专业化"。因此，为"顺应潮流"，我们首先讲经济学的"作用"——如果借用经济学术语，也可以叫"经济学的效用"——以便大家做出判断：是否需要继续读下去——"没用的东西谁读啊"，这是目前的"口头禅"。虽然对于整个人生来说，往往是那些表面上、短期看起来"没用的东西"，反倒是"最有用的"。如果我们用考试来衡量的话，你不妨回忆和评估一下，那些你在试卷上做过的题目，有多少是你还有印象的？有多少是对你的人生有重大影响的？有多少是影响你的整个人生的？而那些对你人生影响很大的东西，又有多少是需要在试卷上做出答案的？

比如，我们在大学里所学的当时被认为最有用的专业知识，结果发现在工作上没什么用处，特别是当你大学毕业没有从事与本专业相关的工作时；反倒是小时候受家庭教育和熏陶所养成的品行、习惯、思考方式和与人交往的方式，以及从小学到大学所读的那些所谓的文史哲和艺术类的闲书，由于潜移默化进了我们的血液，才是一生都在受益的。

当然，我们说这话的意思，不是要大家轻视专业，那样的话，你很可能不能毕业，那样的责任是我们承担不了的。要知道，"合理"与"合规"，不是完全统一的。要想毕业，首先要"合规"。所以，我们说以上这些话，只是希望大家不要太在乎所谓"有用""无用"之分。很多时候，所谓的"有用""无用"，往往是要"事后"才知道的。人与人之间的差异，往往不是表现在"事后"知道什么，而是在"事前"能够判断什么。

学了经济学能干什么

首先来看看，学了经济学能够干什么，这是最符合功利的了。美国著名经济学家、1970年诺贝尔经济学奖获得者萨缪尔森，在其著名的、被誉为"第三代经济学教科书代表作"的《经济学》里，说了这么一句话：

> 诚然，学习经济学并不一定能让你变成一个天才；但不学经济学，命运就很可能会与你格格不入。[1]

这话，很有点德国古典哲学家康德的口吻：自由不是你想干什么就能干什么，而是你不想干什么就可以不干什么。也好像有点黑社会老大的口气：你跟着我们不一定能得到好处，但如果背叛我们，你就死翘翘了。

自从经济学成为显学之后，从电视论坛、嘉宾解读、各类组织的"首席经济学家"和"高参"，到美国总统经济顾问委员会，到处活跃着经济学家的身姿，经济学家给人的感觉就是"吃香的喝辣的"之类的风云人物。但我们作为经济学的教学和研究者，一定要先告诉你：那只是经济学家中的极少数，这就像大家所看到的影视明星，给人感觉很风光，那是因为大家没有见到众多的"北漂"们的真实状况。

大多数学经济学的人，也不过与大家一样，只是一种职业而已，或在高校教书，或在研究机构、咨询机构、工商企业从事经济分析工作。

但经济学确实能够给我们带来好处：除了可以成为一种职业外，还能使我们更好地理解经济现象，分析经济形势，甚至可以广泛用于分析人类行为和组织行为，为我们的生活和投资理财提供更好的参考。我们上课的时候，喜欢告诉学生，"经济学是一门善解人意的学科"。因为当你学了经济学之后，能够更好地理解别人的行为。

具体到我们这本书，我们想说的是：学习"经济学思维"的主要目标，简单地说，就是进行经济学思维的入门级训练，初步学会像经济学家一样思考。

那么，经济学家是如何思考问题的呢？就是按照经济学思维来思考问题。是的，这是一个循环论证，所以，你必须学完这门课才能清楚，不是我们用一句话可以说清

---

[1] 保罗·萨缪尔森，威廉·诺德豪斯.经济学［M］.萧琛，译.19版.北京：商务印书馆，2013：4.

楚的。用经济学的语言来说，就是你必须付出学习成本，才能获得像经济学家一样的学习收获。

如果非要简单地用一句话来说，那经济学思维就是考虑约束条件下行为主体的目标优化。

经济学是一门科学吗

既然要学习一门学科，当然就要关心它是不是科学。

关于这一问题，连经济学家意见分歧也很大。

如何判断经济学是不是一门科学，我们想借用这样的观点，即科学要符合三个特征：事实、逻辑、预测。科学是基于事实的，是有内在逻辑的，是能够预测未来的。这虽然是典型的对自然科学的描述，但也不妨借来分析经济学，因为经济学家往往认为"经济学是科学"，虽然怀疑和否定的人也不少。

事实

经济学有"实证"和"规范"之分，前者回答"是什么"的问题，后者回答"应该是什么"的问题。进一步说，实证经济学不涉及道德判断，而规范经济学需要道德判断。从这个意义上说，实证经济学是基于事实的，而规范经济学是基于判断的。

但事实上，很难将两者清晰地、完全地划分开来。规范经济学家在做出判断的时候，难道不需要事实为依据吗？实证经济学家在研究事实的时候，难道就没有自己的价值判断吗？比如，"今年的失业率是5%"，这是一个"是什么"的"实证"问题，但5%是高还是低呢，就涉及价值判断了，因为得出的结论不同，给出的政策建议就不同。当然，我们也可以与历史平均数进行对比，还是"基于事实"。但与历史平均数比就一定正确吗？不同时期的情况不同，所以还是会涉及价值判断。

反过来，当规范经济学家说"应该减税降费"时，难道不基于事实吗？比如就中国实施的大规模减税降费政策，著名经济学家、2001年诺贝尔经济学奖得主、2007年诺贝尔和平奖得主斯蒂格利茨提出，中国需要"加税"，比如增加房产税、能源税等，因为政府也需要有财力才行。斯蒂格利茨在得出这些结论时，难道不基于事实吗？

打个比喻，也许不太恰当，比如有本很流行的书，叫《男人来自火星，女人来自金星》，对男女的性格特征、行为方式的不同进行了细致的描述。但男人、女人首先都是"人"啊。同样的，无论实证经济学还是规范经济学，都是经济学。

经济学的发展，有一个特征，就是越来越追求"实证"，绝大多数的经济学论文和著作，都是以"事实"为基础进行研究的。至少从这一点来说，经济学的"事实"这一特征是具备的。

既然说到经济学的分类，就附带提一下，微观经济学、宏观经济学、金融经济学、劳动经济学、企业经济学、农业经济学、环境与资源经济学、卫生经济学……你至少可以列出几十个名字来，而且，现在这个名单还在不断增加。那这些又是什么呢？一句话，研究对象不同而已。

就以最广泛的分类——微观经济学和宏观经济学——为例，前者研究"个体"的经济行为，后者研究"总体"的经济行为。换一个说法，前者研究"树木"，后者研究"森林"。个人、家庭、企业属于微观经济学的研究对象，而地区、国家则属于宏观经济学的研究对象。

至于现在很流行的博弈论、实验经济学、行为经济学，以及自 20 世纪中叶以来盛行的计量经济学，都是研究方法的不同而已。

逻辑

科学的第二个特征，是逻辑。说得简单点，逻辑就是要能够"自圆其说"，学术点的术语叫"逻辑自洽"，而不能"自相矛盾"。那么，经济学具有"逻辑"的特征吗？经济学家们不是经常观点冲突吗？

的确，经济学家们不仅有时候在观点上互不一致，而且在对事实的判断上也彼此不同。先说简单的，比如面对同一个事实，不同经济学家就可能会有不同的结论，有的认为 5% 的失业率高了，有的认为合适；有的认为 6% 的增长率低了，有的认为还可以再降点。

至于观点，就更是不一致了。比如，同样都是中国目前著名的经济学家，对待是否需要政府制定产业政策时，张维迎和林毅夫的观点就不同。张维迎认为不需要，不仅不需要，而且还会添乱，甚至导致权力腐败。而林毅夫则认为有必要。两人都是根据经济学的理论得出的结论，到底谁对谁错呢？我们是赞成张维迎的观点的，虽然人微言轻，说了也没用，不过借此机会表达一下而已。

说白了，张维迎和林毅夫之争，不过是经济学史一直以来的自由主义经济学与政府干预主义经济学之争的延续罢了。我们以为，自由主义基于人性的假说，更有说服力，因为千百年来人性是不变的，现在的"演化心理学"进一步论证了这一点，我们这些所谓的现代人，都能够从远古祖先身上找到我们行为的踪影。

那么，经济学的这种状况，是不是就不符合"逻辑"特征了呢？

当然，如果经济学能够像自然科学那样，有一套"一致的""系统的""逻辑自洽"的理论体系就再好不过了，但目前还没有，而且以后估计也很难有。这是因为经济学研究的，从根本上说是人的经济行为，而人是"千人千面"的，我们只能以"大多数人如何"作为依据。但即便是"大多数人"，在不同的文化背景下，在不同的历史条件下，在不同的经济发展水平上，其行为也会有所不同。

但经济学家的观点冲突，并不能否定经济学的逻辑性。因为虽然不同学派之间的观点不同，但在同一个学派内部，主要观点是一致的，也具有"自圆其说"的逻辑自洽性。而且，在微观经济学领域，经济学家所取得的共识越来越多。

所以，经济学是"基本符合逻辑的"。

预测

能否预测是判断是否科学的一个重要特征。哈雷彗星什么时候来，日食什么时候出现，一个物体从 10 米的塔上落到地上需要多少时间等，可以预测得非常准确，这就是科学。那经济学能预测什么呢？

到目前为止，经济学所做的很多预测，比如很多机构都会预测来年世界以及各国的经济增长率，很少有准确的时候。至于对股市的预测，就更是"离题万里"。

所以，经济学的预测功能，经济学家都"难以启齿"。这恐怕也是经济学不被认作一门科学的最主要原因。

现在的经济学，遵循着马克思的教导，"一门学科，只有到了能够运用数学的时候，才能够称之为科学"，于是也就越来越"科学化"，很多经济学论文，与数学论文看起来无异。但即便如此，也最多能够对"历史"，也就是已经发生的事情进行解释，而并没有在预测"未来"时起到什么作用。无论你采用多少个变量，也无法囊括影响经济运行的所有因素。并且，到底哪个因素更重要，影响因子多大，在不同国家、不同时期也不相同。随着时间的变化，新的因素（变量）又出现了，比如 2020 年，谁会预料到"新型冠状病毒"对中国经济和世界经济的影响呢？ 2000 年的时候，谁会想到 2001 年的美国会发生"9·11"事件呢？

所有这些，都导致了无论这些模型建立得多么庞大、多么精细，也难以在预测上充分施展拳脚。

所以，我们对经济学预测功能的评价，借用了德国古典哲学家康德论述自由的一句话，"自由不是你想干什么就能干什么，而是你想不干什么就可以不干什么"。而经济学的预测功能，到目前为止也就是：经济学不能预测符合经济规律之后的效果，但能预测违背经济规律的后果。

这句话分为两部分，前半句我们已经在前面讲了，接下来只讲后半句：能够预测违背经济规律的后果。

这就首先需要了解有哪些经济规律，这是我们在后面要讲的，这里只举一个例子。比如，我们大多数人都知道，到目前为止，市场是配置资源最有效的方法，也许今后能够找到更好的方法，因为市场配置资源时存在巨大的浪费，马克思在《资本论》里就对此做出了精辟的分析。

好了，既然到目前为止，市场是配置资源最有效的方法，那就算是一条经济规律。世界上绝大多数的国家，都是这样配置资源的，也就是符合经济规律的，那我们能够对其结果进行预测吗？还不能，至少不完全能够。

但如果违背这一规律呢？其后果就是经济的崩溃。我是从计划经济时代过来的，那个经济，被匈牙利经济学家科尔奈称为"短缺经济"，就是几乎什么都缺，几乎所有东西都要凭票供应，粮票、油票、肉票、肥皂票、布票、火柴票等。一个经济糟糕到了这样的程度，你能说它好吗？这就是违背规律的后果。

最后，如果你对这一问题还继续感兴趣，那我们就推荐一本小册子给你：

美国经济学家阿尔弗雷德·S.艾克纳主编的《经济学为什么还不是一门科学》，英文版是1983年出版的，有中文译本，北京大学出版社1990年出版。

经济学的"本质"问题

学科的"本质"

学科与学科之间的不同，除了研究方法、思维方式、概念等方面的区别外，还在于其"本质"的不同。而且，研究方法、思维方式、概念等，也是围绕这个"本质"为其服务的。

比如，我们常常说"真善美"，就分别对应不同的学科：科学的本质是"真"，道德的本质是"善"，艺术的本质是"美"。

其中，对于科学的本质"真"，估计最没有大的争议。但对于"善"和"美"，在不同的文化、时代背景下，人们的理解会有很大的差异。

比如，现代艺术，估计对人们"美"的观念产生的冲击最大。原来很多"不美（悦耳）"的音乐、"不美（悦目）"的绘画、雕塑乃至行为艺术，也进入了艺术的领域。

那么，经济学的本质是什么呢？

关于这一点，也有不同的观点。比如很多经济学家认为，"理性选择"是经济学的本质，或者，"资源配置"是经济学的本质。

我们认为，可能更合适的表达是：经济学的本质是"效率"。

其实，当我们说"效率"是经济学这个学科区别于其他学科的本质时，与认为"理性选择"或"资源配置"是经济学的本质的观点是不相矛盾的。

什么样的选择是理性的？那就是符合效率原则的选择。换句话说，如果你的选择不符合效率标准，那就不是理性的选择，因为理性人总是选择最好的。

同样的，资源配置的目的是什么？是提高效率，也就是常说的"有效配置资源"。如果资源配置的效率低下，则不是理性的行为。

最容易产生争议的，恐怕是管理，因为我们常常把"经济"和"管理"连在一起，说成"经济管理"。在大学里，有经济学院、有管理学院、有经济管理学院、有经济与管理学院，而一些专业，经济学院有开设，管理学院也有开设，确实不容易分清。还有，我们不是常说"管理就是为了提高效率"吗？其实，从我们多年从事管理和管理咨询的经验来看，管理更重要的是"平衡"，然后才是"效率"。管理需要处理好人与人、人与物、物与物之间的关系，尤其是人与人、人与物之间的关系，首先要解决的是各种矛盾。一个简单的例证就是，只有最适合的管理方案，才是最好的方案，因此，照搬别人的方案是行不通的，这就需要管理咨询，因为平衡没有一个统一的标准。所以我们才说，管理既是科学，也是艺术。

而有关效率的标准，则相对来说要客观一些，虽然同样会受到诸多因素的影响。

什么是效率

效率是经济学家用来衡量资源使用的又一个标尺。在日常用语中，"经济"本身就含有"效率"的意思。理性选择，就是要使资源的使用效率最大。我们平常所说的效率，比如，这人办事效率高，别人要三天才能做完的事情，他一天就完成了。这是从"单位时间内完成的工作量"来衡量的。再如，他办事有效率，深得上司赏识。这往往是指能力和速度。

从更广的角度看，某人办事很有效率，这个企业很有效率，这个国家很有效率，指的是相对于成本（时间也是一种成本）来说，收益很大。一般指"收益—成本"大于 0，或"收益/成本"的值大于 1，如果要使效率最大，就是使"收益—成本"或"收益/成本"的值最大。

经济学所指的效率与此有所不同。以下是经济学最常用的两个关于效率的概念：帕累托效率（Pareto Efficiency）和卡尔多 - 希克斯效率（Karldor-Hicks Principle）。

帕累托效率

帕累托效率是意大利经济学家帕累托最先提出来的，也称"帕累托最优"（Pareto Optimality），是指这样一种状况：已经不可能在不使别人的境况变差的情况下让某个人的状况变得更好。

这句话有点拗口，换句话说，就是已经没有改进的余地了，除非减少某个人的福利，否则不可能增加别人的福利，所以叫"最优"。

一般我们说的"经济效率",就是指的"帕累托效率"。帕累托效率实际上指的是一种理想状态,一种不能再改进的理想状态。如果在不损害他人利益的前提下,能够至少使一个人的利益得到增加,那就不是帕累托最优,因为这意味着还有改进的余地。

从不符合帕累托效率的状况,转变到符合帕累托效率的状况,被称为"帕累托改进"(Pareto Improvement)。比如,如果我们用(3,5)表示两人的福利分别为3个单位和5个单位,那么,从(3,5)到(3,6)或者(4,5)或者(4,6)都属于帕累托改进。

再比如,一个组有10个人来分100元钱,如果一个人多分1元钱,就意味着总有人会少分1元钱。因此,改变一笔钱的分配方法,不具有帕累托效率。只有当要分的钱增加后,才可能在不减少任何一个人收益的前提下,使另外的人收益增加。

同样,赌博不具有帕累托效率。

即问即答: *每个国家都有税收,请判断一下,税收符合帕累托效率吗?*

很显然,按照帕累托效率的定义,税收也是不具有效率的,因为税收属于一种既成收益的再分配,虽然可以使很多人的境况变好,但也会使一些人(纳税人)的境况变差。

所以,帕累托效率的限制是很严格的。因此,后来的两位经济学家,卡尔多和希克斯拓展了效率的概念。

卡尔多 - 希克斯效率

经济学家卡尔多和希克斯在差不多相同的时候,提出了一种较宽泛的效率概念,被称为卡尔多 - 希克斯效率。

卡尔多 - 希克斯效率是指只要得到的大于失去的,那就是有效率的。比如企业的激励制度,恐怕没有哪一个激励制度会使所有人的积极性都得到提高,但只要能够在实施后使大部分人的积极性调动起来,那即便有些人的积极性下降了,也是有效率的,因为总的收益会增加。

改革也是一个典型的例子。在改革的过程中,不太可能所有人的利益都得到增加,如果按照帕累托效率的标准,则改革是无效率的;但如果按照卡尔多 - 希克斯效率的标准，只要增加的利益大于损失的利益，则改革就是有效率的。

衡量是否有效率，还与短期和长期有关。有的事情，从短期来看是非效率的，但从长期来看则是有效率的。比如，增加教育投入的问题。国家财政资金有限，如果增加了教育的投入，则必然要减少在高速公路、机场、城市建设等方面的投入。从短期来看，增加高速公路等方面的投入能够产生较大的经济效益；但如果从长期来看，增加教育投入的收益可能会更大。

即问即答：办公室的分配一直以来都是令领导们头痛的问题，每个部门都争着多要办公室，但给甲部门多一间，就必然会给乙部门少一间。如果你是领导，采取什么样的分配办法更有效率呢？

这个问题留给大家思考。

经济学的"效率"为什么是一个很好的概念

前面说到，我们平时说的"效率"，往往是指对一个"个体"的衡量，无论这个"个体"是个人、家庭、企业还是国家。而经济学的"效率"，则是从整个社会的资源使用角度来看问题的。这就有利于整个社会的福利改进，而不仅仅是有利于某个"个体"的福利改进。我们举两个常见的例子来说明。

比如，盗窃对于小偷来说，是有"效率"的，因为他的所得往往超过他的付出。比如，他潜入某个小区的某一人家，偷了别人的一个钱包，里面有2 000元现金，还有一些银行卡。如果仅仅考虑小偷和失主的话，也只是东西从一个人那里转移到另一个人那里而已，虽然不符合经济学"效率"的标准（无论是帕累托效率还是卡尔多－希克斯效率），但也没有损失"效率"。

但从社会的角度看，盗窃行为会导致资源的巨大损失。首先，对于失主来说，因为被盗的除了现金，还有银行卡，这些卡对于小偷来说是无用的东西（所以一般会被小偷扔进垃圾桶，而且是离失主比较远的地方的垃圾桶），但对于失主来说，他就必须花时间去补办。其次，由于要防范小偷，小区要修围墙和栅栏，家家户户要装防盗门，还要买防盗锁。如果全社会可以"路不拾遗、夜不闭户"，那这些东西就没有必要了，而生产这些东西的资源，就可以去生产其他对人类更有用的东西。最后，也是最重要的，如果鼓励盗窃行为存在，那这个社会就不会有人去生产了，都去从事盗窃活动了，这个社会就成了一个"物流社会"，只有物质的流动，而没有物质的生产，最终这个社会也会被自己消灭。如果没有小偷，甚至引申到没有犯罪，那连公检法等机构都没有必要存在了，这样的话，这些机构的人员，包括小偷和其他犯罪分子（也都是人力资源啊），就可以去从事其他生产活动，整个社会的财富就会增加。

另一个例子就是腐败。官员腐败也没有损失"效率"，因为他只是从别人那里收到一笔钱而已，这只是一种转移。对于送钱的人来说，他之所以愿意送，是因为他能够从官员给的特权里获得更多，所以，对于行贿者来说，还是有"效率"的。对于官员来说，他也只是为行贿者谋得某种好处而已，往往是"举手之劳"，而所获得的价值却不菲，因此，对于官员来说，也是有"效率"的。那么，对于两个人来说都是有"效率"的行为，为什么要被禁止呢？因为这不利于社会资源的利用。

我们以一条路的建设为例。承包商给官员行贿100万元，那肯定是希望能够赚得更多，比如多赚200万元。这样的话，有两种方式来实现：第一种方式，就是官员把工程预算提高200万元，那么，增加的200万元本来是没有必要投入到这个项目中来的，可以建设其他项目，比如给贫困地区修一条乡村公路，而这个资源就被官员浪费掉了，对于社会来说就是一个损失。第二种方式，虽然建设费用没有增加，甚至还可能在竞标中有所降低，但请注意，商人不是慈善家，他怎么多赚出200万元呢？就是偷工减料，结果是，道路的质量成了问题，本来该铺20厘米厚的钢筋水泥的，改为钢筋用细的、铺疏点，水泥标号降点，厚度减到15厘米；本来该铺10厘米沥青的，改为铺5厘米。这样的话，要不了多久，道路就坏了，又要修补，是不是资源的浪费啊？其中还没有包括修补时导致车流速度减慢甚至堵车而造成的司乘人员时间、车辆耗油等方面的资源浪费。我们出去自驾游时，开玩笑道，从一个地方的路况，就可以知道这里的腐败程度。

所以，无论从伦理还是从法律的角度，各国都要对盗窃和行贿受贿等行为进行惩罚是有经济学依据的。

效率与经济问题

我们之所以说效率是经济学的本质问题，还有以下理由。

在后面的学习中我们会学到，经济的基础是个人（家庭）和企业的经济决策，它们都可以表述为"最大化"，个人（家庭）的目标是"效用最大化"，企业的目标是"利润最大化"，其实都是一个效率问题。从效用小到效用大，从利润低到利润高，就是一种效率的改进。

　　而政府和团体的目标，则更像是管理目标，是以平衡为主的，比如政府，其微观经济目标是效率与公平的平衡，宏观经济目标是增长与稳定的平衡。但同样要考虑效率问题，比如税收，虽然不符合帕累托效率的定义，但同样存在效率的问题。

　　这些需要我们在进一步的学习中逐渐去体会。

如何学习经济学

经济学有一套自己的工具

每个学科，都在其发展过程中发明了一套工具，这样才能更好地界定问题、分析问题、解决问题。这就像农民种地，需要锄头等工具一样。

所以学习任何一门课程，从方法上是大体差不多的，一般需要从以下几个方面入手：

首先，要理解其中的重要概念。学科与学科之间当然有很多区别，而其中很重要的一个就是概念。概念相当于这个学科的"语言"。同行之间的交流，之所以方便，能够节约交流成本，就是因为他们有概念这个"共同语言"。

在经济学中，有很多重要的概念是必须掌握的，只有这样我们才能更好地理解经济规律，也才能更好地解释经济现象和经济行为。比如机会成本、交易成本、沉没成本、效用、均衡、弹性、完全竞争、经济效率、国内生产总值（GDP）、价格指数、失业及失业率、通货膨胀及通货膨胀率、经济增长及增长率等。

其次，要掌握分析的思路和方法。这在学科之间的差异，不像概念那么大，因为很多学科的研究方法是可以通用的。但不管怎样，当我们分析问题时，仅仅有概念是不够的，我们需要有分析的思路，这个思路往往是由该学科的思维方式和分析方法决定的。

经济学中最重要的分析方法，应该是边际分析法和均衡分析法，基本上在每个问题的分析上都可以应用。其实这些方法都是从数理科学引用过来的，边际分析法来源于数学里的微分，而均衡分析法则在数学、物理学、化学等众多学科中都能找到其身影，比如数学里的等式、物理学中的合力以及化学方程式等。

最后，对于经济学来说，因为它是一门致用之学，因此一定要结合现实问题，应用所学的知识和方法进行分析，这样才能学好经济学。比如，可以把学到的知识，用来分析新闻事件，用来分析身边的事情，用来分析人们的行为。这样的话，慢慢就会养成用经济学分析现实问题的习惯，也就达到了学习"经济学思维"这门课的目的。

其实，从某种程度上来看，任何一门学科都是致用之学。哲学就是"纯思辨"的吗？它同样可以应用于我们的日常生活中。数学就是"纯理论"的吗？如果你在中学时就认识到物理学就是数学的应用题，那么你就会感觉物理学没有那么难学了。也许，研究遥远星空的天文学会让我们感觉很遥远，但同样会有很多实际的应用。

"经济"与"经济学"

常常有人介绍我们，说我们是"搞经济的"。其实我们是"搞经济学"的。在现代经济社会，绝大多数人都在"搞经济"，而不是在"搞经济学"。

绝大多数人都在"搞经济"，因此就对经济比较敏感。比如，如果不是急需的物品，我们往往会等到商店打折时才买，这用的就是经济学里的需求定律。

我们甚至可以说：其实我们每个人天生都是"经济学家"！

当你看到这一句话时，可能会有以下两种想法：

（1）哇！太好了，既然我天生就是经济学家，那学经济学就很容易了。
（2）哇！太好了，既然我天生就是经济学家，那就没有必要再学习经济学了。

这两种想法，都对，也都不对。作为作者，我们当然希望你持有第一种想法，因为如果你持有第二种想法，就不会读我们的书了。

其实，我们所说的"我们每个人天生都是'经济学家'"，也对，也不对。说对，你会在阅读的过程中，根据你的经验不断地发现："是这样的，真是这样的。"说不对，你同样会在阅读中不断地发现："啊，原来是这样的，我怎么以前没有想到呢。"

这正如我们哪怕从来没有上过学，也会说话，那我们是不是可以说自己"天生是语言学家"呢？更进一步，鹦鹉也会说话，我们会不会说鹦鹉是语言学家呢？

这恐怕就是学与不学的区别。

再举一个类似的例子。我经常到外面做培训，其中主要是面向企业管理者。有一次，培训还没有开始，一位乡镇企业的老板问我："老师，你学了那么多的管理，而我从来没有学过管理，还不是照样管理好了好几个企业？"

这问题很有挑战性：我没学也会管理，你学了也未必会管理。

我们这种到处做培训的人，自然不会受到一点刺激就来情绪，而是平静地说："是啊，但愿你等到培训结束后，观点会有所改变。"

培训还没有结束，中途休息时，他就告诉我："学和没学，确实不一样。"

我们衡量一种知识、方法或思维是否有用，有好几个标准，其中一个是，同一个人学了之后，是否有改进。不同的人是很难比较的，正所谓"人比人气死人"。张三天生比李四会管理，即便张三从来没有学过管理学，而李四学了很多管理方面的知识，也不一定比张三会管理。比如大学的很多管理学博士、教授，就不一定能够管理好一个单位。但那是拿李四和张三进行比较。其实对于张三来说，学了管理学可能会管理得更好。这就是管理学的价值。

同样的，即便你从来没有学过经济学，也知道降价后人们会买更多的东西，这在经济学里叫需求定律。如果你学到这里就说："经济学这么简单啊，哪里需要学呢？"那不好意思，这就让我想起一个故事来了。

说某个小孩去上学，学了"一、二、三"怎么写之后，马上对老师说："原来这么简单啊，一是一横，二是两横，三是三横，我们没有必要学了。"老师说："那你写个万字吧。"于是这个小孩在整个本子上写满了横。

经济学本来就源自生活，当然会有一些知识与生活很贴近，属于常识。但我们不一定知道所有的常识，不一定知道常识背后的道理，也不一定知道这些道理的广泛用途。所以，我们需要学习经济学。

当然，我们也可以慢慢去琢磨，也许聪明的你，会独自得出亚当·斯密等经济学家得出的结论，但：第一，你不再拥有知识产权，因为人家早就发现了；第二，你不可能得出所有的结论，因为那是两百多年来众多经济学家的研究成果，再聪明的你，也不可能是那么多聪明人的总和；第三，如果你真那么聪明，为什么要远离那么多巨人，而不站在巨人的肩膀上做出更大的贡献呢？

什么是经济学思维

研究从"假设"开始

要清楚什么是经济学思维，需要从经济学的"基本假设"开始。这是因为，某一学科的基本假设，是由该学科的思维模式所规定的；另外，基本假设又促进了思维模式向深度和广度扩展。

为什么要假设？原因很简单，就是因为现实太复杂，如果不做出假设，我们基本上无法进行研究。这不是经济学特有的研究方法，基本上每个学科都要在假设的基础上才能被进行研究。

当我们说"假定其他条件不变"时，就是在进行"假设"。想想看，"其他条件"怎么可能不变呢？之所以要假定其他条件不变，首先，是因为如果不这样假定，就无法研究，总不能把成千上万个影响因素都列到方程式里边来吧；其次，可能在研究某一问题时，这些"其他因素"并不重要，所以假定不变也不会影响结论；最后，先把假定其他因素不变的情况研究清楚，再来研究其他因素变化的情况就有了基础，也容易获得成果。

但仅仅这样"假设其他条件不变"是不够的。每个学科还会有一些"基本假设"，也就是在整个学科体系中都适用的假设，而不仅仅是分析某一问题时才适用的假设。

经济学的基本假设到底是什么

翻开很多经济学教科书会发现，"资源的稀缺性"是经济学的基本假设。其实，我们认为这不是基本假设，而是现实情况。

资源的稀缺性是指相对于人们的欲望来说，资源是有限的。关于资源约束，我们在后面会用整整一章的篇幅来介绍。

资源的稀缺性难道不是现实吗？因为我们的欲望是无限的，而资源呢，哪怕"地大物博"也仍然是有限的。用数学语言来表达，就是用一个有限的分子去除以一个无限的分母，答案自然就是"0"了。这个"0"，当然不是"什么也没有"，而是问题（稀缺性）永远存在。

那么，经济学的基本假设到底是什么呢？同样有众多的经济学教科书和著作，讲到经济学的基本假设就是"经济人假设"。

一谈到"经济人"，自然就想到"人的自私性"，由此便引起许多非经济学家的批判：难道人人都是自私的吗？难道人人随时随地都是自私的吗？难道你们经济学家就看不到那么多大公无私、舍己救人、与人为善的人与事吗？

"假设"与"事实"的区别

这就涉及"假设"的含义了。所谓假设，其实就是语句中的"如果……那么……"里的"如果"。为什么要说"如果"呢？那是因为这只是一种"可能"，甚至到目前为止还只是一种"猜想"，至于是否如此，还需要得到验证。当我们对孩子许诺说"如果明天是晴天，那我们就外出游玩"时，"明天晴天"就是一种假设。

这大概也是"假设"和"事实"的区别。到了第二天，如果确实是晴天，那昨天的假设就变成了事实。而如果下雨呢？则不是事实。

所以，区分"假设"和"事实"的标准是，"假设"可能是现实的，但也可能不是，而"事实"肯定是现实的。

回到经济学的基本假设，人是自私的，这对于大多数人的大多数情况来说，是现实的，但也不全是，既有给人感觉不自私的人或确实不自私的人，也有本来很自私的人在某些场合却显得不自私的情况。正因为如此，才需要做出假设。因为当事实不是这样时，通过假设所推导出来的结论就需要打折扣。就像不是晴天，就可能不出去游玩；但如果小孩子非要闹着出去，父母又比较将就孩子，那至少也要带上雨具出门。这就是打折扣。

而经济学之所以要假设人是自私的，主要基于以下三点：

第一，大多数情况下大多数人是自私的，所以这样的假定最接近事实。

第二，也是为了便于分析。如果不假设"人是自私的"，那经济学的几乎所有分析都没有办法进行下去，因为得不出接近现实的答案。关于这一点，我们在后面的章节里就会涉及，这里只举一个例子：市场交易。正因为买卖双方都是自私的，卖方想多卖点钱，买方想少付点钱，所以才有讨价还价，最后在一个双方都能接受（不一定都很满意）的价格上成交。现在我们反过来，假设人不是自私的，会有什么结果：（1）买方不自私，卖方自私，那卖方出一个很高的价格，买方为了卖方着想，行，成交吧；（2）买方自私，卖方不自私，那买方还一个很低的价格，卖方为了买方着想，行，成交吧；（3）买卖双方都不自私，卖方为买方着想，尽量低价，买方又为卖方着想，尽量高价，那就根本成交不了，就像一个人坚决要送礼，一个人坚决不收一样。所以，我们根本无法分析交易会是什么样的结果。

第三，由这个假设所推导出来的结论，基本上是可以验证的，因而是能够指导人们的经济实践的。这就如物理学的自由落体运动，假设是真空，这当然不符合事实，但这样计算出来的结果，基本上是正确的，因而可以指导人们的实践活动。

而资源稀缺不需要假设，因为这是客观存在的事实。

稀缺性界定研究范围

为什么许多人把"资源稀缺"作为经济学的基本假设呢？其实是一种理解上的偏差而已。

"资源稀缺"实际上是界定经济学的"研究范围"。也就是说，凡是"不稀缺"的东西，就不在经济学的研究范围之内。经济学把稀缺的东西叫作"经济品"，而把不稀缺的东西叫作"自由品"。比如现在的空气，就暂时还是自由品，虽然曾经也有人出售所谓的森林里的纯净空气的噱头产品，但不过是昙花一现，因为没有多大的市场。所以，至少现在还没有所谓的"空气经济学"之类的名目。但如果哪一天，空气成为稀缺品，那就进入了经济学的研究范围。当然，但愿那一天永远不要出现。不过，环境污染的加剧，毕竟令人担忧，所以现在就有了"资源与环境经济学"之类的科目。

"经济人"假设

可能是因为"自私性"这个词带有贬义，因而遭致种种批判。于是，经济学家就学"聪明"了，不谈"自私性"了，而是用一个"中性词"：经济人。也就是"换一个说法"。这就相当于说话，同样一个意思，换成不同的说法，别人会有不同的感受，也就会有不同的接受程度。比如你要让别人帮你做一件事，"请你帮个忙，好吗"就比"去，把这事做了"更令对方容易接受。

所谓经济人，通俗地说就是"有经济头脑的人"。这话如果放在如今的经济时代，则不会引起那么多的"反感"和"反驳"，毕竟当你说一个人有经济头脑时，绝大多数的人不仅不会动怒，反而会高兴，谁不愿意自己有经济头脑呢？

但我们既然是要讲经济"学"，就不能太"通俗"了。所以，还是要给"经济人"下一个定义：

经济人，就是能够最大化自己行为的人。

什么叫最大化自己行为呢？其实就是最大化自己的利益。

这个利益含义就很广了，既包括经济利益，也包括社会利益、政治利益、生物利益（比如基因遗传的最优化）等。所以，现在经济学的研究范围才那么广阔，基本上可以渗透进人类生活的各个方面，甚至还可以用来研究动物的行为和植物的表现。当然，虽然我们作为经济学者，对于从事有"经济学帝国主义"之称的经济学这个职业，至少不感到自卑，就好像来自"某某帝国"的人一样，但我们还是认为，既然有那么多学科，经济学也没有必要"到处插手"，因此，即便有些问题无法用经济学解释也不足为怪，甚至"应该如此"，怎么不见其他学科的专家要承担"解释一切"的责任呢？

所谓利益，既包括看得见的短期利益，也包括暂时看不到的长期利益。这就把人的智慧划分为三六九等了。一般来说，那些更加看重长远利益而可以暂时牺牲短期利益的人和组织，更能获得好的发展。经济学家甚至因此把人的"利己"和"利他"结合起来，说"利他"不过是牺牲短期利益而获得长期利益，因而是一种高级别的利己。当然，这样的说法也难免遭到非经济学家的非议。

正因为利益的多元性和多面性，"经济人假设"也被称为"理性人假设"。其实在我们看来，完全没必要如此"画蛇添足"。难道不考虑自己利益最大化的人，就不是理性人而是非理性人了？难道"社会人"就不是理性人了？难道其他学科就不"理性"了？等等。这反倒让人产生误解，还不如用"经济人"更能直接地表达含义。

"经济人"如何计算

经济人要最大化自己的利益，当然就需要"计算"。那么，计算什么呢？其实说白了，就是计算需要"付出"多少，能够"获得"多少，也就是经济学家所说的"成本—收益分析"。

我们做任何事，都是需要付出成本的，这个成本，可能是物质上的，可能是精神上的，也可能是时间上的。而我们做任何事，也是要考虑收益的，这个收益，可能是经济上的，可能是精神上的，比如名誉、快乐、被认同、感到充实等，也可能是社会上的，比如更好的人际关系和社会地位。

同样的，无论成本或收益，也有短期和长期之分，有时候可能短期成本很高，短期收益很低甚至没有，但有长期收益，比如在学生时代努力学习；有时候短期成本虽然不高，但长期成本很高，收益也不怎么样，比如不合意的婚姻；等等。

更重要的是，即便是同一件事情，对于不同的人来说，其成本和收益也是不一样的。这是因为每个人所具备的条件不同。以读书为例，有的人宁愿干体力活，一见到书就头痛，对于他来说，读书的成本就很高了（痛苦嘛），收益就很低了（读不进去啊）；而对于喜欢读书的人来说，读书就是一种享受，成本就低（时间成本除外），并且还能从中获得巨大的收益，无论是物质上的（比如将所学应用于实践中创造价值）还是精神上的（哪怕是自娱自乐的"读书乐"）。

当然，这个"计算"，不是非得拿着计算器或者用计算机程序来进行的，就像足球运动员的临门一脚，需要在精确计算之后才将球踢出，如果真是那样的话，恐怕早就没有机会进球了。

这就涉及人们的思维方式了。2002年诺贝尔经济学奖获得者丹尼尔·卡尼曼在其名著《思考，快与慢》中，将人的思考分为快思考和慢思考。现代脑科学研究表明，人的大脑有三套系统：思考脑、反射脑、储存脑。思考脑是我们面对复杂事情时所采用的，不仅反应慢，而且要耗费大量的能量，比如写论文的时候。而反射脑则相反，不仅反应快，而且不需要消耗多少能量，因此，我们日常的大部分事情，其实是不需要动用思考脑的，只需要用反射脑即可。否则，第一，就会出现"出门是先迈左脚还是先迈右脚"那样的笑话了；第二，如果从早到晚地用思考脑，能量也跟不上啊！

人类最早发展的是反射脑，这在我们远古祖先那里就很发达了，否则，见到洪水猛兽，还要慢慢计算收益和风险，估计早就没命了，也就不会有我们这些后代。当然，肯定有这样"愚蠢"而"迟缓"的祖先，但是早就没命了，所以他们的基因就没有机会遗传下来。这也是进化心理学研究的内容。

人类长期思考的积累，可以把许多本来需要用思考脑的事情，变成只需要用反射脑就足以应付了。经验在其中扮演了非常重要的角色。这个经验，包括直接经验（自己亲身实践）和间接经验（通过学习别人的经验而获得，阅读就是最重要的方法）。比如开车，新手更多地用的是思考脑，而老司机则更多地用的是反射脑。这也是为什么我们在计算成本与收益时，往往不需要仔细思考就能做出决策。当遇到重大事项时，就必须用思考脑了，比如与谁结婚，比如到哪儿求职等。

经济学思维

到了这里，"经济学思维"的定义就"呼之欲出"了。

首先，经济人是要最大化自己利益的。最大化或者说最优化，已经被赫伯特·西蒙纠正过，因而提出了"次优"的概念。我们把这一点称为"目标优化"，"优化"与"最优化"虽然只有一字之差，但含义两别。优化就是相对于过去的状况，是一种改进，这其实就是经济学里"效率"的概念，无论是帕累托效率还是卡尔多－希克斯效率，其实都是优化的意思，而我们也一直认为，"效率"是经济学的核心关键词。

其次，当我们在不断追求"更好"的时候，会遇到很多限制，这就是"约束条件"。约束条件就是我们在思考问题时、在决策时要考虑到的那些制约我们的因素。人往往有很多的想法，有很多的欲望，理性人的优点是：我们要考虑根据我们的条件是否能够去实现。也就是常说的"弱水三千，我只取一瓢"。而不理性的人则是认为自己有一个美好的想法，未来就光明了，他不考虑约束条件。比如，现在创办互联网企业很时髦，也有不少好的点子，但创办者就是不考虑约束条件，不考虑资金是否能够支持，技术是否能够达到，是否能够把自己的产品或服务让有需求的人知道并变成有效需求等，而是什么都不考虑，只是一门心思地去创业，结果呢，半途而废。这就是典型的不考虑约束条件的结果。所以，"心想事成"只是一种美好的愿望，需要考虑约束条件，需要自己不断努力才有可能"事成"。

根据这一思路，经济学思维可以表达为以下这句话：

经济学思维，就是考虑约束条件下的目标优化。

其实这也不是我们创造的，张五常教授就曾经这样表达过，我们只不过是把它细化了而已。

　　按照这一逻辑，我们把本书分为两篇，共九个方面。上篇讲"约束条件"，包括资源约束、市场约束、互动约束、认知约束、文化与制度约束，这样就把新古典经济学、博弈论、行为经济学、现代制度经济学的基本内容和思维方法介绍了。我们自己感觉，这样比把博弈论、行为经济学、制度经济学等内容"插播"到某一章节要好。

　　下篇讲"目标优化"。什么目标？当然是经济目标。我们从经济主体的角度，分为四类：个人、企业、政府、团体。不同的经济主体，思考问题的角度不同，其经济目标也会有所不同。但无论是个人、企业还是政府，至少从事前的目标来看，都是追求自身利益最大化的，这符合经济学的分析模式。团体呢，则由于"七爷子八条心"，最终的结果不一定是团体利益的最大化，因此，有的经济学家认为团体不属于经济学的分析范畴。但我们还是把它列入进来，这是因为：第一，每个团队成员都是从自身利益最大化来考虑和决策的，这符合经济学的研究思路；第二，自奥尔森的《集体行动的逻辑》之后，关于团体的分析已经进入主流经济学的视野。

　　现在，大家应该基本清楚我们这本书主要讲什么，是怎么把经济学庞杂内容中的基本成分"串"起来的。这条主线就是"经济学思维"。

　　如果一定要按照传统的课程法指出重点和难点的话，那我们个人的意见还是以古典经济学为重点，以现代经济学为难点。具体说来，重点是资源约束、市场约束、个人目标、企业目标、政府目标这五个方面，难点是互动约束、认知约束、文化与制度约束、团体目标这四个方面。

　　在本章的最后，我们分别用一句话来概括五大约束条件和四大经济主体目标。

五大约束条件：

资源约束：相对于人的欲望来说，资源是有限的。

市场约束：想买的不一定能买到，想卖的不一定能卖掉。

互动约束：我们的决策，不能仅仅考虑我们自己，还要受到别人决策的影响。

认知约束：人类的认知是有限的，"知之为知之，不知为不知，是知也"。

文化与制度约束：人是群体动物，不得不受群体的文化与制度的影响。

四大经济主体目标：

个人：效用最大化，或追求幸福。

企业：利润最大化。

政府：微观目标是经济效率与经济公平，宏观目标是经济增长与经济稳定。

团体：个体利益与团体利益的协调。

接下来，我们就围绕这两大部分的九个方面展开阐述，也就是进入"经济学思维"的"正文"。

上篇　约束条件

前面已经讲到，所谓经济学思维，就是"约束条件下的目标优化"，因此本书的上篇就介绍"约束条件"。所谓"约束条件"，也就是"限制条件""前提条件"，相当于我们做数学题时的"已知条件"。我们把人们在进行经济决策时所面临的各种约束条件分为五类，分别是资源约束、市场约束、互动约束、认知约束、文化与制度约束。

古典经济学实际上是讲资源稀缺条件下的市场运行，我们把它分解为两个约束：资源约束和市场约束，然后把很多内容放到下篇的目标优化里，主要是在个人目标和企业目标中介绍。自凯恩斯主义盛行之后，宏观经济学进入主流，这部分内容将放在政府目标中介绍。

20世纪经济学的发展，主要产生了博弈论、行为经济学、新制度经济学等新的分析方法，我们把这些内容放在互动约束、认知约束、文化与制度约束这几章中。自奥尔森的《集体行动的逻辑》出版后，对团队行为的研究也逐渐进入主流经济学，这就是本书"团体目标"所要介绍的内容。

资源约束

造出的每一支枪，下水的每一艘军舰，发射的每一枚火箭，归根结底，都意味着对那些忍饥挨饿的人们的一种偷盗。

——德怀特·戴维·艾森豪威尔

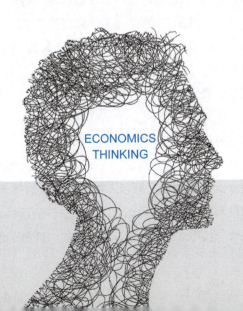

ECONOMICS
THINKING

时间都去哪儿了——资源稀缺性

所谓资源约束，说得直白点，就是你想要的不一定能得到。

为什么呢？因为我们想要实现的任何一个目标，都是需要一定条件的。从广义上说，这些条件都涉及"资源"。

让我们先从每个人都要面临的资源——时间——开始。

时间都去哪儿了

2014 年春节联欢晚会上，歌手王铮亮演唱了一首歌词朴实、曲调平实的歌《时间都去哪儿了》，一时间成为流行歌曲，其效果犹如歌手陈红在 1999 年春晚演唱的《常回家看看》，可谓异曲同工，都触及了老百姓的"痛点"和"盲点"。在《常回家看看》里，诉说的是父母与子女的感情，令万千想回家而未回家的儿女们落泪；而在《时间都去哪儿了》里，演绎的更是每一个人每时每刻都在经历而未细想的问题，引人深思。

"时间"这一资源，之所以能够引起共鸣，是因为如果说世上有什么是绝对"公平"的话，那就是"时间"。无论你富贵或贫贱，无论你老迈或年轻，每个人，每天，有且只有 24 小时。于是，感叹时间之"匆匆"，叹息"明日复明日"，希望"再活五百年"，以至"一万年太久，只争朝夕"。

而且，我们每个人，无论你富贵或贫贱，无论你老迈或年轻，每生活一天，就离死亡近了一天。

这就是时间的公平性、紧迫性和残酷性。

此外，我们的一切财富，无论物质的、精神的，都是人们在一定时间内创造的。

但令人遗憾的是，很多人并没有意识到时间的重要性。浪费时间的现象比比皆是，即使那些"一万年太久，只争朝夕"的珍惜时间的人，也很可能没有认识到时间的稀缺性。接下来，我们就以最常见的"读书"为例，认识一下时间的稀缺性。

我们应该如何读书

之所以单独讲这一点，是因为：第一，对于阅读本书的读者来说，我们假设他们都是"读书人"，或者说是"喜欢读书的人"，因此，读书对于他们来说是最重要的事情之一；第二，本书讲的是经济学，而不是时间管理，只能选择时间管理中的某一点来讲。

对于读书人来说，想阅读的书是无限的，"影响人类历史的 100 本书"该读吧，本学科的经典著作该读吧，自己喜欢的文学经典该读吧，最新出版的有影响的书该读吧，等等。当你读完一本书的时候，世界上同时出版的书估计就不止一百本了。所以对于个人来说，书籍是无限的。

但阅读是需要时间的，而一个人一天乃至一生的时间是有限的，也就是说，面对读书，时间才是最稀缺的资源。因此，如何读书也是一个资源配置的经济学问题。

要较好地解决这个问题，需要做到以下三点：

第一，世上的书太多，但某一领域，特别是某一很小领域的书，却不是无限的。因此，首先要做的是，缩小阅读的领域。这个领域有多大，是根据两点来决定的：一是你的目标是什么？是想成为有深度的专家，还是想成为有广度的通才？二是你能够用于阅读的时间以及你的阅读理解能力。将这两者结合起来，就能够对自己的阅读范围进行界定。

贪，是人的通性，即便是被视为"高尚"的读书也是如此。并且，越是喜欢读书的人，就越"贪"，希望自己读尽天下书。理想很丰满，现实很骨感。理想要和现实结合，才有可能实现。

第二，在范围或领域确定之后，就是要阅读其中的"好书"。哪些是"好书"呢？当然最终需要我们自己来鉴定。只有当你阅读完了，才能对其鉴定，如果发现不好，那不就浪费了宝贵的读书时间吗？所以，很多时候需要借鉴别人的鉴定。有两类书是经过别人鉴定了的：一是经典文献。这是该领域的每一代读书人几乎都要读的书，如经济学中的《国富论》。当然，现在经济学专业的学生，真正阅读原著的人已经很少了，大都是通过教科书来学习经济学。但我们还是提倡阅读。只有读原著，你才能真正了解经济学思想的起源和脉络，理解其精髓。我们发现很多书，甚至是教科书，都有不少的错谬，究其原因，与这些书的作者没怎么读经典有关，于是以讹传讹。读经典更重要的目的，不仅仅是"学知识"，而且是向经典著作的作者学习"如何思考问题"。二是重要文献。虽尚未成为经典，但引用率很高，相当于本学科的很多人都在读，说明也很重要。这两类文献，相当于是通过了很多人的筛选的。大家都说好的，当然不一定好，但总比没人说好的好。

阅读这两类文献，对于一般人来说是足够了，而且也没有必要这么读，按照兴趣去读就行，因为一般人读书是没有特定目标的。但对于从事知识工作的人来说，必须有自己的目标。因此，除了阅读这两类文献外，还需要阅读"最新文献"，也就是最新出版的书和发表的论文等。这就需要靠自己的鉴别能力了。好在一个人的鉴别能力是在学习中不断提高的，我们不妨把阅读不需要怎么鉴别的经典文献，作为提高鉴别能力的训练。

一般说来，在学校期间，就要尽可能地多阅读经典文献和重要文献，如果能够在这两个方面打下良好的基础，那么进入研究阶段或工作阶段，就可以把主要精力放在阅读最新文献上了。

第三，与其囫囵吞枣地涉猎很多书，不如一本一本地精读、读透。很多著名人物都提倡"博览群书"，但有三点要注意：一是这些著名人物生活的年代，出版物远远没有我们现在这么多，他们也许可以"博览群书"，把当时最重要的书读完，我们却不行。20 世纪就不知道出版了多少名著，一个人是很难读完的。二是那个时候学科之间的界限没有现在这么清晰，换句话说，就是学科的分工没有这么细。三是考核规则也不同。现在要求以"数量"为主，如果等你博览完群书，估计还没有写出一篇论文来呢，考核如何过关？奖金岂不受损？所以，博览群书的想法不现实。但一个人如果仅仅了解本专业、本领域的知识肯定是不够的，我们建议采取"二八原则"，就是用80% 左右的时间阅读与本专业相关的书，用 20% 的时间阅读其他"闲书"。

当然，人与人的能力是不同的，对于阅读和理解能力特别强、记忆力又特别好的人来说，自然就可以拓宽阅读范围了。

资源的稀缺性

其实何止是时间，我们所面临的任何资源都是稀缺的。北漂们多么想在北京有套房，但没有钱，心想等有了钱再买，但北、上、广、深的房价，涨的速度往往超过了收入增长的速度，正如本书第一作者曾经在一篇小文里无奈地感慨：别墅对于我们工薪阶层来说，永远是一个梦，当别墅只需要几十万元的时候，我们只能拿出几万元；而当我们能够拿出几十万元的时候，它已经涨到几百万元了——永远就差那么一个

"0"，只可惜这个"0"不在小数点的后面而在小数点的前面。

即问即答： 我们从小就在课本里学到，并且为之自豪："我们的国家地大物博。"那为什么还说稀缺呢？

所谓稀缺，不是指绝对量的稀少，而是指相对量的欠缺。也就是说，相对于人类的需求或者欲望，人类的资源是有限的、稀缺的。这是因为人类的需求或欲望是无穷的，而资源总归是有限的。如果我们用分数来表达，需求或欲望就是分母，而资源是分子，一个有限的分子除以一个无限的分母，结果是什么，大家就很明白了吧。

是的，我们从小就为自己的祖国"地大物博"而骄傲，这是从"绝对量"的角度来看的，也就是只考虑"分子"的情况。但如果来一个"分母"，就骄傲不起来了。请注意，这个"分母"，还不是14亿人口，很多人说我们之所以不富裕，是因为我们人口太多，如果中国也像美国那样，只有3亿多人口，那我们不是也和美国一样富有了吗？这简直就是无稽之谈。中国历史上很多时候的人口，还没有现在的美国多呢，难道就富裕了？要知道，人口不仅能够摊薄资源，更重要的是还能够创造资源。由于本书不讲人口学，因此还是回到稀缺性的主题。

这个分母，是人类的欲望。因此，这与国家的人口多寡没有多大的关系，无论哪个国家，无论其人口多寡，都存在资源稀缺性的问题。因为相对于人类的欲望来说，资源永远是稀缺的。

即便拥有的资源能够满足人们现在的需要，但人类的欲望是无限膨胀的，才满足了一个欲望，新的欲望又诞生了，永远得不到满足。就像普希金《渔夫和金鱼的故事》里所说的，渔夫老婆的欲望从新木盆、木房子、世袭的贵妇人到自由自在的女皇，最后要做海上女霸王，还要赐予她一切的金鱼成为她的仆人。

即问即答： 商店里那么多商品卖不掉，说明资源不稀缺啊，你认为呢？

商店里确实有很多商品卖不掉，可以说，很多企业之所以亏损甚至破产，就是因为产品没有足够的需求。关于需求，我们会在后面讲。这里只需要讲两点就可以说明，商品卖不掉不能证明资源不稀缺。第一，商品需要钱购买，如果可以免费，估计商店里的任何商品都会一抢而空。这就说明，虽然商店里的东西不稀缺，但你我钱包里的资源稀缺。第二，商品的品质可能不符合消费者的要求，也就是说，资源的稀缺性，不仅仅指数量，而且包括质量。举个简单的例子，同样是唱歌，如果让一个五音不全的人唱，估计免费赠票也没有人观看，但如果是大歌星，可能就一票难求了。

我们不需要的东西，再少也不稀缺

我们衡量一个资源是否稀缺，一定是相对于人的需求来说的，对于不需要的东西，哪怕再少，也不是稀缺资源。比如埃博拉病毒、"非典"、"新冠病毒"，比如"三废"（废水、废气、废渣），我们不需要，至少我们现在不需要，所以就不是稀缺资源。也许哪天发现它们有用处了，可能就会成为稀缺资源。所以，资源的稀缺性，也会因人、因时、因地而异。

先说因人而异的例子。比如医院的病床，对于健康人来说，不是稀缺资源，但对于病人来说，很多三甲医院却到了"一床难求"的地步，需要排队。

再说因地而异的例子。比如水，对于沙漠地带，是绝对稀缺的，但对于洪水泛滥的地区，就不是稀缺资源了（当然不是指干净水，那还是稀缺的）。

因时而异的例子就更多了。先说一个最重要的，比如空气，现在我们还可以自由呼吸，不属于稀缺资源，但如果哪天空气污染得不能呼吸了，那就成了稀缺资源。但愿这一天永远不要到来。不过，全球生态环境的不断恶化，实在不能不令人担忧。此外，随着科技的进步，更能够改变很多物品的性质，使得原本"无用"的变成"有用"的，也就使得原本不稀缺的变成稀缺的。比如垃圾，原来都是"无用"的，不仅无用，而且有害，当然不属于稀缺资源。但随着垃圾处理技术的发展，很多原本不可回收利用的垃圾，就变成了可回收利用的资源。

经济学家如何衡量是否有需求

因为稀缺性是相对于人们的需求而言的，因此，我们首先要知道是不是有需求。经济学家的办法很简单，即是否需要付费，也就是"是否需要花钱购买"。如果不需要付费，那就不是稀缺资源。

经济学把需要花钱购买的商品称为"经济品"，而把不需要花钱购买的商品称为"自由品"。比如，空气对于我们来说非常重要，几分钟不呼吸就可能死亡。但到目前为止，我们还不需要为呼吸空气付费。所以，空气就不是经济品，而是自由品。当然，如果人类再不收敛自己，肆意破坏环境，那难保今后的空气不会成为经济品，也就是稀缺资源。

所以，资源的稀缺性不完全等于重要性，而是要看是否需要花钱购买。这不是经济学家"见钱眼开"，而是这种办法很好用。

此外，"付费"也不仅仅就是钱，尽管钱很重要，在现在这个富裕经济时代，可以买到绝大多数的商品。回到本节的题目，时间就是很重要的成本。虽然你不需要花钱，但是需要花费时间的，也同样属于稀缺资源。比如很多人喜欢写日记，这不需要花钱。当然，日记本需要购买，但我们说的是"写"日记，日记本的成本可以忽略不计，除非是对贫困地区的人来说。写日记需要花时间，所以，最后写成的日记，就是稀缺资源。名人的日记自不必说，你看很多名人的日记，还会出版，供他人研究之用。即便是普通人的日记，也同样是稀缺资源，因为即便对于大众来说不是稀缺的，但对于他的后人来说也是稀缺的。

"付费"也包括我们常讲的"人情"。人是群体动物，生活在一个群体里，总免不了今天我帮你个忙，明天你帮我个忙。要知道，人情也是有成本的，欠了人情总是要还的。因此，同样属于稀缺资源。

那么多的"付费"或"成本"，怎么概括？经济学家用了一个新颖的名词：机会成本。这在后面要讲。

资源是稀缺的，稀缺的才是资源，这看起来是一个"循环论证"，其实不然，它始终与需求联系在一起：我们需要的东西，并且是稀缺的东西，才是经济资源。人其实也挺奇怪的，往往越是稀缺的东西越想要，比如钻石、古董；越是不稀缺的东西，反倒没有特别的欲望：你会经常想到自己每时每刻在呼吸的空气吗？

好了，本章所讲的资源，包括本书所讲的资源，一定是经济资源。对于经济资源来说，资源稀缺就是一个普遍的事实，如果人类拥有无限的资源，那就没有必要考虑经济问题，也不存在经济学。估计也是因为这一点，很多经济学家认为资源稀缺性是经济学的基本假设。但我们还是坚持自己的观点：资源稀缺是事实，不需要假设。

即问即答： 资源包括哪些？

我们如何面对资源稀缺问题

前面问到：我们面临的资源，包括哪些?

首先要说的是，能够被称为"经济资源"的，就是"稀缺资源"。如果不是稀缺的，那虽然是资源，但不是"经济资源"，或者说，不是"经济品"，而是"自由品"，即不需要任何代价可以获得的。比如环境污染之前的清洁空气，谁都可以自由地呼吸，而且你也不可能因此而多呼吸几倍。我们刚进入空气清新的森林时，之所以会贪婪地猛吸几口，是因为森林里的空气对于生活在大城市的人来说是稀缺的。曾经有人试图做这个生意，把某某森林里的清洁空气压缩了拿到城里去卖，但没有成功，因为大多数人还没有这个需求，觉得与支付的价钱相比，呼吸那么点森林里的空气似乎不值。

狭义的资源主要指物质资源和人力资源，而从广义来看，所有一切都可以列为资源，比如知识、技能、时间、社会关系、知名度、诚信、制度与文化等。

我们如何面对资源稀缺问题

既然资源稀缺是一个普遍的事实，那面对资源稀缺性这个问题，我们怎么办?大体说来，有三种方法，而且还不是"根本的方法"，因为不可能根本解决，只能缓解。

方法一：降低欲望

就是不要永不知足。中国人讲的叫"知足常乐"。这个办法行不行呢? 好像不行。人类社会的发展史，似乎就是一本活生生的欲望膨胀史；个人的成长史，也是一本活生生的欲望膨胀史。

当然也有抑制自己欲望的人。比如真正的修行者。但请注意，他们是有意抑制，而且抑制的是物质方面的欲望。如果不自我抑制，欲望还是会膨胀的。

所以，当你听到别人跟你说"如果……我们就满足了"这样的句式时，千万别信以为真。他之所以现在这么说，是因为这个目标离他的现实还有距离，能否实现还是一个未知数；一旦实现了这个目标，他的"如果"后面的数字，又要翻倍甚至翻十倍了。

方法二：增加资源

既然现有的资源不能满足人类的需求，那就努力增加资源吧。这个办法有效吗？当然有效，经济的发展，不就是努力增加资源么？研究经济史的人都知道，人类几千年的经济史，就是不断增加物质财富的历史。当然，物质财富的大幅增加，也就是从工业革命之后才开始的，此前的增长曲线，相对于工业革命之后来说，基本上就是一条水平线，人类几千年的物质生活没有得到根本的改善。

但经济增长也只是缓解了资源稀缺的问题。我们有吃有穿有住房有车，但我们想要吃得更好、穿得更漂亮、住得更宽敞、车子更高级。而我们所居住的环境，就是在这样不休止的欲望膨胀中变得无比脆弱。

我们能不能慢慢慢慢地增长呢？不行，"一万年太久，只争朝夕""落后就要挨打"，你发展慢了，就要受到发展快的人的欺负。个人如此，国家如此。于是"你争我赶"，不惜以牺牲环境和子孙后代的资源为代价。

方法三：更加有效地利用资源

这包括两个层面：一是技术的，随着技术的进步，原来不可用的资源成为可用的了，利用效率也可能提高了；二是经济的，即便技术没有进步，通过改善资源的配置也可以提高资源的使用效率。

经济学不研究具体的技术问题，而是研究机制问题，即设计一个怎样的机制，能够使资源更加有效地利用，简单说，就是怎样让资源配置到"最需要"资源的人手中。

经济学要研究的，就是第三个方法。

到目前为止，无非有三种方法：拳头、政府、市场。拳头，就是比谁的力量大，就由谁得到资源，即所谓的"弱肉强食"。这是野蛮时代的方法，文明时代已不采用，但在一些极端的情况下，还可能出现"返祖现象"，所以也不要掉以轻心，比如在既没有政府管理又没有市场供应的情况下，人们为了活命，也会比拳头。政府，就是由一个具有强制力的机构，对资源进行分配。现在，政府的力量不是弱化了，而是不断在强化，这要拜凯恩斯主义所赐。市场，则是通过价格机制进行分配，是我们这个社会最常见的分配方法，虽然有时会受到这样那样的抑制，而且往往是以"善良的愿望"去抑制。

衡量哪一种方法好有个标准，就是"是否有利于资源的增加"，或者说，"是否有利于缓解稀缺性"。靠拳头分配的话，大家不是去生产，而是去练拳脚了，因此不利于资源的增加，因为这是在已有的资源中进行争夺。靠政府分配呢，有权势的、有关系的、"会哭的"人能够获得更多的资源，于是，大家就去争权夺势、搞关系、"装穷"，而不是去生产，同样不利于资源的增加。市场是通过交换来分配资源的，你要想得到更多的资源，就必须提供更多可以用于交换的资源，于是就得生产，因此，市场的方法才是有利于增加资源的。

如何把资源分配给最需要资源的人

经济学的逻辑很简单：因为只有最需要资源的人，才会最有效地利用资源。那么，茫茫人海中，谁又是最需要资源的人呢？换句话说，应该怎样配置资源，才能使效率更高呢？

张维迎讲了两种逻辑，一个是强盗的逻辑，一个是市场的逻辑。他当然是赞成市场的逻辑的，相信绝大多数的经济学家都是赞成市场的逻辑的。在计划经济"批条子"的时代，谁去领导那里勤，谁最需要资源，所谓"会哭的孩子有奶吃"；在市场经济时代，谁出价最高，谁最需要资源。这是两种不同的逻辑。

也许你会说，出价最高的，应该是最有钱的人，而不一定是最需要资源的人。比如，面对一种可能的流行疾病，富人和穷人都有感染的可能性，而且一般来说，穷人感染的可能性会更大些，因为穷人所居住的地区的防疫措施没有富人区好，身体抵抗力也可能出于营养等原因而没有富人强。现在只有一支疫苗，由于富人更有钱，能够出更高的价，因此被富人买了，而其实穷人更需要疫苗。可见按市场方法分配，并不能把资源分配给最需要资源的人。

这个例子看起来很有"反驳力"。但如果我们仍然以"是否有利于资源的增加"的标准来衡量的话，还是可以做出回应的。这就留给读者诸君思考了。

所以，依据市场的逻辑，是价格起着配置资源的作用，也就是亚当·斯密所说的"看不见的手"。

亚当·斯密及其"看不见的手"

如果要评选"经济学第一人"，那肯定非亚当·斯密莫属。亚当·斯密是苏格兰人，1776年出版的《国富论》（全名《国民财富的性质与原因的研究》），成为古典经

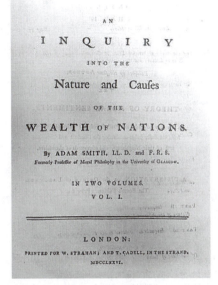

亚当·斯密像　　　　　　　　　　　　《国富论》英文首版

济学的奠基之作，亚当·斯密也被誉为"经济学之父"。

历史总是有许多巧合，1776 年，在大洋彼岸，美国《独立宣言》签署。《国富论》和《独立宣言》都是人类自由的宣言书。

在《国富论》里，亚当·斯密巧妙地论证了自由市场的重要性，证明了每个人从利己心出发，实际上能够达到社会繁荣的目的。其中有两段话被引用了无数次，我们也就不在乎成为一个新的引用者：

"我们每天所需的食料和饮料，不是出自屠户、酿酒家或烙面师的恩惠，而是出于他们自利的打算。"

"在这场合，像在其他许多场合一样，他受着一只看不见的手的指导，去尽力达到一个并非他本意想要达到的目的。也并不因为不是出于本意，就对社会有害。他追求自己的利益，往往使他能比在真正出于本意的情况下更有效地促进社会的利益。"

价格的作用

这只"无形的手"，或者说"看不见的手"，就是市场价格。价格是一根指挥棒，引导着资源从效率低的地方向效率高的地方运动。或者说，从不那么稀缺的地方向更加稀缺的地方移动。

为了说明问题，我们来举个例子。

比如前些年火热的房地产，资源不断地涌入。为什么呢？因为房价节节攀升啊。房价涨得人心慌，于是媒体就评价说，房价上涨，是因为房地产商"贪婪"。房地产商贪婪，难道汽车、电子产品等制造商就不贪婪了，为什么这些产品的价格不涨反降呢？

也有人说，房价之所以上涨，是因为政府公开拍卖土地，把地价抬高了，从而抬高了房价。这似乎更有"道理"，因为根据会计学里的一派观点，产品的价格，就是根据成本来制定的。但我们在本书多处要强调的一点是，价格与成本无关，只与供求有关，而成本决定你盈利的空间有多大。

媒体记者不懂经济学，说这样的话还好理解，但有些经济学人士也跟着这样说，就不好说了。

房价为什么涨？那是因为供不应求。同样是房子，没听说农村的房价涨多少吧。当然，由于人工成本、地价等因素的上涨，农村的房子还是比原来贵，但与城里的房子就没办法比，特别是北、上、广、深等一线城市的房价。

因为经济的发展必然带动城市化的进程，大量的人口从农村进入城市，增加了对住房的需求。而在"衣食住行"中，唯有"住"，也就是房子，是不能从一个地方随意搬到另一个地方的。而城市的土地是有限的，除了向高层发展以增加房子外，很难使房子的供给增加，这就必然导致城市的房子供不应求。这才是城市房价不断上涨的根本原因。

由于房价上涨，于是，资源纷纷往房地产行业流动，这就是价格的引导作用。

价格能够发挥引导作用，有一个隐含的前提，就是资源是有多种用途的。石油可以炼成燃料，也可以作为化工产品的原料。如果燃料的价格上涨，那么厂商就更愿意炼油，而不是生产化工产品。

也许你会说，假定只有一种用途呢？如果只有一种用途，那选择面就很窄了：用，或者不用。比如一个人，只会干钳工，那即便钳工的工资下降了，还得干，如果不干，就会失业。

但对于经济学家来说，资源都是有多种用途的，因为经济学所研究的资源，不是具体的什么铁啊陶瓷之类的，而是抽象的物质资源、人力资源之类的，并且为了便于计算分析，全都用货币来计量，所有资源也就量化成了"钱"，你说钱不是有很多种用途吗？

考虑具有多种用途的资源的有效配置，这就是经济学的研究目的。英国经济学家莱昂内尔·罗宾斯就是这样定义经济学的："经济学是研究具有不同用途的稀缺资源使用的学问。"这已经成为一个经典定义，被很多教科书所采用，包括最著名的也最流行的萨缪尔森和诺德豪斯的《经济学》。

正因为有了市场，有了供求双方所形成的价格，资源的配置就变得非常简单而且快捷。想想计划经济时期，政府有价格管理机构，要制定绝大多数商品的价格，配置效率非常低下，导致大多数商品短缺，而现在，大多数商品供大于求，你说哪种体制的资源配置效率更高呢？

价格不仅导致资源在国内流动，也在国际流动。澳大利亚矿产资源丰富，就可以在价格的引导下流向资源短缺的日本；俄罗斯的天然气资源丰富，就可以流向中国。不仅人往高处走，钱也是往高处流的，哪里价格高，资源就流向哪里。

那么，市场配置的方法又能否解决"资源稀缺"的问题呢？当然也解决不了。我们也没有说市场能够解决资源稀缺的问题，而是解决资源有效配置的问题。就是说，它只能提高资源的利用效率，并且到目前为止，这个问题也没有得到理想的解决，因为资源浪费现象非常严重。正如"民主制度是最不坏的制度"一样，市场制度也只是"最不坏的制度"。

资源稀缺性对经济分析的影响

因为资源稀缺，所以我们在进行经济分析的时候，就要充分考虑资源约束。资源有很多，但经济学家在考虑资源约束时，不具体到什么资源，而是简化为一点：预算约束。

所谓预算约束，就是钱的问题。我们常常说，有多少钱办多大的事，就是对预算约束的最直白的表述。特别是对于创业者来说，更是如此。本书第一作者每年要参与许多大学生创业项目的评选，有些项目，动不动就要投资几千万，问他资金从何而来，答案无非是银行贷款、吸引风险投资、众筹等网上能够找到的筹资方式。殊不知像这种动不动就要投资数千万元的项目，如果没有特别吸引人的地方，风险投资怎么会进来呢？银行贷款，想都别想，银行历来是"锦上添花"的。众筹，向谁筹？这些项目设计，就是根本没有考虑预算约束的。

企业生产时要考虑预算约束，个人消费时也要考虑预算约束。现在的年轻人，"月光族""啃老族""寅吃卯粮，负债消费"者众，其实就是不考虑预算约束的结果。一个人如果老是处在负债状况中，虽有"债多不愁"的自我安慰，毕竟让你增加了压力，对一个人的身心都是不利的。中国计划经济时期的财政预算原则是"收支平衡，略有结余"，其实还是有道理的，虽然会影响到经济的增速，但也不至于落到希腊债务危机的境地。个人和家庭，我们认为，还是应该充分考虑预算约束，除了买房子外，最好不要负债消费。买房子的时候，也要以自己的收入为前提，考虑到在支付了房屋按揭款之后，还要能保障正常的生活。

总之，资源稀缺会影响到我们所有的决策，因此资源约束是我们需要考虑的第一大约束条件。

时间是最大、最重要的资源

前面讲到，考虑有限资源的有效配置问题时，不能不考虑预算约束。在经济分析中，我们一般把预算约束简化为钱的问题。其实对于我们每个人来说，还需要强调一点，时间是我们最大、最重要的资源。

这首先是因为一切财富都是人们在一定时间内创造出来的，更重要的是，管理好我们的时间，对一生的成长以及生活的意义非常重要。

所以，我们首先要面对的，是时间的预算约束。我们应该从以下几个方面管理好自己的时间。

首先，加强健康管理，延长自己的寿命，这就相当于把自己一生能够使用的时间总量增加了，这和你增加了收入之后的宽裕是一样的。

其次，有效利用时间，就是把时间用在对自己有意义的事情上，而不是无所事事地荒废，也就是对时间这个资源的有效配置。

最后，做各个阶段最重要的事，也就是"收益"的最大化，因为时间是有限的。只不过在这里，"收益"不一定是金钱。

盖茨会不会捡起掉在地上的 100 美元——机会成本

前面已经谈到资源的配置问题，但如果离开了经济学的核心概念——机会成本，就还是讲不太清楚。这与前面讲的资源稀缺性是密切相关的，因为只有资源稀缺，我们才会考虑机会成本。

问题

曾经有这么一个问题：如果从比尔·盖茨的口袋里掉出 100 美元，他会不会停下脚步，弯腰把钞票捡起来呢？

有人说，盖茨不会捡。理由是，根据盖茨的身家，停下脚步然后再弯腰捡起钞票的时间，不只值 100 美元[1]，所以他不会捡。

也有人说，盖茨会捡，因为他即便是不捡，也不可能利用这个短暂的时间去另外挣钱，反正"闲着也是闲着"，为什么不捡呢？盖茨又不是傻瓜。

第三种观点是折中派：要具体情况具体分析，如果他当时很忙，有更重要的事情要做，当然没有必要捡；但如果当时他不忙，也就是说，当时他没有更好的选择，即便捡钱花费了他几秒钟，但不影响他的其他收入，所以他会捡。

即问即答：你认为盖茨会不会捡呢？为什么？

实际上，熟悉盖茨的人都知道，他其实是非常节俭的人。据说有一次，盖茨和一

---

[1] 据《福布斯》2015 年的全球亿万富豪排行榜，盖茨以 792 亿美元继续高居榜首。假设盖茨活到 95 岁（比美国人 2015 年的平均预期寿命 78.8 岁多 20% 左右吧，富人拥有各种条件，理论上应该高于人均寿命的；也借此机会祝这位现在主要从事慈善业的首富健康长寿），而盖茨已经 62 岁（1955 年生），也就是说还能活 33 年（为什么不以他一生的时间来计算呢？作为一个问题，请你思考），那么，折算到每一秒钟大约 84 美元。我们试验过，弯下腰把钱捡起来，大约需要 2 秒钟，而 2 秒钟就是 168 美元。

位朋友同车去希尔顿酒店开会，由于去晚了，以致不好找停车位。朋友建议把车停在贵宾车位，盖茨不同意。朋友说："停车费我来付。"盖茨还是不同意。原因是，贵宾车位要多付 12 美元停车费，盖茨认为那是超值收费。想想看，盖茨连多出来的 12 美元停车费都不愿意付，能不捡起自己掉在地上的 100 美元吗？而且，另外寻找停车位所花的时间，绝对远远超过弯腰捡钱的时间。

而上述争论的那些观点，无非是从经济学机会成本的概念出发来解释的，这也是我们在本小节要讲的内容。我们换个问题：如果是 100 美元找不到了，盖茨会不会翻箱倒柜地找呢？

这下答案就不会像刚才那么复杂了，你也肯定能回答，盖茨不会翻箱倒柜地寻找（实际上，他估计也不会发现自己少了 100 美元）。因为翻箱倒柜所费的时间太多，并且如果老是找不到，会把人弄得很恼火，这样的话就不仅仅是时间的机会成本，还有"精神损失"了。不要说盖茨，就是我们也不会为了 100 元而翻箱倒柜，但顺手一捡是不费事的，至少我们会捡起来。

机会成本

机会成本是经济学最重要，也是最基本的概念之一。经济学家讲的成本，其实就是指的机会成本。

机会成本的概念，首先与资源的稀缺性有关。如果资源不稀缺，也就不需要考虑机会成本。比如，一个人可以长生不老，那时间就没有机会成本，因为你不需要考虑今天做什么、明天做什么的问题，反正你的明天是无限的，那今天也就是无限的，因为到了明天，就变成了今天。

由于资源是稀缺的，你就不得不在多种用途中选择。这个小时是听课呢，还是看电影呢，或者去约会呢，锻炼呢？

当一种资源有多种用途时，如果我们把资源用于 A 用途，就意味着要放弃其他用途。比如，我们有一套房子，可以自己经营一家小面馆，也可以出租，还可以卖掉。如果我们自己经营，当然就放弃了出租和售卖，所以我们使用自己的房子，虽然表面上没有拿租金出去，但也是有成本的，这个成本就是机会成本。这个机会成本是多少呢？就是我们所放弃的机会（如出租、出卖）的可能的收益（如租金、房款的收益）。

那我们到底如何选择呢？就要看机会成本的高低了。如果机会成本太高，就意味着我们的选择是有问题的。比如，房子出租可以每月收到 2 万元租金，或者说，房子可以卖到 500 万元，同样可以获得每月 2 万元的固定收益，而我们自己经营小面馆的纯收入小于 2 万元的话，那就意味着我们自己经营小面馆的选择是有问题的，因为机会成本超过了纯收入。

机会成本概念也能从"自私假设"推导出来。既然资源是稀缺的，你必须在其多种用途中选择一种，那你会选择哪一种呢？你是理性的，你肯定会选择"在其他条件相同的前提下收益最大的那一种"。回到上面的例子，自己经营小面馆的收益小于 2 万元，而出租或卖掉房子的收益是 2 万元，因此，我们应该选择租或卖，而不是选择自己经营，除非我们雄心勃勃，相信自己能够把小面馆扩大，办成系列连锁店，那是另一个决策问题了。

机会成本是需要考虑相关条件的

机会成本是要根据当时的条件而定的，因人、因时、因地都会有变化。

回到前面盖茨会不会捡钱的例子。

如果当时盖茨在悠闲地散步，我们想，他会毫不犹豫地把钱捡起来。因为此时他没有别的事需要做，也就是说，他此时捡钱的机会成本几乎为零。

而如果这时他遇到一个突发事件，比如附近有持刀歹徒正在冲来，估计他就不会捡钱了，因为生命安全是无价的，也就意味着这时捡钱的机会成本很高。

再比如，他的 100 美元是装在一个钱包里的，而钱包是他前妻梅琳达送给他的礼物，而且歹徒离得还比较远，估计盖茨还是会捡起来的。

所以，当我们说到机会成本时，一定要考虑相关条件，不能笼而统之地说做某事的机会成本是多少。

就以大家最喜欢举的"上大学的机会成本"为例，也是因人因时而异的。如果不读大学也找不到工作，那会成本就几乎为零；而对于创业的盖茨来说，读大学的机会成本就太高了，所以他明智地选择了辍学。

此外，还要把机会成本与潜在收益进行比较，才能做出正确的决策。比如一个本来就不喜欢学习的人放弃读大学，损失就没有一个酷爱学习的人那么多。

计算一下机会成本

比如，你手头有 100 万元，而且只有 100 万元，这是你的资源。假定你目前有以下几种想法（人有了钱，想法就多了）：

A. 创办一家互联网企业，响应"大众创业"的号召。
B. 开个股票买卖账户，准备投资股市。
C. 加盟到某个品牌，开一家连锁饮食店。
D. 最简单，直接买成债券，每年获得 5% 的利息收入。

我们发挥自己的想象力，在这四种情况下，结果如何呢？

A. 很可能一年不到就关门，因为后续资金跟不上；当然也有可能做大了，成为大企业。所以，这种情况的结果是最不好预料的。但因为是做练习题，我们不妨给出个答案，假定每年可以赚到 10 万元。
B. 买卖股票同样很难预料结果，我们还是做题，假定每年可以赚到 8 万元。
C. 虽然开饮食店很辛苦，但假定每年可以获得 20 万元的收入。
D. 最确定，每年的利息收入为 5 万元。

以上四种投资，你只能选择一种。当然，你说可以来个"投资组合"，但那不是我们这个题目要讲的问题了。

无论你选择哪一种投资，你必然就要放弃另外三种投资。

你选择的投资给你带来了收益，这会令你感到"高兴"，所以才叫收益；而你放弃的投资呢，是不是令你感到"可惜"或"遗憾"？我们常常想，如果既能这样又能那样就好了。所以，放弃的投资，对于你来说就是一种"失去"，经济学家把这种"失去"叫作"机会成本"。

为什么叫"机会成本"？可以这样理解：是因为你抓住某个机会，就必须放弃其他的机会，古人早就讲过"鱼与熊掌不可兼得"。

那如何衡量机会成本呢？就是你所放弃的投资其可能的收益。

但在上面的例子中，比如我们选择了一种投资，就要放弃另外三种投资，那以哪一种投资的可能收益作为机会成本呢？

那我们问你：你最"遗憾"的是哪种投资呢？

你说：当然是可能收益最大的那种投资了。

这就对了。你所放弃的机会里，可能收益最大的那个，就是你的机会成本。

即问即答：在上面的例子里，选择 A、B、C、D 的机会成本分别是多少？

房子如何处置——机会成本与决策

前面说到四种不同的投资机会，其机会成本分别是：如果选择 A，机会成本是 20 万元，因为你放弃了 B、C、D 三个机会，而其中 C 的可能收益是最大的；如果选择 B 或者 D，机会成本也是 20 万元；只有选择 C 的机会成本不同，那就是所放弃的 A 的可能收益，10 万元。

你答对了吗？

理性人选择"最优"，"次优"就是选择的机会成本

也可以这样理解，当我们面临 A、B、C、D 四个投资机会时，我们肯定选择的是"最优"方案，那么，所放弃的方案中的最大可能收益，实际上在所有方案中是"次优"，即仅次于最优方案。而所放弃的方案中的最大可能收益，就是我们选择最优方案的机会成本，因此，"次优"就是"最优"的机会成本。

在前面的四个方案中，C 是可能收益最大的，因此是"最优"，我们应该选择的方案就是 C 方案。而 A 方案是仅次于 C 方案的，因此是"次优"。可以说，我们选择 C 方案的机会成本，就是 A 方案的可能收益。

选择"最优"是理性人的行为，而理性人是经济学的基本假设。

如果我们面临的只有一个方案，那我们的选择就只有两种：选择做，或者放弃。同样的，我们也可以用机会成本来进行决策。如果选择做比放弃好，那我们就选择做；反之，如果放弃比选择做好，那我们就放弃，不做。

其实，智慧的人并不是随时都会选择做的，放弃往往是智者更需要做的事。只有不智慧的人，才会随时选择做。以股市投资为例，真正的投资者，不是经常进进出出的人，也就是说，不是经常在做的人，而休息往往是常态。这个休息，包括买入股票后的等待，以及卖出股票后的等待。等待就是什么也不操作，即不做。当然，在等待的时间里，他会研究经济形势，研究行业，研究公司，并观察股市的变化，是否与自

己的判断和预期一致。反之，那些随时进出股市的"炒家"，看似随时都在选择，但却不一定是正确的选择。"股神"巴菲特的名言是："如果你不能持有三年，就连三分钟也不要持有。"

除了钱（投资机会），我们最重要的资源就是时间。一个人同时只能做一样事，也就意味着我们必须放弃很多其他的事。比如，你选择来读我们写的经济学思维，就不能与男（女）朋友约会看电影，于是，与男（女）朋友约会看电影的愉悦，就是你读我们这本书的机会成本。我们知道大家的机会成本都很高，因为愉悦的价值是不好衡量的，所以我们尽最大努力把书写好。

当你没有学经济学以前，一谈到"上大学的成本"时，估计只是考虑到了学费、生活费、书杂费、往返于家里和学校的交通费等，现在学了机会成本，就应该知道，你上大学最大的成本是你的机会成本，而不是这些已经实际开支的费用。

因为你如果不选择上大学，你可以工作，而工作的收入，就是你上大学的机会成本。

即问即答：好好计算一下你上大学的机会成本吧，我们是不是应该更加努力地学习呢？

特别要记住的一点是，机会成本不是已经发生的成本，而是放弃的可能收益。也就是说，机会成本不是你付出的成本，而是你放弃的收益。正因为是已经放弃了的，所以这个收益就只能是可能的收益。

机会成本与决策

机会成本之所以重要，是因为它是我们进行经济决策的分析工具。

决策，可以简单地分为三步：

第一步，做不做？

第二步，做什么？

第三步，怎么做？

无论哪一步，都面临选择，或者说取舍。而一旦面临取舍，就需要考虑机会成本。

当然，这三步是一个整体，尤其是第一步和第二步，基本上就是一个问题。因为当你选择"做不做"时，就已经在选择"做什么"了。比如，你在"上不上大学"这个问题上进行选择时，如果选择了"上大学"，也就是"做不做"中的"做"，同时也就解决了"做什么"中的"什么"，就是"上大学"。或者，你选择"不上大学"，那你总要干点什么，比如工作，比如复读后考一所更好的大学，比如在家休息一年再说，不管你选择什么，你都已经完成了"做什么"的选择。

至于第三步，怎么做，那是方法的问题，而第一步和第二步是方向的问题。对于人生来说，方向永远比方法更重要，虽然我们大部分时间都是在解决方法的问题，只有一小部分时间在解决方向的问题。俗话说，"男怕入错行，女怕嫁错郎"，就是一个方向的问题。

有了机会成本的工具，我们在决定"做什么"时，不仅要考虑所选择的事情本身的成本与收益，还要考虑它的机会成本，也就是你如果选择做其他事情的可能收益。

回到上面的例子，在 A、B、C、D 四种方案中，如果只考虑预期收益，那么我们应该选择 C。认真分析 C 不难看出，该方案是预期收益最大的，也是机会成本最小的。所以，理性人选择的是机会成本最小的，或预期收益最大的方案。

而在现实生活中，人们并不是这样思考问题的。

机会成本与效率

我们在第一章讲到，经济学的本质是研究效率。而效率的问题，其实也可以用机会成本的概念来回答。我们说 A 方案比 B 方案有效率，从效率的角度来看，就是 A 方案是对 B 方案的一种改进。换句话说，如果采用 A 方案，那么其可能收益会大于 B 方案的可能收益。

换用机会成本的话来说，选择 A 方案的机会成本是 B 方案可能的收益，而选择 B 方案的机会成本则是 A 方案可能的收益，因此既然 A 方案比 B 方案好，就意味着 A 方案的机会成本（B 方案的可能收益）小于 B 方案的机会成本（A 方案的可能收益），我们当然要选择"成本低的方案"，因此应该选择 A 方案。

现实案例：房子如何处置

本书第一作者的一位朋友，因为搬了新家，就要把原来的房子处置了。他的房子

在底楼 [1]，临街，所以他是这样处置的：把客厅改造成小面馆，然后把母亲请来当厨子。有一次我到他那里去，问到小面馆的生意，他说一个月能挣一千多。我又问，算没算你母亲的工资，他说母亲没拿工资，他妈妈怎么可能要他的钱呢？再问，如果房子出租，能收多少租金？他说，估计一千没问题。

即问即答：听到这里，你有什么评价或者建议？

后来，我的朋友在我的建议下把房子出租了，这样每月轻轻松松纯得一千多元，比开小面馆强多了。最后，他干脆把房子卖了，因为年租金与房价之比，不到 3%，而很多理财产品的年收益率在 5% 以上。

在会计师眼里可行的方案，在经济学家眼里未必可行

为了进一步讲清楚机会成本，我们再举一个亲身经历的例子。

某一年，本书第一作者的一位做企业高管的朋友，让他帮忙审阅一下他们的一个投资可行性报告。

他花了一天时间把可行性报告看完了，然后给朋友打电话，问他两个问题。

"在报告中没有看到项目投资资金的财务成本啊？"

"哦，那是我们的自有资金，不需要付利息。"

"那土地呢？"

"也是我们企业自己的，不需要购置。"

即问即答：看到这里，你应该能够看出问题了吧，朋友的论证科学吗？

资金如果不是投资这个项目，是不是可以投资其他项目？最起码，放在银行还有利息呢。同样的，土地如果不是用于这个项目，也可以用于其他，比如和其他企业联合开发之类。而这些，都是有收益的。

---

[1] 老百姓对底楼偏好的改变，也反映了中国商业的进步。记得在 20 世纪 80 年代，单位分房子，大家是不选底楼的，因为潮湿、脏，还有老鼠、蚊子。从 90 年代开始，底楼就慢慢吃香起来，因为有可能做成门面做生意或者出租。

由于做这个可行性分析的人没有机会成本的概念，因此，就只是考虑了"实际支出的成本"，也就是"会计成本"。这样的话，从投资论证的角度，只要预期投资回报率高于某个值，甚至只要是能够大于0，就认为是可行的。

但在我们看来，他们的这个项目，应该属于不可行的项目，理由很简单，因为有更好的事情可做。这就像上面所讲的另一个朋友的房子，请母亲来办个小面馆，看起来是"赚钱"的，但那是因为没有考虑母亲的工钱。如果是请外面的人来打工，就不会不支付工钱了。那样的话，估计是亏损的。而出租可以轻松获得租金，当然就比自己开面馆好了。

如果用公式来表达，可能更明白些。会计师做分析时，用的是"会计利润"的概念：

$$会计利润 = 收入 - 会计成本$$

只要这个会计利润大于某个预期值，比如根据行业平均利润率计算出来的利润就是可行的。而经济学家考虑的是"经济利润"：

$$经济利润 = 收入 - 会计成本 - 机会成本$$

需要经济利润大于某个值才认为是可行的。很显然，经济利润是小于会计利润的。

当然，两者从根本上说是一致的。因为我们用来对比的值，可能是不同的。比如，会计利润需要大于根据行业平均利润率计算出来的利润，而经济利润可能只需要大于0即可，因为经济利润大于0，就意味着我们选择的这个项目是优于选择其他项目的，因为选择其他项目的可能收益就是我们选择这个项目的机会成本。把公式变换一下，就更清楚了：

$$经济利润 > 0$$
$$会计利润 - 机会成本 > 0$$
$$会计利润 > 机会成本$$
$$该项目的收益 > 其他项目的可能收益$$

该项目比其他项目更优。

而当我们把机会成本看成是根据行业平均利润率计算出来的利润时，两种方法的结果就完全一样了。

因此，问题不在于是考虑会计利润还是考虑经济利润，而是需要我们在决策时一定要有机会成本的概念。

资源稀缺性、机会成本与替代

资源的稀缺性，使我们不得不在决策时，考虑任何一种选择的机会成本。

而同样重要的一个问题，则是替代。让我们还是从每个人都要面临的时间管理开始。

时间管理的原则之一：花钱请别人做事

随着自己收入的增加，很多人开始在家里请保姆了。于是，原来需要自己花时间去完成的家务，现在就不需要自己做了，时间就腾出来了。

为什么要这样呢？因为第一，收入增加之后，有条件请保姆，这是低收入时不可能的，因为受到了资源约束。第二，收入增加后，意味着单位时间创造的收入在增加，可以把做家务的时间，用来创造更多的收入。比如，做家务每天需要 2 小时，请保姆的开支是 80 元，而自己用这 2 小时时间，可以挣到远远不止 80 元的收入，于是总收入反而上升了。即便做家务的这个时间不能用来增加收入，但由于休息好了，明天可以更好地工作，或者用做家务的时间去健身，或者去学习，同样是为了更好地挣钱。当然，也有收入高而不请保姆的，利用做家务的时间来调节调节，或者本身就爱好厨艺，或者觉得和家人在一起做家务很愉快，那就是另一回事了。

在以上的这段话里，我们讲到了资源约束的问题，讲到了机会成本的问题，其实也涉及本小节要讲的问题：替代。

所谓替代，就是用一种资源去替代另一种资源，或者用资源的一种用途去替代另一种用途。

时间是一种资源，它有多种用途，可以工作、学习、做家务、休息、锻炼身体、娱乐等。当我们请保姆来做家务，其实就是用保姆的时间来替代我们做家务的时间，这是用一种资源去替代另一种资源；也可以理解为我们用工作、学习、休息、健身、娱乐等来替代做家务，这是用资源的一种用途去替代另一种用途。

在时间管理中，有一个很重要的原则，就是花时间请别人做事，这样我们就能把更重要的事做得更好。

在时间管理中，常常用"重要性"和"紧迫性"来对事情进行分类，然后告诉我们，要做重要且紧迫的事。但人生往往很喜剧，重要的事情不一定紧迫，比如个人成长就是最重要的事，但那不是一天两天能够完成的，偶尔耽搁一下也没问题；而紧迫的事情往往并不重要，比如赶飞机，没有赶上的话，改签不就行了？而真正又重要又急迫的事，在我们的一生中遇到的并不多，比如遇到生命危险需要紧急送往医院，或者遇到天灾人祸需要赶快逃离现场。在我们看来，自己最需要做的，首先是那些别人不能替代你去做的事，比如吃饭，比如参加重要的会议或谈判，比如涉及不愿意暴露隐私的事。

如果一个人没有这种花钱请人做事的理念，至少不可能成为企业家。事必躬亲的人，最好干技术工作、艺术创作或个体户。但即便是这样的人，还是会花钱请别人干事的，比如家里的下水道坏了，门锁打不开了，屋顶漏水了，估计还是得请人的。

当然，也不是想花钱请人做事就都可以的，这就遇到两个问题：第一，是否能够支付得起钱；第二，是否能够找到合适的人。这都是资源约束。

这就能够解释以下现象：一、为什么大家都喜欢住在大城市里？那是因为大城市的分工很细，基本上什么技能的人都能找到，这就解答了上述第二个问题：是否能够找到合适的人。二、为什么要专业化？干好自己的事，因为这样会获得更高的收入，这就解答了上述第一个问题：是否有钱支付。这都是专业化分工的问题，在后面的"市场约束"中我们会更详细地讲。

但在现实中，也有那种"万事不求人"的人，他们什么事都自己做，遇到不会的，就去学。殊不知，自己做事也是有成本的，就是机会成本；而如果还要学会了才能做，那成本就更高了，因为还包括学习的机会成本和会计成本。不过请诸君认真分析一下自己周围的人，看看这种"万事不求人"的人，第一是不是很累，第二是不是也没有多大的"出息"？可见，经济学是可以指导我们的生活和事业的。

替代的本质：效率高的替代效率低的，或机会成本低的替代机会成本高的

我们在前面讲过，资源可以大体分为物质资源和人力资源两大类，在经济学的术语里，又往往用"资本"和"劳动"来代替。让我们来看看经济发展的历史，其实就

是一部用资本不断替代劳动的历史。

当我们说到产业时，除了有第一、第二、第三产业的概念外，还有劳动密集型产业、资本密集型产业的说法。随着经济的不断发展，以依赖自然资源为主的第一产业，也就是大农业（农、林、牧、渔）和采矿业等，在经济中的比重不断下降，以加工制造业为主的第二产业的比重，在不断增加到一定水平后也不断下降，而以服务业为主体的第三产业，则在不断增加。

但无论在哪个产业，资本密集型逐渐取代劳动密集型，这是一个主要的、长期的趋势。农业、采矿业、制造业的机械化、自动化就不用多说了。就连以劳动投入为主的服务业，也会随着人工智能的发展而逐渐成为资本密集型产业。

在这个过程中，其实就是资本逐渐替代劳动的过程。

为什么资本会替代劳动呢？从技术的角度讲，是因为随着科技的进步，资本的效率超过了劳动的效率；从经济的角度讲，是因为使用资本的机会成本，低于使用劳动的机会成本。

让我们以农业为例。

农业：资本替代劳动的典型例子

本书第一作者20世纪60年代出生于农村，从小就开始干农活。那个时候，还是以生产队为单位的劳动，基本上没有什么农业机械，播种、插秧、除草、施肥、收割、晾晒，都是靠人。

后来，实行了"包产到户"，体制虽然变了，但农业技术并没有马上跟进，生产的方式，不过是从集体出工到各家各户自己生产，农忙时关系好的几家互相帮忙。

由于体制的变化，劳动积极性大幅度提高，农业收入增加了，农民有了结余，就开始购置小型农用机械。对农用机械需求的增加，也促进了农业机械的生产和改进。这样就出现了如下的变化：

假定原来一台机械只能替代5个劳动力，加之机械的价格高而劳动的价格低，农民购买农业机械的积极性并不高。但随着技术的进步，一台农业机械能够替代的劳动力，就由原来的5人增加到了10人、20人，甚至100人，而价格相对说来并没有同比例提高，甚至相对于物价水平来说还有下降的趋势。与此同时，劳动的价格在不断上涨，于是资本替代劳动的速度不断加快。这在北方是比较典型的，因为北方的土地平坦，适合机械化的大规模生产。南方由于丘陵地带多，受此限制，农业机械化程度不如北方高，这同样可以用经济学的替代来解释。

在制造业，资本替代劳动的情况就更加普遍了。本书第一作者在 20 世纪 80 年代初读大学时到企业去实习，机器都很老旧，一个车间的工人不少。而到了现在，出现了很多的"无人车间""无人工厂"，这也是资本替代劳动的过程。

相信随着人工智能应用的不断扩展，资本替代劳动的速度会加快，范围会扩大。

经济学里有一个"资本深化"的概念，我们是用"人均资本"来衡量的，也就是说，平均一个劳动力所使用的资本量。一个人均资本 100 万元的企业，其资本深化程度就远远大于一个人均资本 10 万元的企业。资本替代劳动的过程，也就是资本不断深化的过程。

为什么我们一看到姚明上场就高兴

现在，我们来看一个篮球比赛的例子，本书第二作者不仅是个球迷，而且是位篮球业余高手。

如果你是一名篮球迷，就一定知道姚明，他估计是中国篮球史上很难被超越的一名选手。当我们看到姚明上场时，就会高兴，为什么呢？因为姚明是中国队的得分能手。反之，当教练把姚明换下场时，我们的心就悬了起来。但姚明毕竟是血肉之躯，也需要休息，因此，把姚明暂时换下场是教练的战术。

如果用得分来衡量打篮球的效率的话，我们之所以看到姚明一上场就高兴，就是因为教练把效率高的姚明，替代了效率低的其他球员。

人都是喜欢做高兴的事情的，用效率高的替代效率低的，就会让你高兴。如果用经济学的话来说，高兴其实就是福利的增加。比如前面所说的，当我们用效率更高的工作、健身、闲暇等，替代掉效率低的家务劳动时，其实就是增加了福利。

用机会成本来解释就是，相对于效率低的事情来说，效率高的事情的机会成本低。还是以前面的 A、B、C、D 四个投资机会为例，方案 C 的可能收益是 20 万元，机会成本是 10 万元；其他三个方案的收益虽然各不相同，但机会成本都是 20 万元。可见，效率高的 C 方案的机会成本，就低于其他几个效率低的方案的机会成本。因此，我们作为理性人，当然要选择效率高的方案。而如果我们选择了效率低的方案呢？那我们就要改过来，用效率高的 C 方案替代效率低的其他方案，或者说，我们用机会成本低的 C 方案替代机会成本高的其他方案。

为什么有那么多决策失误

看到这里，也许你会问：难道学会了机会成本，就不会决策失误了吗？或者说，那些决策失误的人，都是因为没有掌握机会成本吗？

如果事情真是这么简单，那就好办了，估计人人都会学习机会成本了。

决策是"事前"的。当我们决策时，面对的是未来，而未来是不确定的。而结果呢，是要等"事后"才知道的。比如，我们在 2020 年底的时候，决定 2021 年要做的三件大事是什么。那这个决定是否正确呢？要等到 2021 年结束了才知道（有的甚至到这时也不能完全判定，因为很多事情的影响是长远的）。在 2020 年底做决策时的很多情况，还只是我们的预测，预测有可能正确，也有可能错误。所以，2020 年底做决策时所预想的结果，到了 2021 年底，就有可能实现，也有可能没有实现。但我们能否完全以结果来判断当初的决策呢？这恐怕就不仅仅是一个经济学的问题了。

而机会成本概念告诉我们的，不是如何从事后的结果来评价事前的决策，而是在决策的时候，我们应该如何进行权衡和取舍。那时，我们只能根据已知的情况和预想的情况进行决策。有些是当时我们所未知的，这是认知的问题；有些是当时我们没有预料到的，这一部分与思维能力有关，还是认知的问题，更多的则与远见有关，甚至与运气有关。而到了事后，不确定的变成确定的，当然就容易评价了。这也是"事后诸葛亮"为什么那么令人讨厌的原因。

以房屋装修为例。很多人说，装修是一门永远遗憾的艺术。当初制订装修方案时，肯定是选择自己最满意的，也就是"最优"方案。但后来在使用过程中，就会发现总有些不如意的地方，特别是在参观了很多人的新房后，就更是如此。这同样也是一个事前与事后的判断问题。其实，你认为别人家的装修很好，人家说不定还认为你家的装修很好呢。

说到预测，附带说一点，科学的预测，应该是给出一个区间，就是有上下限的，最悲观的可能是什么，最乐观的可能是什么。那种给出一个准确值的预测，就不是科学的预测。准确值是只有事后才能给出的。所以，财务预算一般是大数，财务决算才会精确到小数点后两位。

正如我们在对机会成本进行定义时所说的，它是一种被放弃的"可能的"收益。既然是"可能的"，那就是事前所进行的判断，而不是事后的清点。并且，既然已经放弃了，事后也无法清点。比如，当初张三和李四都有 A、B 两种选择，张三选择了做 A 这件事，李四选择了做 B 这件事，那我们是否又能以最后的结果来判断谁的选择更好呢？还是不能。因为如果倒过来，李四选择 A 而张三选择 B，或者两人都选择 A 或都选择 B，结果可能就又不一样了，而且是很可能这样。太复杂的例子就不举了，就以重庆的火锅店为例。相邻的两家火锅店，一家需要排队才能就餐，一家门可罗雀；同一个店铺，张三经营火锅店没多久就倒闭了，李四则生意红火。所以，结果不完全取决于决策，还有很多因素在起作用，这些因素加在一起，甚至其中的一个因素，其对结果的影响，都可能超过决策。

机会成本，只是有利于我们进行决策。我们不能说，学了机会成本，知道了如何运用机会成本，就一定能够使我们做出完全正确的决策，但至少可以让我们避免做出更错误的决策。而且，如果我们的头脑里根本就没有机会成本的概念，肯定会增加更多的决策失误。

我们为什么要花这么多时间来介绍机会成本，其实也是符合机会成本的分析方法的，因为多花点时间来学习机会成本，其收益超过了机会成本。这句话有点拗口，意思是说，花时间学习"机会成本"的收益，超过了你花同样的时间去学习另外一个知识点的可能收益。夸张点说，你如果能够熟练地应用机会成本概念，你也就成了半个经济学家。

所以，我们在做任何决策时一定要认真思考，我们做这件事的机会成本有多大。

市场约束

经验显示，市场自己会说话，市场永远是对的，凡是轻视市场能力的人，终究会吃亏的！

——威廉·欧奈尔

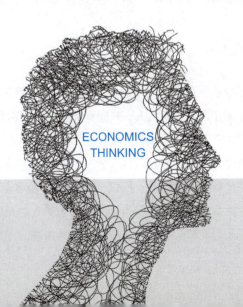

ECONOMICS
THINKING

为什么香蕉 0.5 元一斤还没人买——市场约束

香蕉 0.5 元一斤还卖不掉

香蕉是我们非常喜爱的一种水果，因为吃起来很简单，不像那些需要削皮的水果。有一天，我们发现了这样一条与香蕉有关的新闻：

福建省漳州市芗城区天宝镇是天宝香蕉原产地，出产的天宝香蕉是中国绿色食品和福建省名牌农产品。2015 年蕉农迎来了一个丰收年，却因销路受阻，束手无策而陷入"蕉"虑，丝毫没有丰收的喜悦。

2014 年，这里的香蕉统收价为每斤 3.3 ~ 3.4 元，现在仅 0.5 元；自行销售价 2014 年每斤 4.5 元，现在才 1 元。

这样的例子实在太多，几乎每年都有相关报道。苹果、西红柿、大白菜等农产品，都遭遇过这样的"惨景"：只能烂在地里当肥料，因为卖价还不够采摘的成本。

市场约束

什么是市场约束呢？说得简单点，就是想买的不一定能买到，想卖的不一定能卖掉。生活在现代的年轻人，对想买的不一定能买到这一点，已经没什么体会了，因为商店里、网店里到处是琳琅满目的商品，只有商家为把东西卖出去发愁的，很少有消费者为买商品发愁的。但我们这一代从计划经济过来的人，特别是生活于贫困年代的前辈们是完全能够体会到的。所以一遇到像 2020 年新冠病毒流行的情况，就有大量购买粮食等生活用品的冲动，因为小时候物质贫乏的记忆被唤醒，然后导致不理性的冲动。

至于想卖却卖不掉，现在已经成为常态。

我们需要明白的是，为什么会有这两方面的约束呢？

短缺经济：想买的买不到

凡是从计划经济时期过来的人，都有这样的切身体会，那时什么都是"配给制"，通过发购物票的方式运行，粮票、油票、肉票、煤票、香烟票，甚至肥皂票、火柴票等，这是"短缺经济"的典型表现[1]。

导致想买的却买不到的原因，无非两个方面：

1. 我想买，但我口袋里没有钱。有首歌叫《我想去桂林》，其中有两句唱词是："可是有时间的时候我却没有钱""可是有了钱的时候我却没时间"，用经济学的话来说，这首歌唱的是资源约束。

2. 我想买，也有钱，但没有卖的。这又与一些因素有关。比如技术，像堵车的时候，我们想有一辆可以随时起飞的车，但没有卖的，因为现在的技术还达不到这个水平。当然，如果有这样的车，那堵的地方可能就不是路上而是空中了，并且由于在空中的驾控性要低于在陆地上，交通事故的发生率会大幅上升。

除技术外，更重要的是与生产积极性有关，就是厂家不愿意生产，比如前面提到的短缺经济年代，生产粮食、肥皂、火柴等，不会是因为技术达不到要求吧，而是厂家不愿意生产那么多，因为多生产少生产一个样，工资是固定不变的，完成国家的生产计划就行了，生产多了还可能犯错误，因为不能搞"经济挂帅"。

第一个原因与需求有关，第二个则与供给有关。

当然，需求和供给两者之间又是密切相关的。经济不发达地区或年代，商品匮乏，也就是供给不足，而与此同时，人们的收入水平也很低，就会导致需求不足。经济发达地区或年代，则情况正好相反。

丰裕社会：想卖不一定能卖掉

短缺经济年代面临的是"供给约束"：想买，但买不到。这个年代已经过去了，现在我们面临的是"需求约束"：想卖，却卖不掉。生产了 500 件商品，只能卖出 300

[1] 亚诺什·科尔内.短缺经济学［M］.张晓光，译.北京：经济科学出版社，1986.

件，这是大多数企业面临的困境。甚至，生产出来的产品，一件也没有卖掉。本书第一作者的一位中学语文老师，写了一辈子的作品，直到退休，也没有发表一个字——这也是"需求约束"，因为你写的东西，杂志社、报社、出版社不需要。

不同时代的"上帝"不同

我们现在都知道"顾客是上帝"，那是因为东西想卖不一定能卖掉，生产者只好"求"消费者。

而当年的短缺经济时代，厂商才是上帝，因为消费者想买不一定能买到，当然就只好"求"厂商。记得那个时候，在商店里上班，特别是粮油副食品商店上班，是很令人羡慕的。

"上帝"当然有权决定，因此，我们就根据谁是上帝来称呼市场。消费者是上帝的市场，就是买方市场，因为产品供大于求，买方说了算；反之，厂商是上帝的市场，就是卖方市场，因为产品供不应求，卖方说了算。

但即便是在现在的买方市场时代，虽然绝大多数商品和劳务是买方市场，但也有些商品和劳务是卖方市场，产品供不应求。比如一些新潮电子产品刚上市时，需要排队购买；还有一些特色餐饮店，也往往需要提前预订。现在的厂商，如果产品还能处于卖方市场，那真是幸福，这需要符合有特色、高质量、价格合理等条件。

在买方市场，"话语权"主要掌握在买方手里。在这种情况下，销售就成为很多企业，特别是初创企业发展的"瓶颈"，有的企业甚至推行"全员营销制"[1]。与此同时，单位的采购员往往是一个肥缺。

而在计划经济时期，"市场"[2]主要受供给（卖方）的约束，所以是"卖方市场"。那个时候，企业的销售部门是令人向往的，可以给"内部价"。在"双轨制"[3]时期，

---

[1] 这是不合理的。因为不同的人，能力倾向性是不一样的，比如让一个擅长研发的技术人员去做他不擅长的营销，就是资源浪费。

[2] 那时当然没有严格的市场。

[3] "双轨制"，即市场机制和计划机制同时运行，在中国大约盛行于20世纪80年代中后期，直到1992年邓小平"南方谈话"后才逐渐并轨。在"双轨制"下，很多商品就有"计划价"和"市场价"之别，前者的价格往往大大低于后者的价格，这就诱使很多当权者或与当权者有关系的人，通过把计划价的商品拿出来，以市场价出售，牟取暴利，影响极坏。其实从经济学的角度看，这是"双轨制"下的必然结果。

掌控紧缺物资销售权力的人"大有可为"，这就是臭名昭著的"官倒"[1]。而相反，采购员则要四处求人，才能买到设备和原材料。

现在则是倒过来了，销售工作很不好做，采购部门成了"香饽饽"。

在卖方市场，产品供不应求，大家都想买，于是竞争就发生在购买者中间，竞争的力量将导致价格的上涨；反之，在买方市场，产品供大于求，竞争就发生在销售者之间，竞争的力量就导致价格下降。

也可以从人性的角度来思考，那就是看谁"更着急"，谁就更容易"退让"。供不应求时，当然是买方"更着急"了，抢着买啊，你愿意出 1 元，我就出 2 元，价格自然就上去了；供过于求时，自然是卖方"更着急"了，赶紧卖啊，你卖 3 元，我就卖 2 元，想想家电竞争白热化的时候，就是这个样子。此外，还与商品的性质、资金的多寡等因素有关了。比如蔬菜水果等容易腐烂的商品，当然是卖家更着急了。本书第一作者在英国访学的时候，喜欢在超市晚上停止营业前两小时左右去买食品，因为很多食品是当天销售的，卖不掉就只有销毁，所以商家很"着急"，就会在闭市前大幅度降价。还有，如果企业急着用钱，也可能降价销售……

价、量两种约束

市场约束可以从价格和数量两个方面来分析。

想买 5 件却只能买到 1 件，生产 500 件却只能卖掉 300 件，这是"量"的约束。

你本来只想以 10 元的价格购买，却不得不花了 12 元；或者，你本来想以 20 元的价格卖出，却只能卖 15 元，这是"价"的约束。

"价""量"约束，首先都是"量"的约束。之所以买价超出了自己的预期，肯定是因为市场上该商品的供给量不够，或者需求量太多，于是价格"水涨船高"，一方面是买方的力量促使价格上涨，你也想买，我也想买，就看谁出的价格高啊，大家想想古董字画、优质地段的拍卖会就明白了；而另一方面呢，卖家当然一看到这种"供不应求"的情况，当然也就"当仁不让"，想多卖几个钱了，大家想想原来"春运"期间火车票被"黄牛"炒高的情况就知道了，——现在实行"实名制"，"黄牛"自

---

[1]"倒"，是计划经济时期特有的称呼，把买卖称为"投机倒把"，"倒"字的含义，即源于此。于是，把从事买卖的人称为"倒爷"，而把握有职权的"倒爷"称为"官倒"。当年有句顺口溜是这样的："辛辛苦苦一辈子，不如倒爷一阵子；倒爷一阵子，不如官倒一下子。"

然就少了。因为操作起来不太方便，操作成本高了。但只要"收益"大于操作成本，"黄牛"们还是乐意干的。因此，"实名制"不是调节供求、打击"黄牛"的根本办法，根本办法是通过价格来调节供求。

反之，之所以卖价低于自己的预期，肯定是市场上该商品的供给量太多，或者需求量太少。道理是一样的，我们就不多说了。只不过不同的是，虽然同样是由供求双方的力量造成的，但在"供不应求"的情况下，促使价格上涨的主要力量是买方；而在"供过于求"的情况下，导致价格下降的主要力量是卖方。

即问即答：为什么供不应求时，促使价格上涨的主要力量是买方，而在供过于求时，导致价格下降的主要力量是卖方呢？

总之，我们理解到价格变化是由供求双方共同决定的就可以了。更进一步的分析，我们在后面马上要谈到。

价格是解决市场约束的关键

上面谈到"供不应求"和"供过于求"两种情况，也就是我们所说的"想买的不一定能买到"和"想卖的不一定能卖掉"，都属于"约束"，也就是不能让你"称心如意"。那么，如何解决这些"约束"呢？

虽然是"数量"的问题，但要解决它，依靠的是"价格"。

当供不应求时，市场的力量会导致价格的上涨。而当价格上涨之后，就会从两方面来促使数量的变化：一方面，买的人就少了，或者原来想买5件的，现在只买2件了，也就是需求量下降了；另一方面，愿意生产的人多了，或者原来只生产100个单位的，现在因为价格上涨，愿意生产200个单位了。于是，供不应求的状况就会得到缓解。

反之，当供过于求时，市场的力量会导致价格下降。而当价格下降之后，需求量就会增加，供给量就会下降，这样就会缓解供过于求的状况。

价格调节供求双方的变化，也就是亚当·斯密的那个著名的比喻——"看不见的手"。

但在现实生活中，自然有"不信邪"的人，不是想着靠市场的力量来调节，而是自己来。比如政府，比如行业协会。政府搞的，是"价格管制"；行业协会搞的，是

"价格自律"。两者名称不同而已，骨子里是一样的，就是要把那只"看不见的手"捆绑住。当然，结果是不一样的，因为政府的价格管制是强制性的，会有效果；而所谓的价格自律不过是倡导性的，基本上以无效告终。我们在前面讲到，遵循经济规律的结果我们不一定能够预测，但违背经济规律的后果则是一定可以预测的。那么，以违背市场规律的价格管制为例，后果会如何呢？

价格管制的后果

价格管制大体有两种，一种是规定"价格上限"，一种则是相反，规定"价格下限"。

即问即答：请问价格上限是高于市场均衡价呢，还是低于均衡价？价格下限呢？

也许你一看到这个题目，就想当然地"顾名思义"了，认为价格上限肯定就高于市场均衡价，而价格下限就低于均衡价。其实刚好相反。

我们不妨这样想想：为什么要制定价格上限呢？就是不想让价格涨太高了。这就意味着，如果没有政府的管制，市场价格是会涨很高的。所以，政府定的价格上限是低于市场均衡价的，这样的价格管制才会发挥作用。想想，如果制定一个高于市场价的价格上限，那要不要这个上限，又有什么区别呢？本来市场价就5元，你政府规定一个不能高于6元的价格上限，不就毫无用处吗？政府怎么会这么干呢，那不显得政府没有"力量"了吗？所以，政府就得这样规定：你市场价不是5元吗，我们就来一个不能高于4元的规定。

这就像小区车库进出口的限高，一般是限高2.2米。为什么要限高呢？是不想让大货车进出。大货车肯定是超过2.2米高的，有的高达3.5米，比一层楼还高。如果我们限高4米，那就不能达到"不让大货车进出"的目的了。所以，小区车库进出口的限高（相当于价格上限），肯定是低于大货车的车高（相当于市场均衡价）的。

政府制定最高限价的商品和服务，典型的是廉租房和火车票价。

先看廉租房的租金。假定本来房租的市场价是每月10元/平方米，政府就规定价格上限：不能超过每月6元/平方米。这就会导致房屋短缺。因为房租太便宜，供给就减少了。比如一家三口，有4个房间，如果房租高，那可能就收拾出来1～2间房出租。现在想，房租这么便宜，租金还不够维护费呢，而且如果遇到素质差的房客，把房子搞得乱七八糟的，真是得不偿失，于是就不租了，干脆自己住宽松点。这是已经存在的房源。同样由于房租太低，开发商就没有新建住房的欲望。

供给减少的同时，需求却在增加。原来只想租 1 间房的，现在既然这么便宜，那就租 2～3 间吧。原来和父母挤在一块住的，也出来租房了。

供不应求的情况下，本来如果由市场来决定的话，价格上涨，就能够达到新的均衡。但现在政府规定了价格上限，不让均衡实现，这个供小于求的缺口就一直存在。

再来看火车票价。本书第一作者 1980 年从湖南到成都上大学，由于不是始发站上车，没有座位，一直站到贵州的遵义才有了座位，这时已经过去了一天一夜。最挤的一次，列车员连车门都不开，只有从车窗爬上去。车上的人，如果不想你上去，就会把车窗关下来。当然还是有好心肠的人。车上人挤人，连站的地方都没有，只好"金鸡独立"：只能站一只脚，因为地上不是行李就是人；一只脚站累了，就双手撑着座位的靠背，换另一只脚站立。连火车上送饭的小推车都没办法通过。厕所里都站满了人，有人要上厕所，就只好"腾挪"。好在那时年轻。

读到这场景，年轻的读者以为是"天方夜谭"了吧。

这个场景，恐怕也是对"供不应求"的典型描述吧。

既然火车票供不应求，那为什么不提高票价呢？

因为这是由政府管制的。

于是，中国的火车票的供不应求的情况，一直持续了很多年。后来虽然增加了铁路里程以及车次，但仍然不能缓解，特别是春运期间。导致情况根本改变的，是高速公路、航空运输等建设的加快，这些替代品的出现，对铁路运输造成了极大的冲击。于是，中国开始兴建高速铁路，这才使得铁路运输状况得到根本的好转。

我们不妨对比一下，政府没有对飞机票价进行最高限价，反倒是票价下降，有时候一张机票只要几十元，比坐火车还便宜，可见市场的力量比政府的力量强大得多。

规定价格上限最大的损失，还不只是分配不公的问题，而是生产力的损失。因为价格低，生产者就没有积极性生产更多的物品。计划经济年代就是典型的证明。

在价格上限的管制下，必然就会出现"黑市交易"，让掌握了资源的人从中获利，造成腐败。比如原来火车票就是典型的供不应求，政府又规定了价格上限，于是倒卖火车票的"黄牛"就与内部人员勾结，从中牟利。

与价格上限不同，价格下限则是规定一个比市场均衡价更高的价格。典型的就是农产品收购价，其名义同样是为了穷人，保护农民利益。

假定粮食的市场价是 2 元 / 千克，政府规定收购价不能低于 3 元 / 千克。这样的话，

就必然会出现供过于求的情况。那么，多出来的那部分供给量怎么办呢？既然是你政府规定的，那就只有政府掏钱来买了。当然，政府收购这部分多余的粮食，除了保护农民利益的借口外，还有一个很好的借口，就是粮食生产，靠天吃饭，可能会遇到灾年，因此国家需要有"战备储备粮"。而粮食不是食盐，更不是黄金，是有一个保质期的，于是，很多国家就会每年销毁掉那些过期的粮食，以腾出空间来存放新收购的粮食。如果政府的腐败分子与不法商人勾结，就会把这些过期粮食加工出来，再卖给消费者。

补贴的作用

补贴也是政府干预市场价格的手段。

补贴歪曲了真正的生产成本，因而也就导致了对资源的巨大浪费。举例来说，美国加利福尼亚州发生经常性水危机的原因之一，是加利福尼亚州对农业用水的大量补贴。使用同量的水，加利福尼亚州帝王谷的农民只需支付 15 美元，而洛杉矶的农民却要花费 400 美元。结果是，只占加利福尼亚州总产出 2% 的农业，却消耗了 43% 的水资源。加利福尼亚州的农民还种植了需水量很大的农作物，如果农民要自己支付全部的用水成本，他们绝不会种植这样的农作物[1]。

现在有一种补贴，就是面向所谓的高新技术企业。想想看，如果没有补贴，那么企业主就会权衡，某种产品是不是值得去开发。现在有了补贴，就连本来就不值得开发的产品，也有不少企业愿意投入，因为把政府补贴算进去，原本亏损的产品反倒有了盈利。此外，高新技术企业的判断，又没有什么好的标准，这就导致了寻租行为，有的企业为了把自己搞成高新技术企业，不是在研发上下功夫，而是在对政府部门的攻关上下功夫。

既然价格管制和补贴都不利于资源的有效配置，那为什么政府还要这样做呢？这就是政客与经济学家的区别。政客的目标往往是拉选票，而价格管制和补贴都有利于拉选票。前面讲的房租管制和农产品收购价，都有很好的说辞，为了低收入阶层。补贴也同样有"为了低收入阶层"的说辞，还有扶持新兴产业发展的说辞。而低收入阶层的人数，永远都是最多的，因为社会的人口，就是一个金字塔结构。所以，这对

[1] 托马斯·索维尔.经济学的思维方式［M］.吴建新，译.成都：四川人民出版社，2018.

于拉选票是大有帮助的。而恰恰在低收入阶层里，懂经济学的人所占比例较小，所以政客的这套做法，就一直有"市场"。这恐怕也是政客永远比经济学家受欢迎的原因，因为经济学家太理性，因而给人"缺乏人性"的感觉。而实际上，理性才是最人性的。

季节性商品与蛛网模型

回到前面的案例，农产品低价滞销的情况。我们在这里暂且不谈当地政府盲目鼓励农户大面积种植的问题，而是上升到一般情况，谈谈季节性产品的价格和生产。

农产品属于典型的季节性商品。其他的季节性商品，有冰箱、空调、啤酒、冷饮、取暖设施、冬夏服装等。对于大多数人来说，是根据现在的价格来确定下一次的产量的。如果现在的价格高，生产者就觉得有利可图，于是会增加下一次的生产量。而如果所有企业都增加下一次的生产量，就势必会在下一个季节出现供大于求的局面，从而导致产品价格下降。前面列举的香蕉的价格低廉，就是这样的结果。

当价格下降后，人们又会减少下一次的产量，于是如果大家都减少产量，就会出现供不应求的情况，价格又会上涨。

季节性商品的价格，往往会如此反复变动，如果用供求曲线图来表示，把每一次变动的轨迹画出来，就像一张蜘蛛网，在经济学上叫"蛛网模型"[1]。

蛛网有收敛型、发散型和稳定型三种，这是纯粹理论上的划分。事实上，收敛型蛛网居多，因为经过多次循环，人们不断地吸取教训，很多季节性商品的价格会向均衡价格收敛。这也进一步证明了，从长期、整体来看，人是理性的。

面对季节性商品的价格波动，生产者应该多一点"逆向思维"。今年西瓜价格高，明年很多农户就会增加产量，那么，我是不是就不要"凑热闹"了？种点其他的吧。

最后，给大家布置一个思考题：现在都在提"适应市场的需要"，似乎厂家就成了纯粹的"被动方"了，你怎么看这个问题呢？

---

[1] 想进一步了解蛛网模型的读者，可参阅任何一本中级经济学教材（初级教材不一定讲这部分内容）。

美国的相对房价为什么比中国低 —— 分工的好处

前面讲到市场的作用，于是一个随之而来的问题就是：市场是怎样形成的？

鲁滨逊经济

不妨让我们来设想一下：如果是完全自给自足的小农经济，甚至更加极端的，像《鲁滨逊漂流记》里所描述的"鲁滨逊经济"，会不会有市场呢？

那就不会有了，因为我们所需的东西，都是自己生产的，不需要购买，也没有人会卖给你；而且也没有剩余的东西卖给别人，关键是也没有人会买，因为没有其他人存在。

市场的出现，是因为有了分工，你需要很多东西，但你不会去生产所有的东西，因为第一，每个人所擅长的技艺是不同的；第二，更重要的是，如果你什么都生产，是很不划算的，也就是说是很不经济的。

于是，你需要的东西，有些是需要从别人那里购买的，而这又需要用你生产的东西去交换。于是，市场就产生了。

中国和美国造房子的区别

在中国很多地方，农民盖房通常是多年前就开始自己积攒材料。材料备齐后找一群亲朋好友一齐动手。同一个木工，肯定是既做门窗，又做梁檩，还顺便给主人做几把椅子，而砌墙、装修等也多是由同一批泥瓦工完成的。木工、泥瓦工、装修等也多是"全能型"工种，绝不会有很复杂的内部分工。盖房用的工具，也大都十分原始，极少会用上自动钉钉子的气动装备，最多不过是一些简单的电锯而已。我们再来看美国的农民是如何盖房的。通常，他们会将盖房的活承包给一家专业建筑商，各种费用统一与建筑商结付。建筑商揽到这笔盖房业务后，先找专业公司设计好图纸，然后去找分包商，比如，专门处理地基的公司、专门砌墙的公司、专门做木工活的公司，每一类业务又都有众多相应的专业公司提供服务。仅就木工活而言，就包括5类：屋顶的梁檩是一个专业做大批梁檩标准件的分包商；做厨房的木柜及台桌又是另一个专业木工分包商；做楼梯也是一个专业公司；而室内的门面、地板、墙脚又是一个专业公司负责；支撑房子的木架结构又是另一个专业公司。而且，每个专业分包公司都从其他专业公司购买很多材料和工装设备，专业工人用的工具，则五花八门，让人叫不上名字。其间，建筑商除了将盖房的各项业务分解后转包给其他专业公司外，可能什么也不需再多做。[1]

杨小凯引用这个例子，是想说明：由于美国的分工更细，劳动生产率也就更高，其相对房价也就会更便宜。我们先把相对房价讲清楚，再来看杨小凯的观点是否正确。

"房价收入比"是用来衡量房价相对于收入的指标，根据《福布斯》杂志2007年7月综合官方数据对美国房价收入比最高地区的排名，当时美国房价收入比最高的三个城市——洛杉矶、旧金山和圣迭戈，其房价收入比分别为10.1、9.4和8.3。对比中国的情况，截至2008年3月，中国大城市中房价收入比排名前三的深圳、北京、杭州分别为16、14.2、12.4[2]，都高于美国的水平。而易居房地产研究院发布的数据显示，2015年全国35个大中城市中，房价收入比排名前三位的深圳、上海、北京分别为27.7、20.8和18.1，更是高得离谱。

那么，到底是什么原因导致中国一线城市的相对房价高于美国呢？如果仅仅是劳动分工引起的劳动生产率的话，那上面的数据就有问题了，因为从2008年到2015年，房价收入比不仅没有降低，反而在上升，难道这些城市的劳动生产率越来越低吗？可见，价格的决定因素，正如我们在本书的多个地方所讲的，不是成本（分工和劳动生产率能够大幅度降低成本），而是市场供求。

也许你会说，事实上，确实是因为劳动生产率提高了，商品的价格才下降的，

[1] 杨小凯，张永生.新兴古典经济学与超边际分析［M］.北京：社会科学文献出版社，2003：1-2.不过现在，中国农村盖房子的劳动分工也细化了许多，而城市里就更是如此。
[2] 欧阳文和，张璇.中美房地产发展路径比较研究［J］.河北经贸大学学报，2011（1）：66-71.

对，但这是表面现象，其背后是由于劳动生产率的提高，供给增加了。

市场源于分工

市场是交换的场所。墙内为城，墙外为市。市场，一般出现在交通便利处。在交通不发达年代，河岸边的某处最容易成为市场，因河流利于货物的流通。

而要有交易，需要两个必要条件：一是有分工，二是有剩余产品。

分工是由于禀赋差异造成的。主要是两方面的禀赋差异，一是自然的，所谓"靠山吃山，靠水吃水"。"山"和"水"就属于自然资源禀赋的差异。于是，靠山的人，就可能拿着"山珍"，与靠水的人交换"海味"。

二是个人能力的差异，有的人擅长生产粮食，有的人擅长织布。但生产粮食的人需要布匹，而生产布匹的人也需要粮食，于是，二者就进行交换。而人的能力的差异，有的是先天就有的，有的是后天养成的。

仅仅有了分工，还不能产生市场。原始狩猎时代已有了分工，男人外出狩猎，女人则在家里照顾孩子和做家务。由于没有剩余产品，仅能"自给"，还常常不能"自足"，没有东西能拿出来与别人交换。

因此，剩余产品出现后，才会有交换，才会有市场。

当然，分工和剩余产品的出现是密切相关的。因为分工能提高劳动生产率，而劳动生产率提高后，才可能有剩余产品。

可以说，人类的发展，得益于分工，并因此而产生了越来越细的分工。市场的出现，也是分工的产物。老张种粮食，老李织布。但老张也需要穿衣，老李也需要吃饭。于是，老张就把自己种的粮食和老李交换布匹，这就是最原始的市场。如果老张和老李生产的东西完全一样，他们之间就不需要进行交换，也就不需要市场。

在小农经济时代，一家一户就是一个独立的经济单位，如黄梅戏《天仙配》里唱的："你耕田来我织布，你挑水来我浇园。"这就是典型的自给自足型。

既然家家户户基本上能实现自给自足，就不需要通过市场购买自己需要的商品——因为自己需要的，都靠自己生产了；也不需要出售自己多余的产品——因为基本上没有多余的产品可供出售，而且即便有也没有人会买，因为别人也能自给自足。

由此可见，在没有劳动分工（家庭内部的分工不算）的情况下，市场是没有必要存在的。或者反过来说，正是因为有了劳动分工，才有了市场。

现在网络上似乎在小范围地流行一种"复古"倾向，向往那种自给自足、田园牧歌式的生活。

说句老实话，说想过这种生活的人，如果没有一定的经济基础，那是在"痴人说梦"：他们根本就没有在农村生活过，真要让他们日出而作日落而息，恐怕要不了几天，就待不下去了。一个经典的反例就是知识青年上山下乡后，一遇到可以返城，绝大多数都跑回城里了！为什么不继续"田园牧歌"呢？

分工的好处

美国的相对房价为什么低于中国？表面上看是分工带来的好处，实际上是因为美国房子的供求关系。因为中国这些年正好是经济大发展的时期，也是快速城市化的时期，对城市房子的需求超过了供给，而美国房子的供求则相对比较平稳。

但市场的形成，则是分工的结果，而且分工对经济发展的确有很多好处。

分工的好处，就是能够提高劳动生产率。经济学鼻祖亚当·斯密在《国富论》中就曾精彩地论述过，引来便是：

有了分工，同数劳动者就能完成比过去多得多的工作量，其原因有三：第一，劳动者的技巧因业专而日进；第二，由一种工作转到另一种工作，通常须损失不少时间，有了分工，就可以免除这种损失；第三，许多简化劳动和缩减劳动的机械的发明，使一个人能够做很多人的工作。

再举例说，我们看病的时候，为什么不愿意去那种很小的"全科医院"，比如单位的医务室？就是因为那里的医生是"全科医生"，没有分工，你就对他的医术不放心。所以，我们要么去专科医院，要么去大医院，因为在那里医生是分了工的。同样，学生选课也愿意选专业教师的课，而不是选那些"什么都能讲"的教师的课。

一个人的时间精力是有限的，如果专门从事某项工作，成为专家的可能性就大，劳动生产率就会大大提升。然后通过市场交易，出售自己的产品或劳务，再购买我们所需的、但自己又不生产的产品或劳务。由于大家的劳动生产率都提高了，整个社会的产出就增加了。

所以，一个人的最佳策略是：把自己的事做精做优，争取获得更多的收入，然后花钱请人来做自己不擅长做、不喜欢做、但又不得不做的事，比如换水管、做清洁、房顶检漏等。我们在前面讲到时间管理时，就讲过"花钱请人做事"这一原则。但要能够花钱请人做事，首先要自己能够挣钱，能力越强，挣钱越多；集中精力于一事，也就是分工，才更能够提高自己的能力。所以，这是一个良性循环。本书第一作者曾经写过一篇短文叫《一生一事》，就是讲一个人一生最好专于一事才能有所成就，讲的就是这个道理。

但在现实生活中，我们见过不少人，总是不愿意花钱请人来做事，而是自己什么都做。结果，与请相关专业的人来做事相比，不仅做事花的时间长，而且质量也不高。

要知道，你花在换水管上的时间，虽然没有支付会计成本，但是有机会成本的：你可以用这个时间去做其他事啊。但他们说："我们这个时间反正没事，闲着也是闲着。"那休息也好啊，要知道，休闲也是有价值的，这是为你做后面的事"养精蓄锐"。当然，如果是自己擅长又喜欢做的事，那就是另一回事了。

所以，经济学不仅与我们的生活相关，也能指导我们更好地生活。

比较优势理论

为什么分工能够带来那么多的好处呢？这就涉及比较优势理论。这是古典经济学家大卫·李嘉图提出来用于分析国际贸易的，我们也可以用来分析个人之间的交易。每个人根据分工原则生产自己的优势产品，然后进行交换，这样每个人获得的收益大于分工前的收益，所有人获得的总收益也就大于分工前的总收益。

为了说明清楚，我们来假设这样一种情况：甲、乙两人生产 A、B 两种产品。甲每天可以生产 20 件 A 产品，或者 10 件 B 产品；乙每天可以生产 30 件 A 产品，或者 12 件 B 产品。

从上面的数据可以看出，乙无论生产 A 还是生产 B，都比甲的劳动生产率高，我们说乙具有绝对优势。

我们换一个方式，甲生产 1 件 B 产品的时间，可以生产 2 件（=20/10）A 产品；乙生产 1 件 B 产品的时间，可以生产 2.5 件（=30/12）A 产品，所以，相对于生产 B

产品,乙在生产 A 产品上更有优势。

再换一种方式,甲生产 1 件 A 产品的时间,可以生产 0.5 件(=10/20)B 产品;乙生产 1 件 A 产品的时间,可以生产 0.4 件(=12/30)B 产品,所以,相对于生产 A 产品,甲在生产 B 产品上更有优势。

这种优势,叫相对优势。

上面的例子可以总结为:

乙无论生产 A 产品还是 B 产品,都具有优势,这叫绝对优势;但相对说来,乙在生产 A 产品上更有优势,甲在生产 B 产品上更有优势。这叫相对优势。

再进一步推导,就明白了。

我们分两种情况,一种情况是甲、乙两人都生产 A、B 两种产品,另一种情况是甲、乙两人只生产自己的相对优势产品。

第一种情况,甲、乙两人都生产 A、B 两种产品,假定平均分配一天的时间,那么,甲一天可以生产 10 件 A 产品和 5 件 B 产品,乙一天可以生产 15 件 A 产品和 6 件 B 产品,这样,两人一天的产量是 25 件 A 产品和 11 件 B 产品。

第二种情况,甲、乙两人只生产自己的相对优势产品,那么,甲就只生产 B 产品,一天生产 10 件,乙就只生产 A 产品,一天生产 30 件,这样,两人一天的产量是 30 件 A 产品和 10 件 B 产品。

与分工前相比,增加了 5 件 A 产品,减少了 1 件 B 产品。不难看出,无论是甲还是乙,生产 1 件 B 产品的时间,都不需要生产 5 件 A 产品所需的时间。就以具有绝对优势的乙来说,生产 1 件 B 产品,也只需要生产 2.5 件 A 产品的时间,因此,可以这样说,分工后两人的产量至少增加了 2.5 件 A 产品。

对于一个人来说如此,对于一个国家或地区来说也是如此,就是要生产自己具有比较优势的产品,再与别国、别人进行交换,这样才能促进大家利益的增长。所以,经济学家是倡导自由贸易的,但在现实中,贸易保护主义常常以保护本国经济、维护国内工人的工作岗位和利益为借口而大行其道。美国总统特朗普是大行保护主义的,其口号是:"用美国人,造美国货。"但他自己的公司却在世界各地到处投资。有人说他是人格分裂,其实不是。作为政客,他不需要遵守经济原则,只需要遵守选票原则;但作为商人,他就不得不遵守经济规律了。但目标都是一样的:成功。争取更多的选票,是为了选举的成功;获得最大的经济利益,是为了公司经营的成功。只是因为政治的法则不同于经济的法则而已。但从长期来看,政治的法则是受经济法则支配的,不过在短期内并不一定一致。

　　为什么贸易保护主义能有利于拉选票呢？因为被冠以"为了美国人民的利益"，特别是为了广大中低收入阶层的利益的"美名"，而大多数中低收入阶层的人是不懂经济学的，因而容易受到政客的煽动：贸易保护能够增加国内就业。但结果呢？由于保护主义政策，进口商品被征收高额的关税，结果商品价格上涨，最终损害了美国人民特别是中低收入阶层的利益。

　　于是，国际贸易史就不断地在自由贸易与贸易保护之间摆动。

　　不过这也正常，历史不就是曲折发展的吗？

商场为什么天天"跳楼"——需求定律

市场的一侧：需求

前面已经多次讲到需求，但没有讲深讲细。

如果我们逛商场就会发现，几乎天天都有打折出售的现象，俗称"跳楼"。打折的方式有很多种：比如"买一送一""满200省50""原价580，现价180""一件280，两件480，三件580"，还有"清仓价""血本价"，等等。

我们在前面讲到"需求约束"，现在大多数商品面临的境况就是不好卖。企业最需要的是谁能够帮它把产品卖出去，而在买方市场上对需求的分析就更为重要。

有效需求

为什么不好卖呢？因为需求不足。但我们前面又讲到，人们的欲望是无穷的，谁不想多占用点东西呢？怎么会需求不足呢？

所以，经济学家所讲的需求是指有购买能力的欲望。也就是说需求至少需要具备两个条件：第一是购买能力，第二是购买欲望，两者缺一不可。一个饿坏了的乞丐对食物的购买欲望是非常强烈的，但没有购买能力；一个亿万富翁无疑是极有购买能力的，但对他不喜欢的物品也没有购买欲望。这两种情况下，都不能形成需求。所以，需求指的是有效需求。

需求定律

影响需求的因素，首先是商品的价格。当商品的价格上涨，对该商品的需求量就会下降；反之，当价格下跌，需求量就增加。这就是著名的需求定律：当其他条件不变时，商品的需求量与商品的价格呈反向变化关系。

需求定律是经济学的基本定律，其他很多规律都要以其作为基础，有些甚至可以从需求定律中推导出来。著名经济学家张五常说，经济学就一个定律，就是需求定律。

商场是熟谙需求法则的高手，经常搞"疯狂折扣""跳楼价"之类的促销活动，目的就是增加需求量。

吉芬商品

一般说来，需求量与商品价格呈反向变化关系，但也有不符合这一法则的情况。19世纪英国经济学家罗伯特·吉芬在研究土豆的价格和需求量的关系时，发现土豆的价格上涨后，需求量不仅没有减少，反而在增加。经济学把这类与需求定律相悖的商品称为吉芬商品。

其实，关于是否存在吉芬商品，学术界一直存疑。反对者认为，吉芬研究的土豆是在灾荒时期，人们怕土豆价格会进一步上涨，也怕土豆短缺，因而增加购买，实际上是人们的预期在起作用。关于预期，后面马上要论及。我国在商品短缺年代，也曾出现过物价上涨而引发"抢购"的情况。因此，这不满足"其他条件不变"的规定。

所以，我们认为是不存在"吉芬商品"的。经济学教科书一提到吉芬商品，一般说有两个条件：一是需求量与价格同向变化，即价格越涨买的人越多；二是如吉芬所举的例子，是像土豆一样的劣等品。

但在现实生活中，奢侈品有可能价格上涨买的人越多。比如香水，50元一瓶可能无人问津，但标价500元，买的人反倒多了。由于不是劣等品，因此不被归为吉芬商品。

所谓的吉芬商品，是人们的预期变化导致的。以吉芬研究的土豆为例，那是在灾荒时期，供给量本来就不足，而商家还提高价格，消费者一看到价格上涨，预计价格还会持续上涨，于是抓紧购买，导致购买量大幅度提升。这其实是供给和预期两个因素造成的，因而并没有违反需求定律。

生活中这样的例子不少，典型的是房子、汽车和股票，我们接下来会谈到。

替代效应和收入效应

需求量与价格之间的反向变化，是因为两类效应：一是替代效应，是由商品之间的替代而导致的；二是收入效应，是因价格变化后，人们的实际收入发生了变化。

以价格上涨为例。一方面，由于价格上涨，人们倾向于用价格相对较低的其他同类商品来代替，导致对本商品的需求量降低，这就是替代效应。比如，牛肉价格上涨，人们就可能多吃猪肉而少吃牛肉，也就是用猪肉来替代牛肉，当然对牛肉的需求量就下降了。另一方面，由于价格上涨，如果名义收入不变，就意味着你能够购买的商品数量减少了，或者说，你的实际收入下降了。而当收入下降之后，需求量也就减少了，这就是收入效应。这两种效应的影响在方向上是一致的，其结果是：当价格上涨，需求量就会下降。反之，当价格下降，同样由于替代效应（用本商品去替代其他商品）和收入效应（相当于实际收入增加，因为会增加需求量），需求量就会上升。

需求定律的其他应用

需求定律不仅适用于商品和劳务，同样可以应用于其他方面，我们随便举几个常见的例子。

晋升

职场中的职位，永远是一个金字塔结构。一个城市，只有一位市长，副市长可能有十几位；局长就更多了，处长、科长又一层层地以数倍的比例增加。

于是，上一个级别的职位，就属于"稀缺品"，属于绝对的"供不应求"的品种：缺了一个处长的位子，就会有多个副处长去竞争。

但"处长"这个位子，是不能明码标价来卖的，虽然"卖官"的腐败例子古今中外都有，但至少从明文的规定来看是不允许的。那么，如何确定"处长的价格"呢？

这就是"晋升的条件"，简单地说，就是德才兼备。要求的条件越高越严，相当于晋升的"价格"越高。因为要满足这些条件，需要付出更多的努力，这与获得购物上的支付能力是一样的。"才"相对好衡量些，因为可以用外在的绩效来判断，但"德"的衡量标准就不是那么显而易见，因为很多人会伪装自己。所以，"识人"一直被认为是领导者最需要具备的才能。

求偶

如果说晋升不是每个人都会遇到的事，那求偶应该是绝大多数人都要经历的了，因为人类作为动物之一种，同样有繁衍自身基因的本能。求偶同样会遇到供求问题。

从数量来看，那些男性多于女性的地区，女性就属于"稀缺品"，条件再差的，也会有人追求。反之，在女性多于男性的地区，或者经历长期战争后，男性就成了"稀缺品"。

即便没有数量上的差异，也同样会存在供求失衡的问题。比如外表俊朗、经济条件好、社会地位高的男性，以及漂亮、温柔的女性，也就是现在所谓的"高富帅"和"白富美"，都属于婚恋中的"稀缺品"，追求者众。所以，在婚配中主要不是数量的问题，而是结构的问题，就是小说里经常描写的：你喜欢的，别人不喜欢你；喜欢你的，你又不喜欢别人。

为了实现求偶的目的，或者说，为了达到追求自己理想对象的目的，人们需要付出巨大的努力，这个努力，不仅仅表现在追求的过程中所耗费的成本，更主要是为了与对方匹配，需要提高自己相应的条件，让对方从"不满意"转变为"满意"，于是提高学历、增加收入、晋升职位、加强修养都可以增加自己的"价码"。

移民

随着国际化、全球化进程的加快，国际间的移民也比以往任何时候更普遍。即便是在一个国家内部，也同样是从不发达地区迁往发达地区，我国20世纪的"民工潮"就曾被形容为"孔雀东南飞"，就是从内地向东南沿海地区移动。移民的过程同样符合需求定律。

发达地区对人们的吸引力肯定大于欠发达地区，因此，一般说来，移民的潮流是从欠发达地区迁往发达地区。

举两个例子来说明。

第一个例子，一些地理位置不理想的高校，常以高薪、高科研经费以及提供住房、解决配偶工作及子女上学等作为条件来吸引人才，但效果不是很理想。这一方面是因为，真正从事科学研究的人才，是不太看重这些物质条件的，因此，能够吸引到的优秀人才并不多；另一方面，确实看重这些物质利益的人，一旦有了更好的条件，包括自身的条件改善了，比如科研成果多了，职称也评了，如果其他地方开出了更好的条件，就可能被吸引走。

第二个例子，中国从"民工潮"到"民工荒"的转变。中国的改革虽然是从农村开始的，但城市的发展却一直快于农村，于是，农民工大量从农村涌入城市，特别是东南部沿海发达城市，就形成了"民工潮"。随着农村条件的不断改善，很多人不太愿意外出打工，于是城市开始出现"民工荒"。

　　以上例子，其实都是需求定律可以解释的。具体的解读，就留给读者诸君去思考。

为什么股价越涨，买的人越多
——影响需求的其他因素

影响需求的因素，除了商品自身的价格外，还有哪些因素呢？

其他商品的价格

商品的需求量不仅受自身价格的影响，还受其他相关商品价格的影响。其他相关商品可分为替代品和互补品，前者是指功能相同或相近的商品，如猪肉和牛肉；后者是指功能互补的商品，或者说要同时使用才能起作用的商品，如汽车和汽油。

即问即答：大家思考一下，本商品需求量的变化，与替代品、互补品价格的变化是一个什么关系？同向变化还是反向变化？就以猪肉和牛肉、汽车和汽油为例。

替代品的价格如果上涨，人们对替代品的需求量将减少，会把需求转移到本商品上来。因此，本商品的需求量与替代品价格之间是同向变化关系，即替代品价格的涨（跌）会导致本商品需求量的涨（跌）。举例来说，如果牛肉的价格上涨，对猪肉的需求量就会增加；反之，如果牛肉的价格下降，则对猪肉的需求量也会减少。

而互补品呢，如果汽油的价格上涨，人们对汽油的需求就会减少，因此，对汽车的需求也会减少。所以，本商品的需求量与互补品的价格之间，就如同与本商品的价格一样，是一种反向变化关系。20世纪70年代的石油危机，使日本的汽车工业出现了革命性的转机。由于石油价格从1973年的每加仑0.27美元，猛增至1981年的1.4美元，增长了4倍多，这就使喜欢开大排量笨重汽车的美国人，开始转向选择节油的轻型汽车。日本汽车就属于这种节油的轻型汽车。

收入与财富

先区分收入和财富。在老百姓眼中，这两者是没有多大区别的，但在经济学家那里，两者就不是一回事了。

为区分二者，先介绍一对概念：流量和存量。如果用一个水库来比喻的话，那流量就是某段时间流入或流出水库的水，所以，流量是指要用一个时间段来衡量的变量；而存量则是指水库某个时刻的储水量有多大，故存量是用一个时间点来衡量的。

即问即答：请列举你熟悉的一些变量，哪些是流量？哪些是存量？

工资、收入和利润等，属于流量，我们常说的日工资、周工资、月工资，月收入、季收入、年收入，月利润、季利润、年利润，指的都是一个时间段。而资产、债务等，属于存量，我们一般说截止到某一个时间点公司的资产、债务是多少。

按照对流量和存量的定义，我们可以知道，收入是一个流量，而财富是一个存量。如果我们只用钱来计量的话，那收入是指你在一段时间内有多少钱流入，而财富则是指你到现在为止积累了多少钱。当然，两者是有关系的，你这个月的收入如果没有用完，就转化为你的财富，使你的财富增加；反过来，如果你这个月的收入不够用，要么使用你的存款，这样就会减少你的财富；要么向别人借钱，这样就会减少你未来的财富。

一般说来，在其他条件不变的情况下（记住，经济学经常是这样假定的），收入越高，需求越大；财富越多，需求越大。当然，这是从统计学的平均意义上说的，至于具体的个人则不一定，这世上既有万贯家财的吝啬鬼，也有囊中羞涩的豪爽客——他们不仅要花光每个月的收入成为"月光族"，而且会向未来透支，现在借了，未来还。

财富还可能来自父辈。所以，一般说来，富家子弟对商品的需求会大于贫困家庭子女的需求。

经济学教科书里往往有这么一道思考题：

即问即答：既然需求量与价格成反比，那这些年来我们面对的大多数商品，价格和需求量是同时增加的，这又是怎么回事？违反了需求定律吗？

这就需要从收入和财富因素来解释了，而不是违背了需求定律。由于收入和财富的上涨幅度超过价格的上升幅度，因此，商品的相对价格（相对于收入而言的价格）反倒是下降了，所以需求量才会增加。

以鸡蛋为例，20世纪80年代约为0.1元/个，现在约为2元/个，价格上涨了20倍，但80年代刚毕业的大学生的月收入约为60元，现在呢，根据麦可思发布的《2017年中国大学生就业报告》，平均月收入为3 988元，增长了65倍，因此，相对于收入来说，鸡蛋的价格实际上是下降的。原来虽然看起来便宜，但一个月的收入只能买600个鸡蛋，现在看起来贵，但可以买约2 000个鸡蛋，所以，原来可能不会每天吃鸡蛋，现在只要你身体健康，每天吃几个都没有问题。

回到"有效需求"的概念，就是收入上升之后，我们的购买能力提高了。

这些都是经济发展带来的好处。还有很多商品的价格是下降的，最典型的就是汽车和电子产品。本书第一作者大学刚毕业时，单位有辆上海牌小轿车，要20多万元，是专门给校长配备的。因为校长的资历很老，是延安抗大时的教员。各位想想，20多万元，对于一个月只有60多元收入的人来说，那是怎样一个天文数字啊，就是不吃不喝，也要工作将近300年才能买一辆呢。而现在呢，与当年这种上海牌轿车性能相当的车，只要10多万元，你工作两三年就可以买一辆了。

我们家1993年买的电脑，386，硬盘170 MB，现在还在我们家里，属于"古董"了，主要是为了纪念和怀旧。当时花了6 800元，还是找了人的，否则要7 000多元。那时的月工资收入只有500多元，相当于要工作一年多才能买一台；现在一台像样点的笔记本电脑，也只需要10 000多元，工作两个月（不是以本书第一作者现在的收入来衡量，而是以相当于他那个时候的水平，也就是硕士毕业生的收入来衡量）就可以买一台了，而且那功能，简直就没办法比。

汽车和电子产品价格的下降，归功于技术的进步。

为了不搞混淆，经济学家很聪明，用"需求量"和"需求"来进行区别。当其他条件不变时，商品价格变化导致的是"需求量"的变化，而其他条件变化则导致"需求"的变化。大家可以去参阅相关教材，教材里会告诉我们：需求量的变化，是需求曲线上点的移动，而需求的变化，则是整个需求曲线的移动。

所以，需求定律是不会被否定的。

边际消费倾向递减

随着收入的增加，我们的消费（需求）也会增加，但并不是同比例增加的。

比如，当我们每个月的收入只有 2 000 元时，可能 90% 都会用于消费；而当我们的月收入为 5 000 元时，可能就只有 60% 用于消费了；当月收入达到 10 000 元时，消费的比例可能就下降到 40% 了。

这一现象被现代宏观经济学的创始人凯恩斯归纳为"边际消费倾向递减规律"。凯恩斯把消费占收入的比例称为"消费倾向"，而把收入增加一个单位后消费增加的比例，称为"边际消费倾向"。

回到上面的例子，收入为 2 000 元时，消费倾向为 0.9；收入为 5 000 元时，消费倾向为 0.6，边际消费倾向是多少呢？收入从 2 000 元到 5 000 元，增加了 3 000 元，消费则从 1 800 元增加到 3 000 元，增加了 1 200 元，于是，边际消费倾向为 0.4 （＝1 200÷3 000）。收入从 5 000 元到 10 000 元，消费倾向为 0.4，边际消费倾向为 0.2 （＝1 000÷5 000）。

所以，随着收入的增加，人们的边际消费倾向是递减的。

预期

预期是指对未来的判断。如果预期商品的价格要涨，那该商品现在的需求量就会增加。20 世纪 80 年代末，我国物价飞涨，人们陷入了对价格上涨的预期中，"抢购风"想刹也刹不住。

如果预期商品的价格要跌，那该商品现在的需求量就会减少，"持币待购"的原因就是预期。汽车、房子等耐用品，之所以降价了也未必能增加需求量，就是因为消费者预期价格还会跌，于是采取观望态度。反倒是涨价后买的人更多，同样是因为预期，怕价格会进一步上涨。

股市是最能说明预期的例子。股价上涨，成交量往往会增加；反之，股价下跌，成交量往往会萎缩。因为人们往往这样预期，股价涨了，就有可能再涨，于是买的人就多了。股市之所以最能说明预期，还因为股票的价格很难确定，人们的买卖行为，主要基于对股价的预期。所谓"买股票就是买未来"，价格一涨，股民就以为有什么利好的内幕消息，因而跟着买，成交量就上升了。所以，做短线投资的人，往往是"买涨不买跌"的。但从股市投资的历史来看，像巴菲特这样的华尔街大赢家是坚持长线投资的，他是要等着股价跌到自己认为有投资价值时才会买入。

偏好

偏好，或者说爱好，表明你对某种商品或劳务的喜爱程度。同样价格、同样款式的衣服，你为什么买红色的，他为什么买灰色的，就与人的偏好有关。如果你选择 A 而不选择 B，则说明你对 A 的偏好超过了你对 B 的偏好。

当然，还有一些其他因素，比如文化，信奉伊斯兰教的地区，牛羊肉的需求量很大；比如地理，在炎热的海南，羽绒服的销量也成问题。

在以上这些因素中，商品自身的价格、其他商品的价格、收入和财富等属于客观因素，而预期、偏好属于主观因素。

有时你只有眼看着别人赚钱 —— 供给定律

市场的另一侧：供给

我们在前面讲到需求，需求是有能力的购买意愿，讲了两个关键词：购买能力、购买意愿。同样的，供给是有能力的供给愿望，也涉及两个关键词：供给能力、供给意愿。

供给意愿，就是你想提供产品或服务。比如农民，看到猪肉的价格上涨了，自然就会想："如果我们今年多喂几头猪就好了。"这说明他的供给意愿是增强了的。但猪不可能几天就长大吧，即便是用"三月肥"，也需要三个月啊。也就是说，虽然农民看到猪肉的价格上涨了，提高了供给意愿，但供给能力不能一下子提高。

所谓供给能力，就是提供产品或服务的能力。这就包括很多条件了：生产资源、技术条件、时间等。比如，眼看着某网红"日进斗金"，那我也去当网红吧。但对着镜子看看自己的脸蛋，就被泼了冷水：不具备那个条件啊。

供给定律

与需求定律反映的是需求量和商品价格的关系一样，供给定律反映的是供给量与商品价格的变化关系。其实我们已经通过上面的分析得出了结论，那就是：商品的供给量与商品价格呈正向变化关系，也就是说，价格越高，供给量越大，价格越低，供给量越小。这就是供给定律。

影响供给的其他因素

除了商品自身的价格以外，还会有哪些因素影响商品的供给量呢？当我们思考这个问题时，要有一个基本出发点，那就是：生产者之所以提供商品，是为了获得利润，而不是乐趣或者慈善。因此，我们可以从成本和收益两个方面来进行考虑。

前面在供给定律里讲到，商品自身的价格直接影响生产者的收益。简单地说，假定厂商只生产一种商品，那么，它的收益就等于价格乘以销售量。因此，价格越高，生产者越愿意提供商品。如果生产的产品都能够卖掉，那么，收入就增加得更快。所以，在供给定律背后的是生产者的利益驱动。

从成本的角度来看，假定商品价格不变，那么，越是能够降低成本，厂商就越愿意增加供给量，因为这样能够获得更多的利润。

即问即答： 根据这个思路，想一想有哪些影响供给的主要因素呢？

我们在后面要讲到，生产者是追求利润的，因此，根据这个思路，凡是能够降低生产成本的，就能够增加供给。这样，我们就可以列举出以下主要因素：

投入品的价格

劳动、能源、机器设备等投入品的价格，会直接影响生产成本，从而影响供给量。以劳动为例，原来我们的低工资制度为厂商提供了巨大的利润空间。那么多外资企业之所以愿意到中国来投资建厂，劳动价格低廉是主要的吸引力。现在中国的劳动价格也上升了很多，这方面的优势逐渐消失了，所以，现在很多国际企业开始转向越南等劳动力成本更低的国家和地区去投资建厂。这也是经济学家所说的，我国的"人口红利"在不断降低。

技术进步

这是降低生产成本的主要力量。回顾经济史我们知道，在工业革命之前，人类的经济增长曲线基本上是平坦的，如果画一条 GDP 随时间变化的曲线，那么，我们现在看工业革命前两千多年的经济增长，现在就相当于在珠穆朗玛峰上，而工业革命前就相当于在海平面上。

即问即答： 请大家把以上两点，也就是劳动力成本和技术进步结合起来，思考一下人工智能等技术进步对商品供给的影响。

相关商品的价格

主要是替代品的价格。我们还是以 20 世纪 70 年代石油价格大幅上涨对汽车工业的影响为例。我们把汽车分为耗油量大的重型车和耗油量低的轻型车，这是两种可以互相替代的商品。由于石油价格上涨，导致人们对轻型车的需求量大幅增加，于是，轻型车的价格也会因需求量的大幅增加而上升，厂商就转向轻型车的生产，从而减少重型车的生产。

梳理一下上面的叙述：替代品的价格上升，厂商会更多地生产替代品，因此，会导致本商品的供给量下降。也就是说，本商品的供给量与替代品的价格呈反向变化。

请注意，对于厂商来说，替代品的概念与对于消费者来说替代品的概念会略有不同。这是由厂商的生产条件不可能很快改变而决定的。消费者一看到价格变化，可以马上转向购买别的商品，而生产者如果不具备生产条件的话，不可能马上就生产别的产品。还是以上面的汽车生产为例，如果你没有生产轻型车的生产线，那么，你就不可能在短期内增加轻型车的供给量。

但要注意，这是从单个厂商来看的，如果从整个行业的所有厂商来看，那么，总有具备生产替代品条件的厂商，因此，整个行业的供给量还是会发生变化。

这就引出了影响供给量的第四个因素。

时间

由于供给量的增加需要时间，因此，不可能像需求量的增加那样马上发生变化。最典型的就是季节性生产的商品，比如农产品。假设今年苹果的价格上涨，但果农不可能马上种上苹果树，即便马上种上苹果树，也不可能马上长出苹果。

即便是非季节性产品（如大部分工业品）也是有生产周期的，只不过不同产品的生产周期有长有短，但总归是需要时间来调整的。

所以，时间因素是影响供给的主要因素，这也是与需求不同的地方。

但要注意，供给量的增加需要时间，但减少只需要停工即可。因此，当价格下降后，供给量会马上降低。但已经生产出来的，要么按低价销售，要么等待价格上涨。特别是农产品，由于保质期较短，就只有进一步降低价格，因此才会出现"香蕉0.5元一斤还卖不掉"的情况。

政府政策

其中影响最大的是税收政策、产业政策和外贸政策。如果降低某类产品的税率，相当于降低了成本，该类产品的供给量就会增加；如果政府鼓励某个产业发展，要么采取税收优惠政策，要么给予补贴，该产业的供给量也会增加；如果对外开放市场，供给量也会增加。税收政策直接影响成本，产业政策则可以通过税收、补贴、土地成本等，或影响生产成本，或影响收益，而外贸政策则可能通过出口补贴降低生产成本以及扩大市场容量两个方面来影响供给。

其他因素

比如气候条件对农产品供给的影响，电子商务对供给的影响等。

农产品价格为何直线上升——弹性

价格的变化会影响到需求量和供给量的变化，但对于不同商品来说，其影响程度是不同的。

让我们先来看一组数据，这是五种主要农产品从 1997 年到 2014 年的价格变化。

案例

五种主要农产品 1997—2014 年的价格变化（单位：元）

	1997 年		2000 年		2005 年		2010 年		2014 年	
	名义	实际	名义	实际	名义	实际	名义	实际	名义	实际
籼稻	1.31	1.31	1.01	1.03	1.50	1.43	2.13	1.76	2.76	2.01
粳稻	1.50	1.50	1.27	1.29	1.78	1.7	2.57	2.12	3.17	2.31
小麦	1.41	1.41	1.02	1.04	1.51	1.44	2.07	1.71	2.57	1.87
玉米	1.13	1.13	0.88	0.90	1.3	1.24	2.05	1.69	2.47	1.80
大豆	3.59	3.59	2.53	2.58	3.59	3.42	5.19	4.28	6.30	4.59
CPI	100		98.2		105		121.3		137.3	

注：根据国家统计局"统计公报"整理而成。

如果将上表画成曲线图就更直观了，除 2000 年价格下降外，其他年份都是直线上升的。为什么农产品的价格基本上"只涨不跌"呢？这与商品的弹性有关。

弹性的概念

弹性的概念，是从物理学里借用过来的，表示的是两个变量相对变化的比例。请注意，这里有三个关键词：

一是两个变量。一个变量的变化，不叫弹性，叫比例或者比率。比如我们说某商品的价格，今年比去年上涨了百分之多少，销售量增加了百分之多少，就是只谈一个变量。而弹性，是需要有两个变量的。

二是相对变化。变化有两种，一是绝对变化，指增加或减少的绝对量，比如价格上涨了多少元，销售量增加了多少件；二是相对变化，就是绝对变化量与基数的比例。比如原来是 10 元，现在是 12 元，绝对变化是 2 元，相对变化是 20%。

三是比例。我们还要对两个变量的相对变化进行比较，看哪一个变量的相对变化更大。比如，价格增加了 20%，销售量增加了 10%，那就意味着价格的变化大于销售量的变化。

即问即答： 我们说到一个变量的时候，一般是有单位的，比如价格、收入的单位可以用"元"，销售量的单位可以用"件"，那么弹性的单位是什么？

弹性，没有单位。变量的绝对变化是有单位的，但变量的相对变化就没有单位了，是以百分比来衡量的。两个变量的相对变化的比例，自然也就没有单位了。

对于一个没有单位的变量，我们常常可以用"系数"来表达，所以弹性也称"弹性系数"。

弹性的类型

首先要说明的一点是，弹性系数的数值是用绝对值来表示的。绝对值是不考虑正负号的，数学上说的是"到原点的距离"，既然是距离，就没有正负号了。比如，哈尔滨在北京的北方，我们说哈尔滨距离北京 1 200 多公里；那么，广州在北京的南方，我们总不能因为方向相反，而说广州距离北京 "–2 100 多公里"吧。

根据弹性系数的数值，我们可以把弹性分为以下五种类型。为了更好地叙述，我们用 A、B 两个变量来表示。

第一种，弹性系数小于 1，就是 B 变化 1%（变化包括增加，也包括减少），A 变化小于 1%，这种情况叫作"缺乏弹性"。

第二种，弹性系数大于 1，就是 B 变化 1%，A 变化超过 1%，这种情况叫作"富有弹性"。

第三种，弹性系数等于 1，这种情况叫作"单位弹性"。就是说，两个变量的变化是同步的，你增加 1%，我也增加 1%。当然，刚好等于 1 的情况不多，所以，一般把弹性系数为 0.99 到 1.01 的情况，也叫作"单位弹性"。

第四种，弹性系数等于 0，这种情况叫作"完全无弹性"。就是说，无论 B 怎么变化，A 都不会变化。

第五种，弹性系数为无穷大，这种情况叫作"完全有弹性"。与"完全无弹性"相反，只要 B 有一丁点的变化，A 就会变化很大。

关于这五种情况，我们会在讲需求弹性的时候再举例说明。

需求的价格弹性

需求弹性，就是把需求量的相对变化与另一个变量的相对变化进行对比。

即问即答：我们在上一讲，讲到影响需求变化的主要因素，那么，请把这些主要因素与弹性的概念结合起来，你能列出哪几种需求弹性呢？

经济学主要考虑三种需求弹性。

需求的价格弹性

一般简称需求弹性，就是需求量的相对变化与价格的相对变化的比例。

要注意的一点是，正如我们在前面"需求定律"一讲里所讲的，需求量的变化方向与价格的变化方向是相反的。价格上涨，需求量下降；价格下降，需求量上涨。因此，需求弹性的值是小于 0 的。但前面说了，我们只考虑绝对值，不用考虑正负。

结合上面讲的弹性的五种类型，我们来看看有哪些典型的商品分别属于哪种情况。

1. 缺乏弹性。价格变化一个百分点，需求量的变化会小于一个百分点。本讲开头所列举的农产品等基本生活用品就属于这种情况。比如大米，对于喜欢吃大米的南方人来说，无论价格涨跌，都会买来吃。但能吃多少，是受胃的容量的限制的。价格上涨一倍，你不可能就少吃一半吧，除非你要顺便减肥，或者说得了糖尿病。反之，价格下跌 50%，你也不可能多吃一倍吧，除非其他所有食品的价格都上涨，你不得不只吃大米而不吃别的东西。但想想看，所有食品的价格都上涨，只有大米的价格下降，这种情况会不会出现呢？

还有，我们经常假定"其他因素不变"。

即问即答： 对于缺乏弹性的商品，比如前面提到的农产品，厂商采取的往往是涨价策略。为什么？

这是因为厂商是以总收入来考虑的。对缺乏弹性的商品，虽然涨价后需求量会下降，但下降的幅度小于价格上涨的幅度，因此，涨价后总收入是上升的。

2. 富有弹性。除了农产品等基本生活用品之外，大部分商品是富有弹性的，即便是衣服也是富有弹性的。衣服是生活必需品，在"衣食住行"中排在首位，因为人饿着肚子可以出门，光着身子总不能出门吧。一斤米，今天吃完了，明天就没有了，需要再买；而一件衣服，今天穿了，明天既可以买新的，也可以穿旧的。所以，衣服的弹性肯定大于食品。因此，无论是线上商店还是线下商店，常常会用降价的方式来促销服装。

对于富有弹性的商品，商家之所以常采取降价的方式，是因为降低价格后需求量会增加得更多。而商家的收入是销售量和价格的乘积，当价格下降1%，销售量增加超过1%，这样商家的收入也就增加了。

即问即答： 在现实中可以看到缺乏弹性的商品，比如农产品，有时也会降价销售；而富有弹性的商品，比如汽车和电子产品，有时也会涨价，这是为什么呢？

我们分析问题时，一定要记住一点——"其他条件不变"，这是经济学经常采用的策略。其实不只是经济学，每个学科基本上都会运用，因为理论分析必须限定一些条件才能把问题分析清楚，也就是我们常说的"为了抓住主要问题，就暂时放下其他次要问题"。

我们在分析弹性与价格决策时，同样需要假定其他条件不变，只不过有时候没有明说。但没有明说不等于没有，而是一种"约定俗成"。

那么，假定哪些条件不变呢？其中最主要的一条，是市场条件不变，也就是供求状况没有明显变化。如果市场供求状况发生了明显变化，就会出现刚才这个问题的情况。比如，农产品供大于求，就像我们在前面所讲的，香蕉0.5元一斤也没人买。因为供大于求，当然就只有降价出售了。反之，虽然是汽车、电子产品等富有弹性的商品，但由于供不应求，厂商当然会提价了。甚至有的时候，本来不存在供不应求的情况，商家也可能搞"饥饿营销"，故意制造供不应求的假象，以便提高价格或销售量，因为供给量的消息在商家和消费者之间是不对称的，商家清楚而消费者不清楚。

当然，"饥饿营销"也要慎重，因为市场不只有一个厂家，还有很多生产同类产品的厂家。即便只有一个厂家，如果没有准确地把握消费者的需求，最终的结果可能是把自己搞"饥饿"，而商品还是卖不出去。

3. 单位弹性。我们在前面已经讲过，弹性系数刚好等于 1 的情况是很少的。

4. 完全无弹性。这样的商品基本上是没有的。先说弹性低的商品，食盐是一个例子。食盐的价格再贵，比如 100 元一斤，人也要吃盐。我们记得小时候看电影，革命群众为了给山上的游击队员送盐，冒着生命危险把食盐装在掏空的竹竿里，甚至浸在衣服里，以躲过敌人的检查。想想看，冒着生命危险都要送盐，你说这盐的弹性有多小。生命的价值，很高很高了吧，冒着生命危险去送盐，就说明人体是不能缺少盐的，也说明无论价格怎么涨，对盐的需求还是存在的。当然，后面我们会讲到，食盐的价格也不会涨得太离谱。

即问即答： 既然食盐那么缺乏弹性，价格再高也会买，那为什么厂商不把食盐的价格定到 100 元一斤甚至更高呢？

反过来，即便是食盐只要 1 分钱一斤，你也不可能一天吃一斤盐吧，把盐当饭吃？那还不把自己吃成"木乃伊"啊。

我们思考半天，找到两种接近完全无弹性的商品或者说服务，一是接生，二是殡葬，与人的生和死有关。人只能生一次，也只能死一次。价格再低，一个人也不能说为了享受价格低的好处，就多出生几次，或者多死几次。反之，价格再高，一个人也不能因为害怕价格高，就待在妈妈的肚子里不出来了，或者说就不死了。

5. 完全有弹性。这样的商品，也是基本没有的。如果股票是商品，那马马虎虎算一种。如果你炒股，就会知道 9.81 元很多人在卖，而低 1 分钱，9.8 元，则很多人要买。

需求的交叉弹性

就是 A 商品的需求量与 B 商品的价格的相对变化的比例。

我们在"需求定律"那一讲里讲到，影响需求的主要因素里，有其他商品的价格。当时讲到有两类商品：替代品和互补品。

即问即答：大家思考一下，替代品的需求交叉弹性是大于 0 还是小于 0？互补品呢？

由于需求量与替代品价格之间是正向变化的，牛肉的价格上涨，人们对猪肉的需求量也会增加，因此，替代品的需求交叉弹性是大于 0 的。而需求量与互补品价格之间，则刚好相反，当汽油的价格上涨后，对耗油量大的汽车的需求就会下降，因此，跟与本商品价格之间的变化一样，是反向变化的。所以，互补品的需求交叉弹性是小于 0 的。

一些学生老是记不住这一点，我们就用了一个比喻。我们知道需求弹性是负值，小于 0。替代品是"此消彼长"的，相当于"敌人"，符号正好相反，是大于 0 的，为正值；而互补品是一起使用的，相当于"朋友"，符号相同，也是小于 0 的，为负值。

大家回忆一下我们在前面讲到影响需求的其他因素时，首先讲的就是相关商品的价格，在那里就讲到，本商品的需求量与替代品的价格呈正向变化关系，既然是正向的，就是符号相同，所以弹性系数是大于 0 的，为正；本商品的需求量与互补品的价格呈反向变化关系，反向的符号就不同了，所以弹性系数是小于 0 的，为负。

我们要学会把相关的知识点结合起来思考，这样才能记得更牢。

需求的收入弹性

这个好理解，就是需求量与收入之间的相对变化的比例。

根据收入弹性的不同，可以把商品分为三类：

第一类，弹性系数小于 0 的。就是说，当你收入增加之后，消费量反而下降了。比如，收入低的时候乘坐公交车，收入高了以后，可能就会乘坐出租车，甚至自己买车了，乘坐公交车的时候就少了吧。本书第一作者童年时，由于粮食短缺，常常以红薯、玉米为主食，而南方人的主食本来是大米。所以上小学时，写过一篇作文《我的理想》，就是写的长大后要吃白米饭，被老师批评了，说第一作者的理想太"不像理想"，因为其他同学的理想是要当工程师、教师、解放军、科学家。其实那真是第一作者当时的理想。所以后来一旦有了条件，虽然红薯、玉米等粗粮更有利于健康，但第一作者吃得就少了。

这类商品，我们称为"劣等品"。

请注意，劣等品不是指"质量低劣"的商品，更不是指"假冒伪劣"商品，而是指在你的消费组合里，随着收入的增加而逐渐减少消费量的商品。当然，假冒伪劣品肯定是"劣等品"。比如收入低的时候，可能会去买地摊上的一些"假冒伪劣"商品，因为"有略胜于无"啊。但当收入增加以后，你可能就不再光顾这些东西，而是进大商场购物了。

由上也可看出，对于不同的人来说，所谓的"劣等品"，可能会有所不同；而且也会因时因地而变化。就以上面所说的红薯、玉米等粗粮为例，现在提倡多吃粗粮，很多人就不会认为是"劣等品"了。而且现在，一个烤红薯的价格，并不低于一碗白米饭的价格。

第二类，弹性系数大于0，但小于1的。这属于正常情况，当收入增加了，消费也会增加，但增加的比例没有收入增加的比例高。比如你的收入从每月1 000元增加到2 000元，你可能会把增加的1 000元里的60%，也就是600元用于消费；但如果你的收入从每月1万元增加到2万元，你可能就只把增加的1万元里的30%，也就是3 000元用于消费了。

这一类属于正常情况的商品，我们称为"正常品"。

第三类，弹性系数大于1，也就是说需求增加的幅度大于收入增加的幅度。这一类商品，我们称为"奢侈品"，或者"优等品"。

奢侈品或优等品的收入弹性系数大于1，主要有两个原因：第一，"阈值效应"。比如一个钻戒需要好几万元，甚至几十万元，当你收入低的时候，根本不可能购买；只有当你的收入增加到一定程度之后才可能购买，所以，需求弹性在"阈值"这一点就一下子上升了。

第二，替代效应。一个人的消费总是有限的。前面讲到"劣等品"会随着收入的增加而减少，那么，就要有新的消费品来替代啊。优等品就这样通过替代劣等品而增加了需求量。还是以上面讲的南方人喜欢吃的大米为例，在原来收入低的时候，主要买价格低的散装大米；当你收入逐渐提高以后，就会逐渐减少价格低的散装大米的购买量，而增加价格高的生态大米的购买量。这就是生态大米不断替代散装大米的过程。

即问即答：根据你的消费情况，列一个劣等品、正常品、优等品的清单。

供给弹性

以上所讲的是需求弹性的情况，接下来我们讲供给弹性。

供给弹性，一般只讲供给的价格弹性，就是商品的供给量及其价格之间的相对变化的比例。

根据前面的供给定律，我们知道商品的供给量与它的价格是同向变化的，也就是说，价格越高，供给量就越大。因此，供给弹性的值是正的。

从理论上说，供给弹性同样可以区分为富有弹性、缺乏弹性、单位弹性、完全有弹性、完全无弹性五种情况。而供给弹性的具体情况，主要取决于以下几个因素：

生产技术条件

就是能不能使供给量发生变化，以及难易程度如何。因为如果不容易改变供给量，那即便价格上涨，很想多生产，但很难增加产量，也没办法。比如城市里的房子是受到土地的限制的，虽然房价不断上涨，但城里的可供开发的土地也基本上开发完了，只有靠向周边扩张或旧城改造等来扩大建设用地，这个难度就很大。所以，城市房子的供给弹性，短期内是小于1的，这恐怕也是城市房价节节攀升的根本原因。这是个客观事实，不是靠政府管制就能解决的。也就是说，生产技术条件越难改变，供给弹性越小。

需求价格弹性

厂商生产商品，当然不是为了自己使用，而是为了卖掉。因此，厂商会以是否能够卖掉为前提来思考。比如需求弹性小的商品，如农产品，如果一看到价格上涨，厂商就使劲地增加生产，那由于需求量的变动不大，产品就可能堆积起来，即使降价也卖不掉。因此，对于需求弹性小的商品，厂商就不应该一看到价格上涨就头脑发热地大量生产。但也有不遵循市场规律的，比如某些地方的政府号召当地农民全部种植某类农作物，结果就会出现前面所说的西瓜、香蕉滞销的情况。

替代品

很多东西都有替代品，就连曾经不可一世的"铁老大"，也有高速公路运输、航空运输、水路运输等替代品。因此，当考虑是否要改变供给量时，就要考虑替代品供给量的变动难易程度。比如，一看到猪肉价格上涨就大量养猪，可能并不明智。因为猪肉的替代品很多，如牛羊鸡鸭鱼肉都是替代品，且其变动的难易程度也并不比猪肉的变动更难。其实，当猪肉价格上涨，养牛羊鸡鸭鱼的人也会想，既然猪肉价格那么高，那大家就会多吃牛羊鸡鸭鱼，因此，我应该多养牛羊鸡鸭鱼。于是到了第二年，不仅猪肉的价格会下降，连牛羊鸡鸭鱼肉的价格都有可能下降。从理论上说，替代品越少的，供给弹性越大，因为厂商考虑到没有替代品来竞争，就可以"放心大胆"地扩大生产。

时间

供给量的变化前面说了，与需求量不同，不是马上可以变化的，因为生产需要时间。如果是只需要增加原材料和人工的还好办些，但如果需要增加生产设备，则更难以短期内增加产量。如果是像农产品这样，需要一年甚至几年才能有收成的，就更不容易增加产量了。因此，改变产量的时间越长，短期内的供给弹性就越小。但要注意，短期内的弹性虽小，如果大家"一窝蜂"地扩产的话，很可能长期的弹性就很大。曾经的"四小"（小煤矿、小钢铁、小水泥、小水电）就是典型的例子，先是"一窝蜂"地上，后又"一刀切"地关，造成了很大的资源浪费。

食盐为什么不卖 100 元一斤——市场均衡

前面讲到，食盐是需求价格弹性非常低的商品，价格再高，我们也不会少吃多少；价格再低，我们也不可能把盐当饭吃。而厂家对利润是最敏感的，那把食盐的价格提到一个很高的地步，比如每斤 100 元，不是可以获得暴利吗？那为什么食盐不卖每斤 100 元呢？是厂家的"仁慈"吗？

我们可以担保，如果没有其他约束，厂家是非常愿意把食盐的价格定到每斤 100 元甚至更高，因为这样可以获得更多的收入。

但厂家想这样做就能这样做吗？

也许你会想到政府的作用，因为政府对食盐的生产和销售是采取管制的，比如《红楼梦》中林黛玉的父亲林如海，就是担任的巡盐御史，也叫盐政。

那假如没有政府的管制呢？会不会厂家想怎么定价就怎么定价呢？

还是不行，因为市场价格是由供求双方的力量决定的，而不仅仅是由某方的力量来决定的。

大家想想，如果食盐的价格真的达到每斤 100 元，那会出现什么情况呢？

最先引起反应的当然是消费者了，他们会直接减少食盐的消费量。比如，食盐便宜的时候，我们可能会用淡盐水来洗水果蔬菜，也会用盐来擦洗锅上的锅巴，用盐来洗动物内脏等，现在盐那么贵，这些消费就没有了吧。

通过前面的学习，你可能会想到另一种方式降低盐的消费量，那就是采用替代品，比如用酱油来代替食盐。但很遗憾，食盐很难找到替代品。酱油虽然看起来是食盐的替代品，但制造酱油也是需要食盐的，那酱油的价格也会上涨。据农民说，有种叫"盐肤木"的植物，叶子和果子里有盐味，但事实上也没人用它来替代食盐。当然，这和盐的价格不高有关，如果真的涨到每斤 100 元甚至 1 000 元了，那可能会有人用它来代替食盐。很难找到替代品，这恐怕也是食盐的需求价格弹性很低的重要原因。

不会导致食盐价格大幅上涨的重要因素，不是来自需求，而是来自供给。

首先，如果食盐涨到每斤 100 元，那么，正在生产食盐的厂家就会大量增加食盐的生产。这么有利可图的事，厂家是肯定会抓住商机的。

除此之外，其他本来不生产食盐的厂家，一看到生产食盐如此暴利，就会转过来生产食盐。

结果是，食盐的供给量会大幅增加。

也就是说，如果食盐的价格大幅上涨，就会出现两个方面的结果：食盐的需求量会减少，虽然减少得不是很多；食盐的供给量会增加，而且会增加很多。那么，供求双方力量的变化就会导致食盐价格的下降。

所以，大家不用担心，我们人体所必需的食盐的价格是不会高得离谱的，即便没有政府的管制。

而供求双方力量的变化如何导致价格的变化，就是市场均衡理论要讲的内容。

市场均衡的概念

均衡的概念，也是从物理学引入的。当一个物体处于静止或匀速运动时，我们就说这个物体处于均衡状态。那么，经济学的市场均衡状态又是怎样的呢？

让我们再回到物理学。当我们说一个物体处于平衡状态时，无论是静止还是匀速运动，肯定各方面的力量是相等的，也就是合力为 0，否则就符合牛顿第二定律了，力等于质量乘以加速度，有加速度，就不可能处于平衡状态。

从以上描述不难看出，有两个关键点：一是有多种力量，而且方向不同；二是各种力量的合力为 0。

即问即答：如何应用物理学对平衡或均衡状态的描述来描述经济学中的市场均衡状态？

市场均衡涉及的两个力量是供给和需求。如果我们以商品的价格为自变量，那么，供给量与价格是正向变化的，价格越高供给量越大；而需求与价格是反向变化的，价格越高需求量越小。所以，供给和需求是两个方向相反的力，而均衡则是这两个相反方向的力合力为 0 时的状况。

什么是"合力为 0 时的状况"呢？就是当价格达到一个点，供给量与需求量相等的时候，买的力量与卖的力量抵消了，合力当然就为 0 了。所以，经济学把这种状况叫作"市场出清"，就是所有的供给都转化为需求，再多一件商品也卖不出去，再少一件商品又不能满足需要。换句话说，就是不多不少，正好合适。

　　即问即答： 接下来的一个问题是，市场会有这种均衡状况吗？为什么我们常常见到的情况是企业的产品积压或者想买的东西买不到呢？

　　市场可不像摆在桌上的物体，可以静止不动。市场是在不断变化的，也就是说，需求和供给都是在不断变化的，因此，需求量刚好等于供给量的情况是很少的。要么供大于求，要么供不应求，这才是市场的常态。

　　也就是说，均衡状况即便是有，也是短暂的，甚至只是瞬间的事，而不均衡才是经常发生的事。其实从几何图形上也好理解，均衡只是一个"点"，而在数学上，一个"点"是没有尺寸大小的，因此，均衡状况只是一种偶然的状况。

　　即问即答： 既然非均衡才是市场的常态，那我们为什么要研究均衡？

　　这就是我们马上要讲的第二个问题。

均衡的意义

　　均衡虽然只是一种短暂的甚至瞬间的状态，而非均衡才是一种常态，那为什么经济学不研究非均衡，而反倒要研究均衡呢？研究均衡对我们有什么意义？

　　均衡和非均衡是同一个事物的两个方面，或者准确地说是两种不同的状况，研究清楚了其一，就能了解其二。正因为均衡是一个点，而非均衡是除了这个点以外的所有点，因此，从研究的角度来看，研究一个点总比研究无穷多个点更方便吧，也就是能够节约研究的时间，达到同样的效果。

　　这就像在一个标准大气压下，水要 100 ℃才能沸腾，这是一个点；而沸腾之前的水的温度有无数个点，但我们研究的是沸腾这个点，而不是沸腾之前的无穷多个点。

　　研究均衡点是为了找到参照点。这就像人生要有目标一样，我们研究市场也要有一个参照点，以此来确定市场的状况。虽然均衡点只是一个点，而且是短暂的甚至是瞬间的，但有了这么一个点，我们就知道目前的市场是供大于求还是供不应求，并以此来调整自己的行为。

如果市场供大于求，那么，从生产者的角度看，就不应该盲目地扩大产能、扩大生产，因为供大于求的结果必然会导致价格下降，这会降低生产者的利润。像我们以前盲目地增加水泥、钢铁等产品的产量，就是错误的。

而对于消费者来说，既然供大于求，就没有必要急着购买，因为价格会下降，等降价后再买，不是相当于增加了自己的实际收入么？

反过来，如果市场供不应求，无论生产者还是消费者，决策就与供过于求的时候正好相反。

均衡的变化

请回忆一下，我们在前面讨论了一个问题，就是这些年来，大多数商品不仅价格在上涨，而且消费量也在增加，这是否违背了需求定律？结论是没有，因为需求定律是"假定其他因素不变"，而随着时间的推移，很多因素都在变化，包括收入、财富、其他商品的价格、预期、偏好等。

为了区分，经济学把因商品自身价格的变化而导致需求量变化的情况，用需求曲线上的点的移动来表示，而把其他因素导致需求量变化的情况，用需求曲线的移动来表示。

同样，我们也可以把因商品自身价格的变化而导致供给量的变化，用供给曲线上的点的移动来表示，而把其他因素导致需求量变化的情况，用供给曲线的移动来表示。

如果需求曲线和供给曲线都没有移动，那均衡点是不会变化的，所变化的是市场价格以及相对应的需求量和供给量。比如，当市场价格高于均衡价格，由于价格越高，供给量越大，而需求量越小，因此，就会出现供大于求的情况，市场的力量会导致价格下降，从而向均衡点移动；反之，如果市场价格低于均衡价格，由于价格越低供给量越小，而需求量越大，就会出现供不应求的情况，从而导致价格上涨，也会向均衡点移动。

这下，更能理解"均衡点是一个参照点"的观点了吧。

如果供给曲线、需求曲线移动呢？均衡点会如何变化？

即问即答：请大家思考一下，比如需求增加，需求曲线怎么移动？供给增加，供

给曲线怎么移动？

　　先要介绍一下，供给曲线和需求曲线是怎么画的。在坐标轴中，横轴代表自变量，纵轴代表因变量。在分析供求时，价格是自变量，供给量和需求量是因变量。按照规则，应该把价格放在横轴，把供给量、需求量放在纵轴。但在经济学里是倒过来的，横轴代表数量，纵轴代表价格。因为价格一般用"高低"来表述，所以放在纵轴；而数量一般用"大小"来表示，因此放在横轴。

　　供给量与价格之间是正向变化的关系，所以供给曲线就是一条从左下向右上的线；而需求量与价格之间是反向变化的关系，所以需求曲线就是一条从左上向右下的线。为了简单起见，我们一般就画两条直线。现实中的供给曲线和需求曲线要复杂得多，不一定刚好是直线。

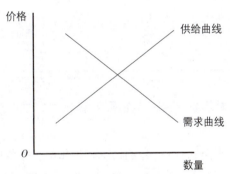

　　接下来是供给和需求的变化，曲线要怎么移动呢？给大家一个提示：所谓增加，是指在同样的价格水平下，需求量或供给量的增加。

　　按照这个原则，增加是向右移动，而减少是向左移动。

　　好了，有了这个基础，我们就可以分析均衡的变化了。我们可以把变化的情况分为：

　　1.需求不变，供给增加；

　　2.需求不变，供给减少；

　　3.供给不变，需求增加；

　　4.供给不变，需求减少；

　　5.需求减少，供给增加；

　　6.需求减少，供给减少，但供给减少的幅度大于需求减少的幅度；

　　7.需求减少，供给减少，但供给减少的幅度小于需求减少的幅度；

8. 需求增加，供给减少；

9. 需求增加，供给增加，但供给增加的幅度大于需求增加的幅度；

10. 需求增加，供给增加，但供给增加的幅度小于需求增加的幅度。

接下来，我们只分析一种情况，就是需求不变，供给增加的情况。其余的情况，请大家将其作为作业自己进行分析，并找到现实中的案例。

当需求不变，供给增加时，就意味着需求曲线没有移动，而供给曲线向右移动。

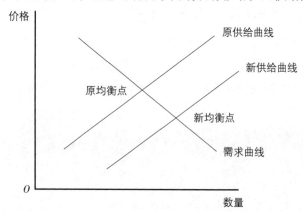

这时，新均衡点与原均衡点相比，在原均衡点的右下方，这就意味着均衡价格下降，而均衡交易量增加。

比如前面所提到的香蕉 0.5 元一斤的情况就是如此。香蕉毕竟是食品，人们对香蕉的需求，是受到胃的大小和香蕉储存期的限制的，因此，可以假定短期内没有变化。由于农民大量种植香蕉，导致香蕉的供给大幅度增加，于是，香蕉的价格大幅度下降，而与此同时，市场的交易量也会增加，因为毕竟香蕉便宜，人们买得也会更多，而且会用便宜的香蕉去替代其他的水果，所以，香蕉的交易量也会增加。

为什么咨询公司不做广告——市场类型（上）

一般说来，我们把市场分为竞争市场和非竞争市场，非竞争市场又分为垄断竞争、寡头垄断、完全垄断三种类型。因此，一般教科书上就把市场类型分为四类：完全竞争、垄断竞争、寡头垄断、完全垄断。

完全竞争

在古典经济学里，市场类型被简化为一种，即完全竞争市场。完全竞争市场的典型特征，经济学家归纳了以下几条：

1. 有无数的买者和卖者，谁也不能单独改变价格，市场价格是由无数的买者和卖者的整体力量来决定的。

2. 卖方提供的产品是完全相同的。

3. 信息是完全的，这至少包括以下几个条件：

（1）信息是完全公开的，大家都很清楚与商品有关的所有情况，包括数量、质量、价格、功能等。

（2）信息是对称的。关于信息对称性，因为比较复杂，我们会在后面的"认知约束"那一章里专门讲，这里只简单讲一点不对称的情况。比如有关商品质量的信息，卖方是清楚的，但买方不清楚，这就叫信息不对称。卖方是信息的优势方，而买方是信息的劣势方。具有优势的一方，就有"欺负"劣势方的冲动和可能性。因此，才有卖方欺骗买方的事情发生。如果信息是对称的，买方和卖方一样清楚商品的信息，就不会有欺诈了。反过来，在支付能力方面，买方是信息的优势方，而卖方是劣势方，同样是信息不对称的，所以才有骗子冒充大款去欺骗厂商。

（3）信息是免费的，就是你想得到就能得到，而且是马上得到，不需要付费，也不需要计算时间成本。

4. 资本、劳动等要素的流动是完全自由的，没有流动的障碍，比如对劳动力流动的政策限制，对资本进出的限制；也不需要考虑流动成本，如资本从一个行业退出而进入另一个行业的成本，劳动力从一个城市转移到另一个城市的成本。

从以上的描述来看，现实中没有哪个市场完全符合完全竞争的条件。比如，某一家公司的股票，产品是完全相同的，要素流动也接近完全自由，因为现在的印花税和佣金已很低了。但不可能有无数的买者和卖者，典型的就是有所谓的"庄家"，他们可能操纵市场。证监会处罚的案例中，就有不少是针对操纵市场的。而且，信息也不是完全的，通过信息发布来操纵市场的情况也不少见。

再比如，农贸市场有许多买家和卖家，信息基本上也是公开的，你多走几个菜摊就知道了，但也有以下几点不符合的：第一，张三和李四虽然卖的都是大白菜，但质量可能不完全一样；第二，现在最令消费者担心的就是信息不对称，卖菜的可能知道（如果是自己种的就完全知道）这菜是否打了农药、施了化肥，是不是转基因种子，而买菜的人是不清楚的；第三，对于种菜的人来说，要素的流动是不自由的，比如今年菜价高，但你不可能马上种出来卖，因为蔬菜的生长也是需要时间的，而且假如要改种某品种的蔬菜，如果生产条件需要做很多改变，也需要增加投入。

以上两种比较接近完全竞争市场的尚且如此，至于其他市场，则离完全竞争市场的假设条件相差甚远。

即问即答：既然完全竞争市场在现实中并不存在，那经济学为什么还要研究完全竞争呢？

这就又涉及理论研究的方法了。由于现实涉及的因素太多，因此做理论研究时就要对现实进行简化，假设很多不是很重要的因素（即影响不是很大的因素）不对结果造成影响。这样做的目的是更好地找到事物发展的根本规律和主要因素。比如我们在研究自由落体运动时，假定是在真空的环境里，不考虑空气的阻力。每个学科的研究，都会根据不同的问题和情况做出相关的假设。对完全竞争做出种种假设，也是为了更好地研究市场。在古典经济学时代，现实的市场更加接近完全竞争的情况。此外，正如我们在介绍均衡时所说的，研究均衡是为了找到一个参照点，我们也可以把完全竞争视为一个参照点。

随着经济的发展，企业的规模越来越大，产品更新越来越频繁，加之研究技术也在不断提高和改进，这为进一步研究真实的市场提供了条件。20世纪的经济学，正是在不断地放松对完全竞争的假设的基础上获得快速发展的。这些内容，我们将在后面的几章进行介绍。

垄断竞争

垄断竞争与完全竞争的不同，是产品的差异性。也就是说，在垄断竞争市场，产品是有差异的。

由于产品有差异，首先面临的一个问题就是广告。如果大家的产品都一样，就不会有人做广告，因为你为自己的产品做广告，也就是在为别人的产品做广告，厂商是不会做这样的傻事的。比如汽油，现在国内主要有 92 号、95 号、98 号三种，你看到哪个加油站为这些汽油品种做广告了吗？没有。因为产品是相同的。如果要做广告，那一般是为了促销，比如搞优惠活动，吸引更多客户；或者新开的加油站，为了扩大知名度。因为油价是受管制的，我们看到油价变动的消息，是从哪里发出来的呢？不是中石油、中石化，而是国家发展改革委。既然价格受到管制，大家都一样，那就只有在促销活动上下功夫了。

但其他产品就不一样了。比如都生产电视机，但每个厂家生产的电视机就存在外观、功能、质量上的差异，所以才会有电视机的广告。

可以这么说，产品的差异性越大，厂商越愿意做广告。所以大家看看电视广告就知道了，化妆品、服装、汽车、电子产品的广告就特别多。

即问即答： 厂商为什么要做广告呢？是为了告知消费者有关产品或服务的信息吗？

广告主要有两类，一类是以提供信息为主的，比如招聘广告、展销会广告等；一类则没有提供多少信息，我们称之为品牌广告。你看可口可乐的广告，有该饮料的质量、价格、销售地点等信息吗？没有。仅仅表示"我们还存在，我们很强大"而已。

所以，广告很重要的功能是体现实力。请的明星越大牌，媒体的档次越高，占用的版面或时间段越好，就表明你的实力越强。而消费者呢，大多是从众的，而且有对品牌的偏好，对实力的崇拜。因此，如果你表明你的实力越强，消费者就越会购买你的产品或服务。虽然我们也知道，广告费不过是"羊毛出在羊身上"罢了，最终是由消费者买单的。

曾经有做化妆品生意的朋友说，假如你花 100 元钱购买化妆品，其中 30 元是广告费，30 元是税费，30 元是厂商的利润，擦在你漂亮脸蛋上的，大约只有 10 元。如果是更高档的产品，则估计只有 5 元擦到你脸上了。

当然，有一类产品或是服务，厂商是不做广告的，尽管差异性特别大。这就是咨询服务。

即问即答：提供管理咨询、心理咨询等服务的机构，为什么不做广告呢？

这是因为咨询服务不能批量化提供，不能把广告费分摊到很多产品上，不像批量化生产的产品，即便我们花了 1 000 万元的广告费，但如果我们能多销售 5 000 万件产品，那么，分摊到每件产品的广告费就只有 0.2 元了。而咨询项目，你一年就做那么几个，因此，做广告的经济效益很难实现。所以，咨询服务往往靠的是口碑。

当然，世界最知名的几家咨询公司，还是会做一定的品牌广告的，这是因为：第一，它们要维持一个"存在感"和"实力感"，以在与同行对手的竞争中取得优势。因为不断地在广告中"露脸"，可以增强客户的认知，一旦客户要选择咨询公司时，首先想到的是自己"熟悉"的公司。而对于咨询公司来说，做广告也属于后面要讲到的"囚徒困境"，因为大家都不做广告和大家都做广告，效果是差不多的，得利的不过是广告公司和媒体而已。第二，它们的业务量比较大，可以消化掉广告费用。

为什么老百姓把电力部门叫作"电老虎"
——市场类型（下）

接下来继续介绍另外两种市场类型：寡头垄断和完全垄断。

寡头垄断

寡头市场与完全竞争市场不同的是厂商的数量。在某个行业，如果只有少数几家厂商，我们就称其为"寡头市场"。或者说，在这个行业，排名靠前的几家厂商，其产品的市场占有率达到了很高的比例，比如80%，尽管还有很多其他的小厂商，我们也可以把这几家排名靠前的厂商称为"寡头"。

寡头市场最大的特点是寡头之间的竞争。比如中国的电信市场，就是典型的寡头市场，目前主要有中国电信、中国移动、中国联通等几个厂商。在寡头市场中，主要是价格的竞争。如果某一厂商降价，那其他厂商就会跟着降价，否则消费者就会流失，因为大家提供的产品是相同的或相似的，比如移动通信服务。

即问即答： 那么寡头们合作，维持一个高价格，不是对大家都有利吗？

关于寡头们之间能不能合作的问题，我们会在后面的互动约束中讲到。实际情况是，寡头们之间的合作是不稳定的，因为每个寡头都要考虑自己利益的最大化，而不是以大家利益的最大化为目的。典型的例子就是欧佩克的石油产量谈判。

欧佩克即石油输出国组织，现有13个成员国，控制了全球2/3的石油储量，因此，其一举一动对全球的石油供应和价格都会产生影响，甚至会影响到全球的经济。我们都知道，石油是一种不可再生资源，如果从长期来看，减少供给、提高价格对每个成员国都是有利的。但为什么欧佩克每隔一段时间都要举行会议，就产量限制进行谈判呢？除了经济形势的变化因素外，更主要的是各成员国可能会违背会议的限产决议，偷偷增加产量，以增加本国的利益。

完全垄断

完全垄断就是在某一行业只有一个厂商，比如国家电网、中国铁路等。

完全垄断的行业，一般是固定投入很高的行业，一般厂商根本没有能力进入；或者是政府管制的行业，不容许其他厂商进入。

完全垄断，就是根本没有竞争，可以说是"老子说了算"。想想看，作为消费者，而且是作为现在这个以买方市场为主的市场消费者，我们会在哪些行业"最受气"呢？哪些行业的服务最差呢？一般都是这些完全垄断的行业。所以，老百姓把电力行业称为"电老虎"，把铁路运输行业称为"铁老大"，等等。

完全垄断行业的价格决策，采取价格歧视策略。所谓价格歧视，就是同一商品或服务，针对不同的消费者制订不同的价格。价格歧视分为三类：

一级价格歧视即完全价格歧视，就是每一单位商品制订不同的价格。要想做到这一点，需要完全了解消费者的需求欲望和购买力，就像是消费者"肚子里的蛔虫"，多定一分钱消费者不会买，少定一分钱商家又吃了亏。可见这是一种理论假设，属于极端情况，在现实中是不可能存在的，因为厂商不可能完全了解消费者的情况。

二级价格歧视是根据不同的购买量而制订不同的价格。一般来说，购买数量越大，单价就越低，因为可以降低销售成本。

三级价格歧视是针对不同地区的消费者制订不同的价格，这就充分利用了市场信息的不完全性等因素。

有关价格歧视的知识，大家可以找经济学教材做进一步的了解。

从以上描述不难看出，价格歧视的"歧视"二字，与我们常常说的"性别歧视""种族歧视"中的"歧视"的含义是不一样的，应该叫"区别定价"更为贴切。歧视，有点"欺穷"的味道，而区别定价，则往往是"欺富"：富裕地区的定价高，比如电信产品，在城里的价格往往高于在农村的价格，其实城里人口集中，成本更低。之所以在城里定价高，是针对城里人较高的支付能力而设计的。商人最厉害的一点，就是能够一眼看穿你的支付能力。一看到你是有钱人，就喊价高。

而且区别定价，也不是只有完全垄断厂商才可以这样做，比如根据不同数量定价，就是现实中很普遍的例子，连农贸市场的小摊贩，都知道"买1斤5元，买5斤20元"呢。

即问即答：既然完全垄断厂商"只此一家"，没有竞争对手，那它能不能"随心所欲"地定价呢？

当然可以。因为没有竞争者嘛。所以，完全垄断厂商往往会制订一个相对于完全竞争时较高的价格，这样就更有利可图。但为什么不定更高的价格呢？因为：第一，价格定太高了，需求就减少了，厂商需要考虑的是收益最大化，而收益是价格与销量的乘积，因此，价格太高，不一定能够使收益最大，这需要研究商品的需求特别是需求弹性；第二，虽然在本行业是完全垄断，但可能存在替代品，比如铁路运输，在中国就是完全垄断的，但有公路、航空、水路运输等替代品，你如果价格定高了，消费者就会选择其他替代品；第三，对于完全垄断行业，政府往往还会对价格进行控制。

但不管怎么说，由于垄断损害了消费者的利益，更是损害了整个社会的经济福利，因此，一般都会有"反垄断法"。对于完全垄断行业，政府一般还会采取价格管制，以免它们"胡来"。但这样的结果就是，服务态度和服务水平就很差，这叫"价格上不去，服务降下来"，因为价格是容易判断的，而服务是不容易判断的。

但现代经济的发展，一是政府已经开放了很多原来的垄断行业，准许自由资本进入，比如很多地方电力公司和小水电的出现，以及新能源的出现；二是出现了很多替代行业和替代品，比如快递公司对中国邮政，高速公路运输和航空业对中国铁路，于是，完全垄断行业的服务也必须改进，这样才能保持其经济利益。

从我们的经济生活中，是容易感受到竞争的好处以及垄断的坏处，这也是经济学家一直反对垄断的原因。

想想物物交换的麻烦——货币的作用

物物交换

在没有货币之前，人们如果需要交换，那是很麻烦的。张三家里多了件衣服，想用它去换点米回来。李四家里有米，但又不需要衣服，而需要猪肉。王老五家里有猪肉，但既不需要米，也不需要衣服。那这个交换就很难完成。

假定王老五需要衣服，那这个交换也需要经过以下两步：第一步，张三拿衣服去交换王老五的猪肉，再拿猪肉去交换李四的米。

这里还没有考虑时间因素。如果张三拿衣服到王老五那里换了猪肉，但李四暂时不需要猪肉，可能要一周后才需要。那个时候又没有冰箱，一周后，猪肉早就坏了，张三还是换不到李四家的大米，只好天天吃猪肉。营养倒是有营养，但就是吃不饱，因为 1 斤猪肉可能可以换 10 斤大米，10 斤大米的饱腹感，肯定远远超过 1 斤猪肉。

这还是因为范围小，就三家人。范围小的好处，是容易获得彼此供求的信息；但不好的方面也很明显，那就是很可能无法成交。如果范围很大，那好处是成交的可能性增大，这家不需要的东西，可能别家需要；但最大的问题是，我们很难知道到底哪家需要什么。

当然，在物物交换的年代，交易也是发生频率不高的事件，基本上是自给自足，而且，分工也很简单，大体知道谁能够提供什么，谁需要什么。

当劳动生产率不断提高之后，市场的范围就扩大了。此时，如果还是物物交换，那交易成本就很高。

货币

货币是人类历史上最早的发明之一，也是最伟大的发明之一。正如以上所述，如果没有货币，我们要和别人交换是多么的麻烦。

　　世界上最早的货币是诸如贝壳、牛羊之类的实物。即使到了现代社会，第二次世界大战后的德国，还曾以香烟作为货币流通[1]。在德国纳粹的集中营里，也曾以香烟作为流通的中介，相当于货币。这大概是因为香烟容易分割（往往是以一根为单位）且没有什么差异（如果是只有一个牌子的香烟的话），短期内又不容易变质吧，所以才被选中。在恶性通货膨胀时期，由于纸币的信用极度下降，人们也不得不"退化"到选择实物作为流通中介和价值尺度，因为实物的价值相对稳定。新中国成立初期，因为解放前夕的恶性通货膨胀在老百姓的头脑里有挥之不去的阴影，人们对法币丧失了信任，于是，国家只好发行实物债券向老百姓借钱。

　　后来是金属货币。

　　金属货币制作材料的贵贱，与经济发达程度密切相关。经济越发达，制作货币的材料就越贵重，最终货币的重任就落到了贵金属金、银身上。正如马克思所说，"金银天然不是货币，但货币天然是金银"。

　　金和银的价值也是有很大区别的，现在大约是 1 克黄金等价于 75 克白银。因此，使用金币的国家，一般来说就比使用银币的国家经济发达些。

　　但金银作为货币，还是有不便的地方。比如长途做生意，带一大堆金银，不仅笨重，而且容易被拦路抢劫。再比如，金银周转次数多了，摸过来摸过去的，也会磨损。还有就是，制造金银币的，可能会往里面掺假，即所谓的"劣币驱逐良币"规律。

　　后来就有了一些有实力和信誉的商家，自己发行一种"凭证"，凭这种凭证可以在其下属的任何一家店兑换真实的金银货币，或直接用于支付。

　　再慢慢地，就有了纸币。

　　现在，连纸币都可以不用带了，直接拿出手机来，只要你账上有钱，就可以支付。这样很好，第一不用担心假钞问题，反正都是数字，随便谁手机账户上的 100 元都是一样的；第二，连小偷的"工作"都变化了，从线下转到了线上，从伸手转到了通过网络电信等高科技犯罪。所以，只要你把自己的手机看好，不贪便宜去打开各种诱惑性的软件，不轻信那些许诺各种好处的电话短信，就不容易遭到损失。至少从我们以及身边的朋友那里得知，原来还有被小偷偷过钱的经历，现在就没有再发生过

---

[1] 戴维·欧瑞尔，罗曼·克鲁帕提. 人类货币史［M］. 朱婧，译. 北京：中信出版社，2017：IX.

了。手机即便丢了，因为有密码，还可以马上通知运营商停用手机号码，人家拿了你的手机，也没有任何办法。

货币的作用

价值尺度是货币最原始的职能。所谓价值尺度，就是用来衡量物品的价值是 3 元还是 5 元。物物交换的时候，每两样物品之间的交换都需要衡量各自的价值，一件衣服到底能换多少大米，或换多少猪肉，很麻烦的。现在好了，全部与货币进行兑换。

到了现代社会，由于货币已经脱离金属而存在，其"价值尺度"的职能就不是天然地由货币本身决定了。纸币上的面额是多少，其价值就是多少，这就成了法定货币，由国家提供担保，由中央银行发行。当然，也有可能发行过多，从而导致通货膨胀。

比如一国某年本来只生产了价值 100 单位的商品，但由于货币发行过多，市场上有了 200 单位的货币，就相对于要用 200 单位的货币去衡量 100 单位的商品，于是，商品的价格就上涨了一倍。当然，影响价格的因素还有很多，不仅仅是货币发行量。但货币发行量对整个物价水平的影响确实很大，因此中央银行可以通过对货币的控制从而对经济进行调节。关于这一点，我们在后面分析政府的经济目标时会讲到。

既然货币可以购买到任何东西，货币就被人们作为财富来对待，于是就有了支付手段和储藏手段的职能。支付手段，就是只要你有货币，就可以买到任何能够交易的东西。而储藏手段呢，就是你可以把货币存起来，这就是你的财富，想什么时候用就什么时候用，不怕坏掉，也不怕磨损。也正因为货币具有代表财富的职能，于是产生了"货币拜物教"，即货币崇拜，才有了"见钱眼开""钱能通神"等成语。要知道，如果遇到通货膨胀，货币就会贬值，而在现代经济社会，通货膨胀是常态。因此，建议还是不要把货币藏在家里，既不安全，也不保值，要学会投资，让货币增值。

通过以上分析不难看出，如果没有货币，市场和经济的发展就会受到极大的限制。货币是市场的黏合剂，也是市场的润滑剂。

结束语

"市场约束"部分，在几大约束中的篇幅最大，这是因为我们所说的"经济学"实际上就是"市场经济学"。因此，我们要理解经济问题，关键是要对市场有深刻的认识。

回顾有关市场约束的阐述，可以归纳为如下的简单逻辑：

1. 所谓市场约束，一个方面是你想买的不一定能买到，这就涉及供给的问题。所以，我们需要对供给的规律有所了解，知道什么是供给，影响供给的主要因素是什么。

2. 市场约束的另一个方面，是你想卖的不一定能卖掉，这就涉及需求的问题。所以我们需要了解什么是需求，影响需求的主要因素是什么。在现代社会，由于买方市场是常态，因此，对需求的认识就显得更加重要。可以这么说，经营失败的企业大都是没有充分理解需求规律的。

3. 不同商品的供求情况是不同的，我们引入了弹性的概念，也分析了不同市场类型的情况。

4. 把供求双方合在一起就是市场。一方面是想卖不一定能卖掉，另一方面也不是想怎么卖就能怎么卖，这就涉及市场均衡的问题。均衡虽然只是一个"点"，但其力量是非常强大的，具有把所有非均衡状态"吸引"到均衡状态的特性和能力。

互动约束

每个人的意志都会受到其他人的干扰，而最

终出现的可能是所有人都不希望的事情。

——恩格斯

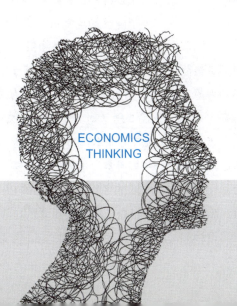

ECONOMICS
THINKING

何谓"互动约束"

什么是互动约束呢？大家回忆一下，我们在前面讲资源约束时是不考虑别人是怎么选择的；在讲市场约束时，虽然作为买方也会考虑卖方的情况，作为卖方也会考虑买方的情况，但作为买方不考虑其他买方的情况，作为卖方也基本上不考虑其他卖方的情况，除了寡头垄断的情况。这是因为我们常常"假定其他条件不变"。

而在现实生活中，我们作为生产者，能不能不考虑其他生产者的情况呢？显然是不行的。管理学有一个波特的"五力模型"，其中有一种很重要的"力"，就是"竞争者"。其实我们在季节性商品的"蛛网模型"里，已涉及生产者之间相互影响的问题：当商品的本期价格上升，生产者就会增加下期的产量；如果所有的生产者都增加产量，就会导致下期供过于求，从而又会导致下期的价格下降。但这个时候，我们还是把所有生产者作为"相同的力量"来思考的，而没有考虑到"不同的力量"。所谓"相同"和"不同"，指的是行动的方向。

那么，到底什么是互动约束呢？说得简单点，就是当我们进行决策时，要考虑别人是怎么决策的。这就像打仗，要"知己知彼"，我们不能只考虑自己的情况，就做出战略或战术决策。如果那样的话，除非运气特别好，否则吃败仗的可能性会远远大于打胜仗的可能性。为了能够知己知彼，努力获取对方的信息，且不让对方知道我们的信息，在战争中是非常重要的。间谍和保密，就是为了这一目的。

现实中最简单的例子就是玩扑克牌、下棋、划拳等游戏，当你出牌、落子、出拳时，必须考虑对方可能出的牌、落的子、出的拳。以最简单的"石头剪刀布"为例，当你准备出拳时，一定要思考对方可能出什么：如果对方可能出"石头"，你当然就应该出"布"；如果对方可能出"布"，你则应该出"剪刀"。玩过这个游戏的人都知道，这还真是一个"斗智斗勇"的游戏。其实，经济学里分析互动约束的内容，就是从"游戏"开始的，所取的名字就叫"game theory"，直译过来就是"游戏理论"，但文人嘛，总喜欢说得文雅点，所以就译成了"博弈论"。

博弈论虽然是从分析"游戏"开始的，但其应用的范围已经扩展到经济学、政治学、社会学、心理学、历史学、军事学，甚至生物学等自然科学领域，成为 20 世纪经济学分析重要的、有力的工具之一。

本书因为是"经济学思维"，属于"引导性""介绍性"的课程，因此，不可能对整个博弈论的内容进行详细、深入的介绍，仅仅通过对"囚徒困境""智猪博弈""猎鹿博弈""过河博弈"等几个著名的博弈例子的介绍，让大家树立这样一种思维：生活在社会群体中的个人，我们的决策和行为，其实是受别人影响的一种综合结果。

在博弈论里，还要区分完全信息、不完全信息，静态、动态等情况，我们这里主要介绍完全信息的静态博弈，因为其他情况相对比较复杂，不太适合在一门思维性的、导论性的课程里讲授。但有一点，虽然我们只分析了最简单的情况，所揭示的道理却足以从思维的层面说明很多问题。

现在的孩子为何那么累——囚徒困境

让我们从一个最普通也最普遍的话题开始，那就是我们的学习。大家回忆一下自己从小学到中学的情景，是不是觉得特别累啊。为什么会那么累呢？为了考上大学。

但大家想过一个问题没有：反正每年大学要招那么多学生，假如每个人考的分数都降低200分，和每个人考的分数都提高200分相比，结果还不是一样吗？你该上大学还是上大学，你该读什么大学还是读什么大学？如果用一个成语来形容的话，那就是"水涨船高"：考试成绩是"水"，录取分数是"船"。既然如此，那大家都少学点、多玩点，学习轻松点，不是很好吗？为什么实际情况不是这样的呢？

恢复高考的时候，本书第一作者刚上高中。所以，他的少年时期是倡导"读书无用论"的年代。小学不用说，每天上四五节课，没有课外作业；即便到了初中也差不多。进入高中后，由于恢复高考，学校抓得紧，学习任务就加重了。但即便如此，与现在孩子们读书时的情形相比，他觉得自己读高中还是比较轻松的。

我们家的那位贤妻良母是做心理咨询的，特别是在少年儿童心理问题咨询方面很有成效。家长带到咨询所来的孩子，最常见的三大问题是：游戏成瘾、学习压力大、亲子关系不佳。其中的学习压力大，即便是没有心理问题的孩子，也是能够深切感受到的。

现在的孩子，很累！这个累，来自学校、家长、社会等多方面的压力。为什么会这样？

囚徒困境

让我们来看看经济学里非常著名的"囚徒困境"。

这本来是经济学家塔克设计的一个类似于"思想实验"的概念，现在已经在很多方面得到了应用，成为一个"成语"了。虽然有很多版本，但大同小异。故事是这样的：

说有两个人，张三和李四，在犯罪现场被警察抓住了。警察手中没有确凿的证据，所以张三和李四只能算"嫌疑人"。

警察把他们关在不同的房间里隔离起来，分别给他们交代政策。监狱里常见的标语是什么？对，"坦白从宽，抗拒从严"。

警察说："如果你坦白，他抵赖，那么，你因为举报有功，当场释放，他则因证据确凿且态度恶劣，被判十年；反之，如果他坦白你抵赖，结果则正好相反，他当场释放，你要被关十年。如果你们都坦白，那由于证据确凿，每人判六年。如果你们都抵赖，则因为证据不足，但都有犯罪嫌疑，且至少可以判处'犯罪未遂'罪，每人判一年。何去何从，你是聪明人，不需要我们教你吧。"

看来警察是很坦率的。

即问即答：如果你是张三或李四，你会做何选择呢？

给学生上经济学课程讲到这里时，我们都要留时间让学生选择。

你猜学生们的选择是什么？

每一次，学生们大都会选择抵赖。理由是这样的，两个人加在一起所判的期限最短。

于是我们就笑："那是因为你们在课堂上做题，如果真碰到这样的情况，还会如此选择吗？当然，我们希望各位一辈子都不要碰到这种情形。但毫无疑问的是，各位都会遇到类似的情形。"

结论是：两个人都会选择"坦白"。

理由是如果我是张三，我会这样想：如果李四选择抵赖，那我选择坦白就可以当场释放，而选择抵赖要关一年，因此，我选择坦白比选择抵赖好；而如果李四选择坦白，我选择坦白虽然要被关六年，但如果选择抵赖，则要被关十年，还是选择坦白好。也就是说，无论李四选择什么，我都是选择坦白好。

李四也不是傻瓜，也会这样想，于是自然也选择坦白。

于是，两人的选择都是坦白。这在经济学里叫作"均衡"，就是说只要"条件"不变，结论就不会改变的一种状况。均衡往往是一种"占优策略"，就是说当事人做出这样的选择，是对他有利的，"占优"嘛。这也是基于"人是自私的"假设而做出的选择。

说到这里，就不得不谈经济学的"基本假设"了。我们在前面讲过，经济学的基本假设，不是绝大多数教科书里所说的"资源稀缺"，因为那是"现实"，不需要"假设"；而"人是自私的"，因为虽然在很大程度上是"现实"，但不一定全是"现实"，所以才需要"假设"。

此外，做出"利己"的假设，也是为了推导出一个"均衡"，或者说"相对稳定的结论"。

可能你会说，如果我们不假设人是自私的，那囚徒困境的"均衡"难道就不能推导出来吗？

当然，在囚徒困境这种简单的例子里是可以推导出均衡的：

比如，张三是利他的，李四是自私的，那均衡是什么呢？张三就会想：我要为李四好，如果他选择抵赖那我们也只能选择抵赖，因为这样他只关一年，如果我选择坦白，我当场释放了，但他得被关十年，这不是把他害了吗；如果他选择坦白呢，那我还得选择抵赖，好让他当场释放。就是说，利他的张三，无论李四选择什么，他都会选择抵赖。而已经假设李四是自私的，李四的选择就是坦白，所以，均衡就是"抵赖、坦白"。这样的例子有没有呢？当然有，文学作品里就描写过这样的情节：一个人愿意为另一个人"顶罪"。所以在香港的警匪片里，就能看到这样的情况："小弟"为了"誓死保护大哥"，就采取了"抵赖"的策略，结果"大哥"被当场释放了，"小弟"被关了很多年。但一定要注意，这不是因为"小弟"是利他的，而是他担心自己坦白了，出来后就会被"大哥"报复，甚至被"弄死"都有可能，所以才不敢坦白。与被"弄死"相比，"关十年"就是更好的结果了，所以，"小弟"还是利己的，只不过受"潜规则"（有时甚至就是"黑帮"的明文规定）的制约而已，关于这一点，我们在后面会介绍。

再假定张三和李四都是利他的，又会得到一个不一样的"均衡"结果，因为张三会想：李四是好人，他一定会为我好，那么，如果他选择抵赖，那我也选择抵赖，因为我选择坦白的话，他就要被判十年，对他不利；而如果他选择坦白呢，我们当然还是选择抵赖，这样他就可以当场释放了。

而李四也是利他的，也会这样想，于是，均衡就是"抵赖，抵赖"。

这个时候，两个利他的人就得到了对两人来说最好的结果。

没错，假定两人都是利他的，是会有这种对集体来说更好的均衡。这也正应了一句话：为别人好，就是为自己好。现实中的例子不少，比如夫妻之间，如果都为对方好，家庭会更加和睦，而且也会取得更好的工作成绩。再比如，同一个团伙的人被抓了，一般来说，最先都是采取"抵赖"策略的。如果是"亲如兄弟"的两人，更有可能坚持"抵赖"到底。

但更多的情况是，这种"攻守同盟"最终会被警察攻破。警察的方法，其实就是利用人的自私性，这也说明绝大多数人是自私的。

囚徒困境是一个假设只有两人的博弈，并且每种选择都有对应的结果，所以，即便我们不假设人是自私的，也能够得出均衡。如果是市场价格的情况，由于没有相对应的具体结果，我们假定人是利他的，那会出现怎样的结果呢？卖方一切为买方着想，那就免费赠送最好，定价为0；买方则一切为卖方着想，心想既然卖方不要钱，那我当然也就不好意思要，于是无法成交。这样的话，经济就无法发展。因为厂商都会破产，消费者也就买不到任何东西。

而假定双方都是自私的，卖方想尽可能多赚，买方想尽可能少拿钱，就会在双方的报价之间，寻求一个大家都满意的价格，也就是市场的均衡价。

由此可见，做出"人是自私的"假设，不仅是符合现实的，也是合理的。

个人最优与集体最优

尽管我们可以做出种种假定来进行"理论"分析，相当于一种逻辑推理，但毕竟现实中的个人，绝大部分是自私的，因此，"坦白，坦白"才是囚徒困境的"均衡"。

于是，这就引出了经济学一个非常重要的思想：个体最优的决策，不一定能够导致集体最优的结果。这对经济学是一次非常严重的冲击，因为按照传统经济学思想，也就是按照亚当·斯密的思想，每个人选择自己最优的结果，也就是对社会最优的结果，这就是他著名的"看不见的手"的原理。

但"囚徒困境"告诉我们，结果不是这样的。张三和李四都选择对自己有利的结果，结果导致了两人最坏的结果，两人被判的时间，加在一起是12年，而其他任何一种组合，都没有这么严重。

用一句话来总结"囚徒困境"，就是：个体理性不等于集体理性。

在现实中，"囚徒困境"的例子比比皆是，我们再随便举几个其他的例子。

比如请客送礼。大家都不送礼，和大家都送礼，结果是一样的，反正奖金都是大家分，职位还是那么多个。但为什么请客送礼成风呢？因为张三会想：如果李四送礼，我不送，那领导就会偏向李四，我就吃亏了，我送了呢，至少不吃亏，所以还是送的好；如果李四不送礼，那我送就会让领导偏向我，也是送的好。所以无论李四送不送，我的最优选择是送。不送礼的人，要么是自恃有才，觉得没必要搞关系，或者不愿意花时间搞关系的人，要上就靠自己的实力；要么是不想"上进"的人，满足于现状，能够更进一步当然好，不行呢也没关系，并且送了礼也不一定就能得到好处，干脆活得轻松点。

比如核竞争。大家都不搞核武器，和大家都搞核武器，结果也是一样的，反正核武器一般也不会使用（假定人类会越来越珍惜生命、热爱和平）。但为什么要搞呢？因为如果你搞我不搞，我的安全就受到威胁了，所以你搞我也搞。而如果你不搞核武器，我搞核武器，那我就是"老大"，想威慑谁就威慑谁。所以不管你搞不搞核武器，我都要搞。

小至个人，中至企业，大至国家和地区，那些过度的"发展"，其实也是一种"囚徒困境"。

回到孩子累的问题上来，也是一个"囚徒困境"。

其实，大学每年招生的数量是已经定了的，分数线"水涨船高"，大家拼命地学，录取分数线就高，大家都轻松点，录取分数线就低。何必把孩子弄得那么累那么苦呢？其实大家也不想把孩子弄得那么累那么苦，其实很多家长也都对此不满。但到了实际行动中，却还是只好逼着孩子去累，因为学校、老师、家长、孩子的想法是这样的：你如果努力，请家教，搞题海战术，我如果不这样做，那到时候你考的分数高，我的分数低，就可能考不上好大学，甚至考不上大学，所以我也要这样做，请家教，搞题海战术。反之，如果你不这样做，不请家教，不搞题海战术，而我请家教，搞题海战术，那我考的分数就比你高，就能考上好的大学。所以，不管你怎样做，我的最优选择都是努力学，请家教，搞题海战术。而大家都是这样想的，因此，这样的结果自然就是大家都这样做，所以，孩子怎能不累呢？

曾几何时，当国家提倡素质教育的时候，本书第一作者就写过文章，说如果不改变高考的考试和录取机制，素质教育就是一句空话。事实证明，这并不是"胡说"。

现在，这种落到孩子身上的"囚徒困境"，在年龄上又提前了，还有个冠冕堂皇的口号，叫"不能让孩子输在起跑线上"。殊不知，人生是一场真正的马拉松长跑，要持续几十年甚至上百年。我们观看体育比赛，只知道100米跑的时候，起跑的技术才是需要特别训练的，没听说马拉松跑也要练习起跑的。但由于各种有资质或没资质、有水平或没水平的培训机构的蛊惑，家长们就听信了所谓"起跑线"的鬼话，于是，各种课外班、兴趣班风起云涌。你报一个班，我就报两个班，我们身边就有好些孩子，学了五个以上甚至十多个兴趣班的，把所有课余时间都占用了，弄得一个小学阶段的孩子，到晚上十点半才能休息。家长们只看到了孩子会几样"特长"之后，自己感受到了"喜悦"，却忽视了孩子的身心健康，殊不知这才是对孩子最重要的。孩子小的时候自己做不了主，只好任由家长安排。等到孩子能够自己做主的时候，各种问题就出来了。更具有讽刺意味的是，还有什么"少儿MBA"。我们就是从事大学商科教育的，连大学里的MBA都是要有实际管理经验的人才能报考的，因为如果缺乏管理经验，学那些东西基本上没有什么用处。你说一个小娃娃，学什么"少儿MBA"，那不是开玩笑吗？有些家长，自己没有学过MBA，就想让孩子去补上这一课。倒不是说"少儿MBA"毫无用处，就是有用，你家长喜欢的，就一定是孩子喜欢的吗？所以，历来"子承父业"的不多。

囚徒困境的应用：寡头的产量决策

我们在"市场约束"讲到寡头的时候，举了欧佩克的例子，当时就说，欧佩克的各成员国不会都遵守限产协议的，而是会偷偷地增加产量，以增加本国的利益。现在，就让我们用囚徒困境模型来进行分析。

为了便于分析，我们就假定只有两个成员国，分别命名为A国和B国。石油的需求曲线，当然也是向右下倾斜的，就是说价格越低，需求量就越大。对于每个国家来说，考虑的是自己收入的最大化，而收入是价格和销售量的乘积。

我们假定面对的是这样一条需求曲线：当价格为100时，市场总的需求量为100；当价格为110时，需求量为95；当价格为120时，需求量为90。这样的假定是有一定道理的，因为石油的需求价格弹性是小于1的，所以，需求量下降的幅度，小于价格上涨的幅度。

假定市场是完全出清的，也就是说，供给量等于需求量。很显然，限制产量，能够使总收入上升，比如产量从100降到95，收入就从10 000（100×100）上升到10 450（110×95）；产量再降到90，收入就上升到10 800（120×90），所以，对于A、B两国来说，降低产量反而会增加收入。

接下来我们来看看两国会不会遵守限产决议呢？

假定两国平均分摊产量，那么，如果两国的产量都为45时（总产量为90），价格为120，每个国家获得收入5 400；而如果一个国家把产量增加到50，另一个国家不增加产量，仍然是45，那总产量是95，价格是110，增加产量的国家的收入是5 500，比之前的5 400增加了100，而没有增加产量的国家的收入为4 950，比之前减少了450；如果两国都增加产量，都增加到50，则总产量为100，价格为100，每个国家的收入为 5 000。

现在我们来分析每个国家的决策。

A 国会这样想：如果对方增加产量，我增加产量的收入为 5 000，不增加产量的收入为 4 950，所以我要增加产量；而如果对方不增加产量，我增加产量的收入为 5 500，不增加产量的收入为 5 400，所以我还是应该增加产量。也就是说，无论对方是否增加产量，我都应该增加产量。

当然，B 国也是这样想的，所以最后的结果，两国都会增加产量。

我们不难看出，两国都增加产量后，每个国家获得的收入为 5 000，而不增加产量时，每个国家获得的收入为 5 400，也就是说，大家都增加了产量，收入反而下降了。

正因为如此，欧佩克才需要不断地开会，对限产问题进行磋商。但欧佩克毕竟不是一个有强制约束力的组织，成员国为了自己的利益，"偷偷"地提高产量，也就在所难免了。

这就是"囚徒困境"，个人利益的最大化不仅不能导致集体利益的最大化，还可能导致自身利益的减少。

如果你细心，会发现囚徒困境这一模型应用范围是非常广泛的，那么，请举一些囚徒困境的现实案例并进行分析。

制订规则——走出囚徒困境

前面讲到的囚徒困境，虽然是一个很简单的模型，但在现实中有非常广泛的应用。现在的问题是：难道那么聪明的人类，就不能走出囚徒困境了吗？

也许正是因为人类太聪明了，才会有囚徒困境的啊。所以，问题不在于是否聪明，而在于其他因素。

接下来，我们将从三个方面来进一步探讨囚徒困境：第一，分析造成囚徒困境的原因；第二，研究如何改变这些因素；第三，重复博弈时能否走出囚徒困境。

囚徒困境的原因

囚徒困境假设了很多条件。

即问即答： 在前面讲的囚徒困境模型中做了哪些简化？或者说，假设了哪些条件呢？

让我们一一来分析：

首先，假定张三和李四是不能商量的。把他们分别关在不同的房间里，就是让他们不能彼此通气，不能"勾结"。其实，这一点对结果倒是没有什么特别的影响，因为无论两人是否商量，规则大家都是清楚的。即便是两人都赌咒发誓说，一定要保持沉默，但对方是否会相信呢？因为毕竟只是每个人嘴上说的，不一定是心里想的，所谓"知人知面不知心"嘛。这和战争双方的作战计划不同，因为那是要执行的，所以，如果间谍能够弄到对方的作战计划，那就是大功一件。

其次，张三和李四也许是互不认识的，互相不太了解对方的情况。或许是第一次作案，或许是两人本来就不认识，只是碰巧被警察一起抓到了。因此，即便是把他们两人关在一起，可以相互协商，但问题是，彼此会相信对方的承诺吗？比如两人一商量，当然是大家都抵赖的好，但每个人都会想：万一真到了审问的时候，对方就坦白了呢？也就是说，即便是承诺，也是不可置信的承诺。

第三，两人今后可能不会再"合作"，因此，只需要考虑这一次的情况，也就是说，这是"一次性博弈"。

第四，也没有什么惩罚机制，比如，既然大家都说了要保持沉默，如果有人坦白了，那今后就会受到严厉的处罚。比如很多组织对叛徒的严厉惩处。

即问即答：现在的问题是，如果能够改变以上因素，是不是就可以走出囚徒困境了呢？

对原因的进一步分析

这就是我们要分析的第二个问题。

1. 承诺的可置信性。承诺是否可信，涉及很多因素。首先就涉及诚信问题，即一个人的言行是否一致。而一个人能否言行一致，与个人的品行有关，所以，可以从他以往的行为来判断；也与道德规范和社会环境有关，在一个大多数人不讲诚信的地方，你也很难相信其他人会信守承诺。比如我们外出旅游，如果你看到了对该地的负面报道，你就会更加小心，以免上当受骗。

判断一种承诺是否可信，更重要的是看这种承诺的执行机制。假如你是卖家，买家对你说："便宜点吧，我以后都到你这里买。"这样的承诺可信吗？不可信，因为没有一个执行机制，没有任何约束。同样的道理，如果有人跟你说："为了我们今后的长期合作，这次请……"这样的承诺也是不可置信的。

但如果大家签订一份协议，承诺就变得可信一些了，毕竟面对白纸黑字嘛，要赖的可能性会降低。比如单位的食堂，由于对食材的购买量大，就可能与商贩签订协议，每年购买多少，那这样的承诺就是可信的。所以，在现代经济社会，协议是一种普遍的提高承诺可信度的方式。古代由于交通不便，大家交往范围小，彼此认识，所以才有"一诺千金"的典故，因为一旦不遵守诺言，很可能要不了多长时间，大家都知道了，这对人的声誉会造成很不好的影响，今后大家都不相信他了，这样的损失是很大的。不仅不相信他本人，也许连他的家庭成员都会受到不好的影响，因为人们会想到"家风"。所以，违约的成本很高，人们就会尽量遵守承诺。

当然，我们也不可能什么都签一个协议，简单点的可以通过承诺本身的内容来判断。比如你在小区里开了家小卖铺，那你认识的小区里的人（你不一定能够叫得出名字）对你说："便宜点，今后我都到你这里买。"那这样的承诺就是相对可信的。因为第一，他总得买东西吧，到哪里买不是买？你的店如果离他最近，那在其他条件不变的情况下，他当然更有可能到你这里买了。但也别相信他说的"都"到你这里买的承诺，比如他某天在其他地方碰到搞特别优惠的活动，一口气买了 10 斤酱油，那估计他今年就不会到你这里买酱油了。

2. 重复博弈。如果张三和李四是一个团伙的成员，彼此非常了解，也会一直一起行动，那答案可能就不太一样了。关于这一点，我们将在下面单独进行分析。

3. 惩罚机制。如果张三和李四是某个组织的成员，而这个组织对"叛徒"的处罚是非常残酷的，比如凡是叛变者都要被处死。那这样的话，张三和李四都不会坦白，因为这时的收益情况变了：坦白虽然可能当场释放，但一走出来就有可能被杀掉，当然就不可能坦白了。所以，我们从影视剧里就会看到，即便是叛徒，也是在严刑拷打下才坦白的，因为承受不了，"生不如死"，所以就不顾后面的惩罚了。

接下来我们要分析的，是重复博弈的情况，其他的情况大家如果有兴趣，可阅读相关书籍，在这里向大家推荐的是美国普林斯顿大学教授迪克西特的《策略思维》。其他博弈论的书大都用到很多数学，影响阅读，当然，数学基础好的读者除外。

重复博弈

重复博弈有两种，一种是有限次重复博弈，一种是无限次博弈。当然，人的生命是有限的，所以，所谓的"无限次博弈"，并不是说次数无限，而是说博弈双方根本不知道要博弈多少次。

先看无数次重复博弈的囚徒困境。如果张三和李四是同一个团伙的成员，而且都不知道合作什么时候结束，这种情况就可以被视为无限重复博弈。

用不着推理我们就可以知道，在这种情况下，双方当然是都选择"抵赖"了。因为抵赖的话，每人关一年，这是集体损失最小的，或者说是集体收益最大的。关了一年之后，大家出来又继续"合作"，所以才有"惯犯"。而其他任何一种情况，对两个人来说都损失很大，也都不能保持稳定，因为一旦有人选择了"坦白"，那下一次就不会得到对方的信任了。

比如某人坦白，虽然第一次占了便宜，但下一次的话，谁又会相信你的话？谁又会与你"合作"呢？到了下一次，对方一定会采取"针锋相对""一报还一报"的策略，既然你不仁，那我就不义。这样的话，从长期来看，大家都得不到好处，所以不可能是稳定的策略。

如果是有限次重复博弈，也就是说，张三和李四都知道总共有 n 次博弈，那么，在前面的 $n-1$ 次博弈，张三和李四会选择"抵赖"，但在最后一次博弈，也就是第 n 次博弈的时候，结果就会和一次博弈一样，大家都会选择"坦白"。

即问即答： 一次博弈与重复博弈的不同，在现实中有哪些例子？

最典型的例子就是流动摊贩和固定摊贩的区别。流动摊贩就相当于与你是一次博弈，而固定摊贩与你是重复博弈。那么，根据以上分析，我们会更加相信固定摊贩，而不相信流动摊贩。

比如，你在大城市的街上遇到一个流动摊贩，他说他家的农产品全部是生态产品，没有施过化肥，没有打过农药，你会相信吗？但如果是你家小区的店铺，店主的老家在农村，他说他家卖的猪肉是土猪肉，我们就可能会相信，因为他骗我们是要付出成本的，否则大家今后都不买他店里的东西了。

我们为什么要说是大城市的流动摊贩呢？因为农村里也有挑着货担走村串户的，比如卖豆腐的，卖米酒的，但一般来说大家都认识，尽管他也是流动的，但相当于是固定的。所以，是否流动，与形式的关系不大，真正的含义是：会不会多次打交道。

博弈论的内容有点"高深"，为加深印象，我们不妨复习一下：

1. 重复博弈的结果，与一次博弈不同。因为重复博弈要考虑的是多次博弈的总收益。比如囚徒困境，一次博弈时，张三和李四都会选择"坦白"，而如果是重复博弈，则会选择"抵赖"；但如果是有限次重复博弈，那最后一次博弈时，仍然会和一次博弈一样，选择"坦白"。

2. 一个承诺是否可信，简单的可以通过内容来判断，复杂的则往往要通过协议来保证。古人由于交往范围小，大家彼此认识，一个人的声誉对他的影响非常大，因此，才会有"一诺千金"的说法，现代社会即便是有了协议，还可能违约呢，因为当他考虑到遵守承诺的成本大于违约的处罚时，就有可能违约。所以在设计协议时，一定要充分考虑违约的成本问题，凡是违约成本很低的协议都有违约的风险。

3. 机制设计在博弈中是非常重要的，机制设计理论已成为现代经济学的一个重要分支。2007 年的诺贝尔经济学奖，就颁给了赫尔维茨、马斯金和迈尔森，以表彰他们为"机制设计理论奠定了基础"。其实，人们天生是机制设计者，即便你不学博弈论，不学机制设计理论，也知道如何"制约"和"激励"，这个制约和激励，其实就是机制设计的主要内容。最好的机制，就是要能够让参与人"自动自发"去执行的机制，需要做到两点：（1）使执行的收益大于不执行的收益；（2）使违约的成本大于违约的收益。只有这样，所设计的机制才能得到各方的执行。

博弈论是博大精深的，在经济、政治、社会、军事，甚至生物学领域都已经得到了广泛应用。互动约束是指当我们决策时，要考虑相关人员是如何决策的，只有这样的决策才是可行的，也才是能够带来最大收益的。这个过程，其实就是一个博弈的过程。

接下来，我们再介绍三个在现实生活中非常有用的博弈：智猪博弈、猎鹿博弈、过河博弈，分别对应人类社会的三类主题：领导、合作、谦让。

领导必须带头——智猪博弈

我们常常到企业和政府部门讲课，内容主要是人力资源管理。这是一个大范围的领域，班组管理、领导力、人力资源发展战略等都包含在内。每次讲"领导哲学""领导力"之类的选题时，我们往往会从"智猪博弈"开始。

智猪博弈

有两头猪，关在同一个猪圈里。猪圈的一头，是食槽，另一头是开关。进食的时候，需要按下开关，才有猪食流进食槽里。有四种方案：

1. 如果是小猪去按开关，大猪等候在食槽旁，那么，等小猪按了开关再跑回到食槽时，大猪已经把6个单位的猪食吃完了，小猪什么也吃不到。

2. 如果是大猪去按开关，小猪等候在食槽旁，那小猪因为食量和进食速度的问题，虽然也想像大猪那样把6个单位猪食全部吃掉，但由于大猪跑的速度快，所以小猪只能吃2个单位的猪食，大猪吃4个单位的猪食。

3. 如果两头猪都跑去按开关，然后再跑回来吃食，由于大猪比小猪跑得快，大猪吃到5个单位的猪食，小猪吃到1个单位的猪食。

4. 如果两头猪都不去按开关，自然都吃不到猪食。

第四种方案自然不需要选择，因为这样两头猪都会饿死。虽然我们常常说"笨得像猪"，但遇到生存问题，猪也是很聪明的，何况我们这里说的还是"智猪"。

我们就按照前面囚徒困境的推理方式进行推理：小猪会这样想，如果大猪去按开关，我当然是不去，因为我等在食槽旁，能吃到2个单位，如果和大猪一同去，则只能吃到1个单位，何况按一个开关，也不需要两个一起去呀；如果大猪不去按开关，那我也不去，因为不管我们去不去，都吃不到，何必跑来跑去累个半死，白白消耗体力，又吃不到东西。所以，对于小猪来说，最佳的选择就是在食槽旁等待。

而对于大猪来说，就有所不同了。大猪心想，如果小猪去按开关，当然我就等着吃食，能吃 6 个单位，如果一起去按开关，就只能吃到 5 个单位，何况也没有必要；但大猪也会站在小猪的角度思考（博弈嘛），估计小猪不会去按开关，所以，小猪不去按开关的话，大猪就只有自己去按开关，因为如果也不去，就只有饿死，而去了的话，能吃到 4 个单位。所以，大猪的策略是，如果小猪去按开关，那就在食槽旁等候；如果小猪不去按开关，就只有自己去按。而由于都是"智猪"，大猪知道小猪是不去按开关的，因此，智猪博弈的均衡结果是：大猪按开关，小猪等着吃食。

领导者为何应该身先士卒

智猪博弈可以应用到很多方面，比如如何当领导。在领导者与被领导者的关系里，领导者是"大猪"，被领导者是"小猪"。一个单位搞出了成绩，一般都是记在领导者的头上的，发奖金的时候，领导者最多，升迁的时候，领导者最有希望。你看《三国演义》里，战争死了那么多人，只有将领留下了名字。

这就是对领导者为何应该身先士卒的最简单的解释。

也只有这样的单位，才能够搞得好。带兵打仗的将领，如果能够冲锋在前，那他所带的队伍一定是令任何敌人胆寒的；而反过来，如果一遇到麻烦，将领首先就逃跑了，那不打败仗才怪。

令人遗憾的是，在现实生活中，有的领导者是有成绩时身先士卒，遇到困难时则推给下属。特别是出了问题时，往往拿下属来当替罪羊。其实领导者应该明白一个道理：如果自己主动承担责任，一般来说也就没有多大的责任，而如果推给下属，下属很可能承担不了这份责任，因而会受到过大的处罚。要知道，在现实生活中，"责任"不是一个定数，是与承担责任的人的身份有关的。皇帝犯了错，最多下一个"罪己诏"，还让全天下的人都感动不已。曹操"割发代首"就是一个典型的例子，如果是一个士兵犯了同样的错误，早就"咔嚓"了，你那几根毛值个啥？只有人家曹操的毛才可以代替首级。同样的，领导者犯了错，往往做个自我批评就能获得下属的理解和原谅，但如果下属犯了同样的错误，则难辞其咎了。

所以，我们常常在讲课时跟那些担任领导职务的学员说，领导者最需要做的两件事，一是决策，二是承担责任。这样的领导者，大家才愿意跟着他干。

大股东与小股东

投资股市的人，往往有所谓"庄家"的概念。在庄家与散户的关系中，自然是庄家才有拉升股价的动力和能力，散户就只能是等着吃食的小猪。有人说，散户的数量巨大，因此，散户加在一起的力量是超过庄家的，但为什么还是只能当等待吃食的小猪呢？这是因为散户数量虽多，但是不齐心，仍然是各自分散的小猪。这就像一两个车匪路霸可以把一车人都抢了，道理是一样的。

炒股的人，被称为"股民"。如果公司没有上市，或者是坚持长期投资理念的人，则是"股东"。股东自然就有大股东和小股东之分。同样的道理，只有大股东才有积极性对公司的决策进行干预，因为如果决策正确，大股东获利最大。还有，只有大股东的建议，公司才没有办法拒绝，因为如果大股东持股比例达到可以一票否决的程度，那董事会是不得不听的。因为董事会也是大股东指派的，如果不听话，还可以换掉。

而小股东呢，由于"人微言轻"，用到这里应该是"股少言轻"，干预不了公司的决策，即便公司采纳了建议，也收获甚微。所以，不要太指望小股东对公司提出多少建议。当然，真正明智的公司，是以建议本身的质量来判断是否采纳的，而不是依据这个建议是谁提出来的。不管是大股东还是小股东，也不管是供应商还是消费者，只要所提的建议有利于公司的发展，公司都会认真听取并采纳，并根据运用的效果对提建议者给与相应的奖励。但人们往往容易犯"因人纳言"和"因人废言"的思维谬误。

与此类似的，大国和小国，在国际关系中，自然也是大国更有动力和能力去维护世界的和平与稳定，这就叫"大国担当"。在一个行业协会里，同样是大公司比小公司更有动力和能力去维护整个行业的生存和发展。在一个社区里，企业和个人相比的话，企业自然比个人的力量更大，所以，企业更应该维护社区的安全与良性运行，这叫企业的社会责任。

合作是人类发展的主线——猎鹿博弈

进化心理学的一项成果

进化心理学是 20 世纪后半叶发展起来的一门学科，就是探索现代人的行为是如何从远古祖先那里传承下来的。一种很有说服力的解释是：具有更优秀的、合理的基因的祖先，他们才能在各种困难的环境下生存下来，才会有后代，所以他们的基因才能遗传下来。反之，具有低劣的、不合理基因的祖先，已经被淘汰了，没有后代，所以他们的基因也就不会遗传下来。因此，通过比较研究现代人和远古祖先的行为方式，可以发现哪些因素是更有利于人类发展的。

进化心理学的研究成果之一，就是人类是需要合作的。人类的祖先生活在原始森林里，要面对各种自然灾难和洪水猛兽，个人的力量非常渺小，因此，需要团结起来才能抵抗外部的冲击。这就是人类基因里流淌的合作的种子。

猎鹿博弈

这个博弈最早见于法国启蒙运动思想家卢梭的《社会契约论》。博弈是这样的：

两个猎人，如果分开去打猎，那就只能捕获到兔子之类的小动物，而如果想要捕获像鹿这样的大型动物，就只有一起合作。如果细分，这个博弈同样有四种方案：

1. 两人合作，共同对付鹿，可以捕获到鹿。

2. 如果一个人对付鹿，另一个人对付兔子，那对付兔子的人可以捕获到兔子，但对付鹿的人只有空手而归，甚至弄得不好，还有性命之忧。

因为涉及两个人的位置调换，所以这是两种方案。

3. 两个人都只对付兔子，则每个人捕获到兔子。

假设前提是，一头鹿的价值超过两只兔子。

在这种情况下，两个人的想法是这样的：如果对方不愿意猎鹿，那我的最好选择也是不去猎鹿，因为一个人的力量太小，心有余而力不足，而且还会有危险，所以，我干脆也对付兔子算了；而如果对方愿意猎鹿呢，那我也去猎鹿，这样分配下来，比猎兔的收获大。

所以，这个博弈就有两个均衡："猎鹿，猎鹿""猎兔，猎兔"。前者是合作的均衡，后者则是不合作的均衡。

人们为什么需要合作

在现实中既有合作的例子，也有不合作的例子，比如前面介绍的"囚徒困境"，就是典型的不合作的案例。

先来看人们为什么需要合作。原因主要有二：

首先，有些事情不是一个人能够完成的，比如猎鹿，一个人的力量不够。这样的例子太多，但又要分成两种情况。第一种情况是，虽然一个人的力量不够，但多干几次也能完成的，比如挑土，一堆 5 吨的土，很重，但土是可以分零的，一个人也能完成，需要时间长点；第二种情况是，必须多人一起才能完成，比如搬动一块 1 吨的大石头，如果只有一个人，如果不能用爆破手段，那哪怕你用 10 天时间，也只能坐在石头前发呆。

如果我们把合作起来的一伙人，称为团队的话，那么，第一种情况组织的团队，叫"替代型"团队，而第二种情况组织的团队，则叫"互补型"团队。替代型团队的作用，是能够加快速度，本来需要 10 天完成的任务，由于有了团队，1 天即可完成。互补型团队的作用，则是能够完成不合作时本来完成不了的任务。

企业等组织，就是合作的团队。

其次，则与利益有关，当然不一定指经济利益。当合作所得大于不合作所得时，人们就可能合作。回到猎鹿博弈，因为两人合作猎鹿，比各自单独猎兔的收益更大，所以才可能合作。

两种原因之间，也是彼此相关的。合作能够产生比单干更大收益的，往往是需要互补的情况，而不是替代的情况。如果可以替代，合作的可能性就大为下降。农村搞家庭联产承包责任制之前，就是采取的合作方式，但效率低下，后来包产到户，积极性一下子就调动起来了。现在，农村又开始兴起一些合作社了。

原来种地，种植的基本上是传统的农作物，也不用什么高新技术和机械化设备，也没有什么规模，一家一户都可以干，属于替代型，因此，合作就不如不合作。且不说出工不出力等现象，就是从经济上来看，需要增加管理成本，也不利于经济效益。现在，至少有两类情况需要合作，一是由于种植的已经不完全是传统农作物，这就需要技术和销售方面的指导，而农户正好又欠缺这两个方面的能力，因此需要和有这样能力的人合作；二是随着农业劳动生产率的提高，种植的规模扩大了，靠一家一户很难完成。前者是互补型的，后者则是互补型与替代型都有，所以，现在农村里的合作现象不断增加。

作家、科研团队、企业

让我们来看三种常见的情况。

作家

至少我们是不会去阅读多人合作写的小说、散文、诗歌之类的文艺作品的，也不会去买几个人合作的画作，原因很简单，文学艺术需要的是个性和创造性。当然，我们也很少看到类似的作品。作家、艺术家本来就极具个性，能够在一起合作的可能性也不大。

也就是说，文学艺术作品，既不需要替代性，也不需要互补性。

即便是互补，也属于这一类的：你画画，我写诗，他题字，王老五刻印。

但教材、著作类则不同，可以独著，也可以多人合作，因为不需要那么多个性。这就涉及科研团队。

科研团队

现在很多领域都进入合作研究的时代，那种单打独斗的时代已经过去了。我们都知道阿波罗登月计划。1961—1972 年，美国组织了一系列载人登月任务，历时 11 年，耗资 255 亿美元，最多时有 2 万家企业、200 多所大学和 80 多个科研机构参与该项目，总人数超过 30 万。

现在，即便是在人文社科领域，跨学科研究、合作研究的情况也越来越普遍。但也未必要强求一致，比如哲学方面的研究，是不是需要团队，那说不准。目前，绝大多数优秀的哲学著作还是独自完成的。

综上所述，科研团队的形成，既有替代性因素，又是互补性的需要。

企业

企业是现代经济的基础。企业的形成，最早是因为需要有能力互补的成员。一个创业型企业，至少需要三方面的人才：技术型、管理型、营销型。全才型的人当然也有，但一般来说，每个人的能力都是有倾向性的，比如技术型人才一般不擅长管理和营销，即便是管理型人才，也不一定擅长营销，因为一个是对内，一个是对外，对素质和能力的要求有所不同。

即便是手艺活儿，虽然俗话说"教会了徒弟，饿死了师傅"，那为什么还要招收学徒呢？不要以为师傅是完全出于仁慈之心，而是因为他需要帮手，如果自己没有儿子，或者儿子不愿意"子承父业"，就只好"对外招徒"了。比如木匠，一个人要想拉着大锯，把树木锯为木板，不仅费力，而且锯出来的木板也有可能不合格，因为看不到另外一面的木线。即便现在有了锯木机器，还是两个人操作的多。

随着业务量的扩大，每一类人才都需要更多才行，这个时候不仅仅需要互补型人才，也需要替代型人才。以销售为例，这是每个企业在发展初期都会面临的最急迫的问题：再好的产品或服务，如果卖不掉，企业就不可能做大。假如原来只生产100件产品，那么，可能1个销售人员就可以了；而当产量提高到1万件以后，1个销售人员肯定不够，也许需要20个。假定销售人员彼此是完全可以相互替代的，这种合作就是替代型合作。

不合作的原因

合作的反面，就是不合作。既然合作有那么多好处，为什么人们还可能不合作呢？原因主要有三：

不需要替代

比如邻居两家人，每家都是三口之家，合在一起做饭吃，与单独一家做饭所花的时间是差不多的，把饭菜的量增加即可，这样每家轮流做一天，不就都省事了吗？那为什么很少见到这样合作的邻居呢？因为这种替代的事，虽然能够带来好处，但弊端也是很明显的，比如口味不一致（不是简单地增加饭菜的量即可，还需要多个口味），饭量不一致（谁吃得多谁吃得少，是不是吃亏了），行动不一致（需要等人开饭）等，这些不一致带来的不利，有可能就超过了合作带来的好处。

不需要互补

比如前面分析的文艺作品，作家、画家都有自己鲜明的个性，如果合作完成作品，反倒损害了作品的个性和创造性。两人一探讨，张三认为该这样，李四认为该那样，最终的结果，要么意见不合分道扬镳，要么相互让步创作出没有个性、彼此都不满意的作品。

缺乏有效的激励与监督机制

前面分析的囚徒困境，就是典型的例子。即便合作创造的收益，超过单独创造收益的总和，但如果机制设计不好，同样可能导致不合作。例如，分配机制不好，干得少而分得多的人，当然愿意合作，但干得多分得少的人，就不愿意合作了。再比如，即便有了合理的分配机制，但没有考核及监督机制，到底哪些人是干得多的，哪些人是干得少的，如果分不清楚，那也会导致不合作。

合作是人类永恒的主题

我们都知道，现代社会是越来越需要合作的社会，主要原因有两个方面：一是很多任务需要有各种能力互补的人参与才能完成；二是由于规模的扩大和对速度的要求提高，团队也需要有能彼此替代的人参与。举个简单的例子，比如要修建一条长约200千米的高速公路，而且需要在一定的工期内完成，一般会采取分段招标的方式，比如，把200千米分成10段，平均每段就只有10千米。10个工程建设单位可以同时施工，进度就加快了。每个工程建设单位内是由很多互补型的人员组成的，而10个建设单位又是可以替代的。

经济全球化会使得人类更加朝着合作的道路前进，原因有两个：一是需要互补性合作的地方越来越多，单靠一个国家很难解决，更不用说一个单位、一个人了。全球气候问题就是典型的例子。

除了需要互补性的合作外，替代性的合作也越来越重要，因为现在有些事情，工作量巨大，而进度要求又不能太慢，这时就需要多个团队同时运作。

对职业发展的启发

最后来谈谈，合作对职业发展的启发。

现在，很难找到不需要与人合作的职业了。即便是主要靠个人能力的自由职业者，也大都需要与人合作。比如现在很多年轻人梦想的"网红"，也是需要有团队的。可能只有像前面提到的作家、艺术家，可以单枪匹马。

所以，我们就需要在职场中与人合作。因此，现在很多单位招聘新员工时，对沟通、协调、合作等方面的能力，往往看得比专业技能还重要。因为专业技能在工作中更容易习得，而沟通、协调、合作等方面的能力则往往与性格有关，改变起来难度更大。

这是对我们的第一点启发，就是在进入职场前要注意锻炼自己的沟通、协调、合作能力。

有关团队合作的话题，对我们职业发展最大的启发是，我们要培养自己"不可替代"的能力，降低自己的"可替代性"。因为如果你很容易被别人替代，那么，当遇到裁员的时候，被辞退的概率就会超过那些不容易被替代的人。比如，门岗的替代性就远远超过研发人员的替代性。

当然，即便是同一个岗位，自己也可以提高不可替代性。比如门岗，如果你一身武艺，严守职责，那替代性就会降低，即便是在这个单位被替代了，还会有别的单位需要你。反之，即便是研发人员，如果你专业水平不行，也可能被替代，甚至比门岗更容易被替代，因为两者的工资水平不同。

现在很热门的人工智能话题，其实还是一个替代的问题。未来哪些职业会消失？就是能够被人工智能替代的职业。这个替代，有两个方面：一是技术方面，即从技术层面看，能不能实现替代；二是经济方面，即从成本—收益的角度看，替代是否划算。

退一步海阔天空——过河博弈

过河博弈

河上有座独木桥，只能允许一人通过。两个人从河的两岸走到了桥中间，现在有以下三种方案：

1.一个人退，让另一个人通过，如果用收益来表示，那就是退的人收益为 –1，过河的人收益为 2。

2.两个人互不相让，都要过河，则两个人都会掉进河里。河水虽然不深，淹不死人，但至少要弄湿衣裳，搞不好还会崴脚。如果是冬天，情况就更糟糕。为简便计，假定掉进河里的收益都为 –10。

3.两个人都后退，那两个人的收益都为 –1。

很显然，互不相让是最糟糕的结果，因为两人的总收益为 –20，是最小的。

两人都退，总收益为 –2，虽然比互不相让的结果好，但没有必要。

因此，就剩下一个方案，一个退一个进，总收益为 1。这也是所有方案中总收益最大的。

所以，这个博弈就有两个均衡：要么 A 退，让 B 通过；要么 B 退，让 A 通过。

试探与观察

虽然有人退让是一种占优策略，但谁退让呢？这就是一个问题。

俗话说"两军相逢勇者胜"，比如你走到桥中央，看到对方身强体壮、满脸横肉，或者对方行走的速度很快，而且一点也没有减下来的意思，估计你心里就先"虚"了，只好让他。也正因为如此，有的人虽然实力不济，但也要表面上装出"勇"来。但也不尽然，光靠"勇"是解决不了一切问题的，还需要"智"。比如，对方是真勇还是装勇？

美国的战机和战舰，"偶尔"会骚扰别国的领空和领海。遇到强烈的警告和抵抗就逃离了，然后以"误飞""误航"为由做一个声明，而如果面对的是小国，甚至连声明也省了。其实这就是一种"过河博弈"。

司机的素质

随着车辆进入家庭，堵车成了很多城市的常态。

堵车的形成有很多原因，其中路窄车多是根本原因。

当然，很多时候堵车是人为造成的。随意变道就是造成堵车的重要原因之一。本书第一作者在泰国教学时，有时要乘出租车外出办事。他发现出租车开得飞快，一看车速表，居然可以在市区开到 60 英里 / 小时，相当于 100 千米 / 小时了。他简直不敢相信。于是问司机，怎么敢开这么快？

司机的回答是：我这是直行啊。

后来他还照过一张照片：一条道上堵满了车，旁边的道上空空如也。于是他感叹道，要是在国内绝对把所有车道都堵死了。

后来他去其他国家，发现司机也都是按规定道路行驶的，不能变道的地方是绝不变道的，即便能够变道的地方，也是要有绝对把握才变道的。所谓的绝对把握，就是当你准备变道时，那边道上的车，哪怕把油门踩到底，也不会撞上你的车。说到这里，提醒那些喜欢随意变道的读者谨防"碰瓷"哟，因为如果你变道过去，还没有把车身摆正，被人家撞上了，那就是你的全责，万一遇到"碰瓷"的，那你就麻烦了。

所以，他们在自己的道上直行时，才敢开那么快，所谓"直行为王"。

而我们呢，冷不丁从旁边车道变过来的车绝不少见，而且有些司机连转向灯也不打，估计是手忙脚乱搞忘了。我们在英国时，专门拍了一个小视频，就是车辆从支马路进入主马路时，不管主马路上有没有人和车，都会停下来观察仔细后再开走。所以我们在英国没有见过一起汽车擦挂事件。

我们可不敢把国外的经验拿到国内来用。每当遇到有支马路的地方我们都要踩刹车，生怕支马路里冲出人或车来。因为如果撞车了，哪怕是对方的全责，也麻烦啊。很多在支马路里的单位，还会在路边立一块牌子，上书"小心有车出入"，不是让他们自己的司机"小心"，而是让主马路上的司机小心，真让人哭笑不得。你凭什么要人家直行道上的车减速呢？除非人家超速，那该是交警管的事了。

多年前，本书第一作者曾经在《重庆晨报》的"重庆十八怪"专栏里，写过一篇"坐车没有走路快"的文章。结尾处写道：如果大家不遵守交通规则，司机没有职业道德，那么，即便重庆的道路宽得如天安门广场，也是会堵车的。

现实中的"过河博弈"

我们曾经见识过这么一个场景：在乡村公路上，两辆车互不相让，于是就堵住了。不仅如此，两位司机还下车来"理论"，差点打了起来。后面的车都纷纷退到各自宽敞点的地方，那两位还在对骂。旁人劝也不管用。估计他们都忘了"退一步海阔天空"和"听人劝，吃饱饭"的道理。最后，直到附近镇上的交警过来，把两人的驾照都收了，道路才通。足足堵了两个小时！

想想看，无论他们谁先退一步，都不会导致如此结果，至少不需要堵那么长时间吧，也不会被交警收了驾照。

退一步海阔天空

我们的文化传统里，是有"谦让"的，就是"温良恭俭让"的最后一个字。但很多地方，我们看不到谦让的痕迹。

公交车、电梯等"先下后上"是常理。人家不下来，你怎么上去呢？那不是"添堵"吗？但为了早点上，为了抢位子，还没等人家下来，就抢着往里挤的现象不少见。当然，现在要少多了。这一方面是人们的素质和文明程度在提高，另一方面也与车次增加等有关。

本书第一作者的外祖父，当年在农村也算是一位"秀才"，常见的几大名著、"三言二拍"等都读过，故事讲得曲折生动，连里面的对联、诗句、判词都能背，还会自己加入一些现实内容。字也写得好，还会作诗作对联，他为我们家写的一副对联，至今令人印象深刻："百事让人非我弱，一生守己任他强。"后来得知，这联改自"克己让人非我弱，存心守道任他强"，是振南咏春拳馆的对联，也是馆训。

这副对联，看似柔弱，实则刚强。让你，非我弱，反倒可能是因为我强。所以，职位越高、成就越大的人，往往可能越谦和，因为他没必要跟你争。本书第一作者开车遇到别人变道抢道的时候，就常常自我安慰："我让你好了，因为我不需要抢时间，比你闲啊。"

其实，忍让是一种智慧，特别是在自己弱小的时候。韩信受胯下之辱，刘备在曹操那里以种菜为乐，实际上是一种韬光养晦的策略。即便是自己很强大，也没有必要处处逞强，退让会使自己更加"高大上"。比如好的领导，往往让下属出人头地，而不是自己占尽风光。

战争与和平

战争当然不是一种"过河博弈"，因为一旦你退让，对方就长驱直入了。特别是遇到侵略战争，抵抗似乎是唯一的选择，否则就有亡国的可能。

但当力量对比悬殊时，以退为进也未必不是一种战略，比如毛泽东对抗日战争"持久战"的判断。

回到"过河博弈"，最坏的结局是互不相让，结果两人都掉进河里。战争，就是互不相让的结果。结果生灵涂炭，经济衰退，两败俱伤。

世界上的大多数战争，如果双方各让一步的话，其实都是可以避免的。

但往往双方都是"箭在弦上"，这时候，需要有第三者出面调解，谋求一个双方都退让一步的方法，还能给双方一个"台阶"，以谈判的方式解决争端，成为和平时期解决问题的主要方式。

毛泽东游击战术的"十六字方针"

游击战术"敌进我退，敌驻我扰，敌疲我打，敌退我追"的"十六字方针"，是毛泽东 1929 年在《红四军前委关于目前形势闽赣斗争情况和红军游击战术向中央之报告》里首次提出来的，这是对"过河博弈"的典型应用。

敌进我退：由于当时敌我力量相差悬殊，敌强我弱，硬拼是不行的。因此，如果敌进，我的最佳策略就是"退"。

敌驻我扰：由于实力不够，只能当敌人停驻下来后"扰一扰"，扰不是为了胜利，而是为了使"敌疲"。

敌疲我打：把敌人"扰"疲劳了，就有可能给我们提供"打"的机会。

敌退我追：敌人受不住"扰"和"打"，于是只好"退"，此时，就应该毫不犹豫地"追"，不能仅仅接收敌人退去后的地盘。因为当敌人退的时候，我方的最佳策略就是"进"，或者说"追"。

古巴导弹危机

据研究，第二次世界大战后，最有可能导致世界大战的导火索，就是"古巴导弹危机"。

第二次世界大战后的冷战时期，美国和苏联两个超级大国，意识形态上针锋相对，军事实力和势力范围"旗鼓相当"，处于对峙状态。

1959 年 1 月 1 日，菲德尔·卡斯特罗领导的古巴人民革命取得胜利，建立了新政权。当时，古巴和美国的关系还比较好，4 月，卡斯特罗访问美国。6 月，古巴政府高层变动，很多重要部门被激进人士掌握，这使得美国担心会影响到自己在拉美的影响力和控制力，导致两国关系日益恶化。1961 年 1 月 5 日，美国宣布与古巴断绝外交关系，同时对古巴进行经济制裁。4 月，在美国的支持下，古巴流亡分子发动猪湾事件，企图推翻卡斯特罗政权。

在这种情况下，古巴不得不向苏联求助。

苏联当然欢迎古巴的倒戈。因为在美苏的军备竞赛中，苏联已经处于劣势。1959 年，美国在意大利和土耳其都部署了中程导弹"雷神"和"朱比特"，使得苏联的工业重镇都在美国的核导弹威胁范围之内。如果能够在古巴部署导弹，就可以恢复美苏平衡。

于是，从 1962 年 7 月开始，苏联就秘密将导弹和飞机分拆后，以运送"日用品和食物"为伪装运往古巴。到 9 月 2 日，苏联才对外宣布，根据苏古两国协议，苏联将为古巴提供武器和技术专家。其实此时，苏联在古巴的导弹部署已近尾声。

1962 年 10 月 14 日，两架美国 U2 飞机在古巴上空拍摄了大量照片。10 月 15 日，他们认出了导弹发射台以及相关附属设施。10 月 16 日，美国总统约翰·肯尼迪得到苏联在古巴部署导弹的情况汇报。

10 月 22 日晚上 7 点，肯尼迪向美国和全世界发表广播讲话，通告了苏联在古巴部署核导弹的事实，并宣布武装封锁古巴，要求苏联在联合国的监督下撤走已经部署在古巴的进攻性武器。与此同时，美国地面、空中和两栖作战部队开始集中，还调集出兵古巴所需的军需物资，开始采取种种预防措施，以保护美国免遭核袭击。美国在世界各地的军队也进入戒备状态。美国总统下令，载有核弹头的美国轰炸机进入古巴周围的上空。

10 月 23 日，苏联政府发表声明，表示将继续按苏古协议，使用武器"援助"古巴，"坚决拒绝"美国的拦截，对美国的威胁"将进行最激烈的回击"。

10月24日，在68个空军中队和8艘航空母舰的护卫下，由90艘军舰组成的美国庞大舰队出动了。美军战舰从佛罗里达到波多黎各，布成了一个大的弧形，封锁了古巴海域。与此同时，美国导弹部队全部奉命处于"高度戒备"状态，导弹在发射台上听候指令。美国还集结了第二次世界大战后最庞大的登陆部队准备参战，并命令世界各地的美军基地进入戒备状态。

两国之间的战争一触即发，且势必影响到世界众多国家和地区。整个世界因此陷入紧张与危机。

10月25日，苏联决定以不携带武器的船只去"考察"封锁。这相当于苏联的第一次"让步"。

10月26日，肯尼迪收到赫鲁晓夫的信。赫鲁晓夫声称，他深切地渴望和平，是因为强行封锁，使苏联不得不采取它自己认为必要的措施。如果美国做出不会入侵古巴的保证，并且撤回自己的舰队，就会使一切马上改观。这是一种委婉的妥协。

10月27日，在肯尼迪准备回复赫鲁晓夫之前，白宫又收到苏联领导人的信，"火药味"更浓，说如果美国从土耳其撤出武器，那苏联也会从古巴撤出。这相当于一种交换。

肯尼迪马上拒绝这种交换。他没有回信，而是由白宫发布声明，称土耳其与古巴危机毫不相干。

关系陷入紧张和僵局。美国国家安全委员会已经开始评估发动战争的可能结果了。

此时，肯尼迪"灵机一动"，决定不理睬苏联领导人10月27日的信，而只回复10月26日的信。于是，肯尼迪在信中说：对赫鲁晓夫10月26日信中的建议表示欢迎，并要求在联合国的监督下停止在古巴进攻性导弹基地的施工。

10月28日，莫斯科广播电台播出了赫鲁晓夫的回信，称"为了尽快地消除这一危及和平事业的冲突，为了给渴望和平的各国人民以保证，苏联政府除了此前已下达的在武器的建筑工地停止施工的命令外，现又下达新命令拆除您所称为进攻性的武器，并将它们包装运回苏联。"

至此，古巴导弹危机告一段落。

11月11日，苏联部署在古巴的42枚导弹全部撤走。

11月20日，肯尼迪宣布取消对古巴的海上封锁。与此同时，苏联政府命令苏联武装力量解除最高战备状态。

在整个过程中，美苏双方所进行的，就是一场"过河博弈"，虽然看起来是苏联退让了，但对于整个世界来说，这是一场幸运。

重复"过河博弈"与谈判

在前面对"过河博弈"的介绍中，我们只谈到了"一次性"博弈。而人们往往是需要多次交往的，因此，有必要讨论重复博弈。

前面提到一个问题，既然一退一进是最佳选择，那到底谁退谁进呢？一次博弈时，可以采取"划拳"的方式，谁输了谁退。如果是重复博弈，这就不是最好的办法了，可以采取"轮流"的方式：这次我退，下次你退。

夫妻之间不发生争吵是很难的。两个生长于不同家庭甚至两种不同文化里的人生活在一起，可能在很多方面难以取得一致的意见。著名语言学家赵元任的夫人杨步伟，还在自己的金婚纪念日自嘲地题诗道："吵吵闹闹五十年，世人还说好姻缘。"正所谓"清官难断家务事"，夫妻之间的争吵，也很难说谁对谁错。而夫妻之间的"博弈"，应该算是重复博弈，因此，最好的方法是各有进退，当然不一定是一比一。但如果总是一个人退，那似乎不是很好，除非这个人心甘情愿。

谈判是一种典型的重复博弈，并且是在一次谈判中就能够体现出来。我们以最简单的讨价还价为例。

假定卖方要价 60 元，买方出价 20 元，那显然是不能成交的。这样的结果，对谁都不利，卖方没有把货物卖出去，买方没有得到自己想要的东西。

于是开始进入讨价还价。

卖方：20 元也太低了，连成本都不够呢。这样吧，我再让 10 元。

买方：50 元还是太高了，我比较了很多类似的商品，性能都差不多的。30 元差不多了。

卖方：30 元刚够本，你总要让我赚一点吧。这样好了，我看你也是诚心买，我也是诚心卖，我们各让一步，40 元成交。

这个过程，其实就是一个重复的"过河博弈"，彼此都是"以退为进"，最终达成交易。对于卖方来说，可能 30 元就可以出手的，现在多赚 10 元，也算成功；而对于买方来说呢，可能本来准备花 50 元的，现在 40 元到手，也心满意足。

如果互不相让，那么，交易就不能达成，彼此都不能如愿。

所有的谈判，都是这样一个讨价还价的过程，在这个过程中，双方必须都让步才可能谈判成功。当然，前提是双方都希望谈判成功。如果有一方只是以谈判作为幌子，不想真谈成，那就不会退让。这样的谈判，也不能算是真正的谈判。谈判与辩论的区别是，辩论是有输赢的，而谈判则追求的是"双赢"。

大事与小事

说到退让，就会有人说，人类的进步，其实就是不退让的结果，如果我们在所有事情上都退让的话，那就没有竞争了，而竞争才是促进人类进步的动因啊。

此话当然有道理。但我们不可能说到某个"规律"时，就寄希望于它能覆盖和解决所有的问题。合作和竞争，本来就是我们常常要面临的，因而需要不同的理论来指导。

也有"调和派"说：小事忍让，大事坚持。

这话也有道理，但什么是小事，什么是大事呢？估计每个人就有自己不同的判断和回答了。

也有"大佬"说，凡是能够用钱解决的问题，都不是问题。意思是说，凡是能够用钱解决的事，都不是大事。这就引出问题了：多少钱才不是问题？显然，对于不同收入和财富的人来说，这个数目肯定是不一样的。

其实，让与不让，不妨用我们前面讲过的机会成本概念来分析。

如果让的机会成本很高，那争取不让，可以和对方沟通协商，甚至付出一定的成本。还是以过河为例。如果你当时正生病，而且是急性病，比如急性阑尾炎之类的，需要赶紧过河去看医生，那就跟对方说明情况，一般来说，对方是会答应的，这世上不讲道理的人还是少数。万一不行，那就给对方一笔钱，请他退让一下。因为这个时候对于你来说，退让的机会成本太高了。

而如果是机会成本很低，那退让一下又如何呢。

我们都知道"六尺巷"的故事。这条位于安徽省桐城市的宽 2 米、长 100 米的小巷，现在是国家 AAA 级景点，巷子两端都立有"礼让"的石碑。

故事与清康熙年间文华殿大学士兼礼部尚书张英有关。话说当年张英的老家人与邻居吴家在宅基地上发生了争执。两家的宅基地都是祖上基业，因时间久远，界限不是很分明，两家互不相让。官司打到县衙，因双方都是官位显赫的名门望族，县官也不敢轻易裁断。张家人写信给张英，意在求助。张英收到书信后，写了一首诗："一纸书来只为墙，让他三尺又何妨。长城万里今犹在，不见当年秦始皇。"张家人看到诗后，豁然开朗，退让了三尺。吴家见状也深受感动，于是也让出三尺，就形成了一个六尺宽的巷子。此事被后人传为佳话。

　　宅基地的事大不大呢？

认知约束

在脑科学研究的神经、意识、感情、认知四个领域中，对认知的研究是最弱的。

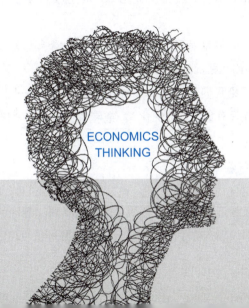

ECONOMICS
THINKING

什么是最好的方案——有限理性

从开车说起

什么是认知约束呢？让我们先从古典经济学的"最优化"开始说起。

在古典经济学里，经济主体是追求自身利益最大化的，具体到分析技术上，就是"最优化"。如果大家学过运筹学，就知道有"最优路径"，即从 A 点到 B 点可能有很多条路，我们需要根据各种条件假设，求出一条最优的路。

那么，在这个求解的过程中，我们必须知道：第一，全部的路径；第二，每条路径上的各种情况，比如距离、是否有障碍物、有没有可能获得收益等；第三，我们的目标是什么，是时间最短，是成本最低，还是收益最大？

这和我们开车出行是一样的。比如你要从重庆到北京自驾游，到底选择哪条路径是最好的？现在有了"百度地图"等，为我们的出行带来了极大的便利，也为我们的路径规划提供了更多的参考依据。那么在没有导航之前呢，我们可能根本就不知道哪条路正在维修，哪里交通堵塞，哪里收费多少，如果是夜间行车，连问路都是一个问题。

但即便是有了导航，我们还是会常常后悔："今天我为什么没有走另外一条路呢？"因为路况是瞬息变化的。

可见我们的选择，常常并不一定是"最佳"路径。换句话说，我们在很多情况下，并没有实现"最优化"。或者说，所谓的"最优化"，只是理论上的假设而已。

以投资决策为例

在经济决策中，我们更是难以选择到"最优路径"。让我们来举一个投资的例子。假设现在你手上有 5 亿元资金需要进行投资。从理论上说，我们的目标是投资收益最大化。但如何去实现这个目标呢？能否实现这个目标呢？

我们需要知道有哪些投资方案

为了实现这个目标，我们可以自己思考，也可以请咨询公司提供咨询。但无论怎样做，我们都不太可能知道全部的投资方案，也就是说，我们所知道的只是有限的方案，因此，我们只能从已知的、有限的方案中寻找最好的方案。但这样的方案就是现实中最好的方案吗？当然不一定，因为真正最好的方案，也许我们根本就不知道，因为不在我们的选择范围内：我们自己没有想到，咨询公司也没有向我们提供。

所以，我们的投资方案，是在一个"有限"的范围选择的。比如，我们在房地产、环保、生态农业三个项目里选择了环保项目，即便该项目在三个项目里是最好的，但不代表它在所有项目里是最好的，因为我们并没有对这三个项目之外的项目进行分析。

最典型的就是投资股票。人们常说，装修是遗憾的艺术，那如果与股市投资比起来，装修就不算什么了，因为至少你在装修的过程中还是满意的，否则就会修改方案了。而买过股票的人，估计没有一个人不"后悔"的，而且是常常"后悔"：本来在几只股票中选择一只买的，结果，你买的股票不涨反跌；而没有买的股票则涨得不错；你一买进就跌，你一卖出就涨，总之是让你不断地"遗憾"。所以，你能说自己的方案是最优方案吗？也所以，我们在讲股票投资决策时，提倡的是"满意收益率"原则，而不是"收益最大"原则。这两个原则的区别，不是投资收益率高低的问题，而是可行不可行的问题。最大收益是和别人比较，是和所有投资方案比较，因此是很难实现的，即便某年你的投资收益率在全世界排名第一，那往往是碰巧而已；而满意收益是和自己比较，自己满意就行，因此，是容易实现的。所以，这既是一个认知的问题，也是一个能否实现的问题。

我们的分析能力是有限的

比如，我们之所以选择环保项目，是基于我们的认知，包括判断能力和计算能力。再自信的人，也不能说自己在这方面就一定正确。一个简单的例子，世界上没有哪位大富豪，敢说自己的每一笔投资都是正确的，更不能说都是最好的。

说到这里，有必要简单阐述一下我们对"正确"的判断标准。投资赚钱就是正确的，这是大多数人的评判标准。但这并不是最好的评判标准。如果换一个方案，可能赚钱更多，那我们还能说这个虽然也赚钱的方案是"正确"的吗？以股市投资为例，很多短线客在股市里进进出出，满足于短期的一点赢利。比如，10元买进，10.5元卖出，肯定是赚了钱的。如果用前一个标准来衡量，那这样的投资就是"正确"的。很多做"T+0"的投机者就是这样操作的。但如果没过两天该股票就涨到了 12 元, 你还能说自己的操作是"正确"的吗?

所以, 我们不可能知道我们的方案就是最好的方案。

这是不知道所有方案的情况。即便是我们知道所有的方案(这本来就是不可能的, 只是如此假设而已), 但由于人类的判断能力和计算能力是有限的, 不可能对所有方案进行精确的计算和比较, 因此, 选择出来的方案也不一定就是最优的方案。

不同人对相同结论的理解是不同的

即便我们知道所有的方案, 也具有精确的判断能力和计算能力(比如借助越来越发达的人工智能), 但在相同的事实面前, 我们每个人的理解是不同的, 你认为好的方案, 不一定是我认为好的方案。也就是说, 这还与我们的判断标准和偏好等因素有关。

比如判断标准, 有的人认为 20% 的年收益率就是很好的, 而有的人认为需要达到 30% 才行。由于对收益率的要求不同, 可能就会选择不同的项目。追求 30% 年收益率的投资者, 可能更倾向于风险较大的项目。

于是, 这就涉及人们对风险的偏好。大多数人是厌恶风险的, 我们在后面会介绍, 但也有喜欢冒险的人。因此, 我们所选择的方案, 是受到我们的判断标准和偏好的限制的。

"事先"选择的"最佳方案", "事后"不一定认为是最佳方案

即便我们知道所有的方案, 也具有精确的判断能力和计算能力, 而且对相同的事实有相同的理解, 但未来是不确定的, 并且瞬息万变, 也许你刚刚选择的方案就已经不适应了, 因为有些条件已经发生了变化。因此, 你是否做出了最好的判断和最好的决策, 根本就是一个未知数, 因为我们"事先"是无法知道结果的。也许在决策时我们认为是最好的方案, 但到了"事后"却发现并不是最好的。

其他方面的投资不太好比较, 股市投资是容易比较的。比如, 你对两只股票都进行了深入的研究, 认为投资 A 股票比投资 B 股票更好, 于是就择机买入了 A 股票。但后来 B 股票涨得比 A 股票好。这在股市里是很常见的事, 股市是一个"永远遗憾的地方", 大多数时候我们是看着"别人的股票"在涨, 而"自己的股票"不涨反跌。

更普遍的例子是人们常常"后悔", 这就证明了"事前"与"事后"的区别。

经济决策不是实验室里的实验

即便是事后, 所做出的判断是否正确也是一个未知数, 因为经济决策不可能像在实验室里那样可以重新来过, 而是你选择了一个方案就不可能选择另一个方案, 因

此，即便是事后你也只知道一个方案的结果，而不知道另一个没有实施的方案的结果，又怎么可能比较呢？即便另一个方案由别人去实施，也和你实施是不一样的，不能因为别人实施的成功与否来判断你实施是否能够成功。

所以，人们在实际的决策过程中根本不可能实现古典经济学所说的"完全理性"的目标。现代脑科学研究表明，人类的大脑有两个系统，一个是快速反应的"反射脑"，一个是深思熟虑的"思考脑"，而人们对于大多数的情况，不过是采用的"反射脑"而已，根本不使用"思考脑"，这也就是人们常说的"不过脑"。

连使用思考脑所做出的决策都不一定是完全理性的，何况反射脑的决策呢？

有限理性

对有限理性模型做出主要贡献的，是 1978 年诺贝尔经济学奖获得者赫伯特·西蒙，他所说的有限理性，原文是 bounded rationality，直译过来是"有边界的理性"，或者说是"有界理性"，而不是 limited rationality。那么，在西蒙看来，理性的"边界"在哪里呢？

西蒙所说的理性"边界"，主要有两个：第一是范围，我们可以用"广度"来衡量，就是说我们不可能知道所有的备选方案，我们只能根据已知的备选方案来进行选择。仍以自驾车为例，从重庆到北京到底有多少条路径呢？我们是根据地图上提供的信息来判断的，而实际上，也许还有很多地图上没有标明的小路，或者是新修的路，这就大大增加了备选路径的数量。但由于我们不知道，所以我们选择路径的时候，就不是在"所有"方案中选择，而是在"已知"方案中选择。

第二是能力，我们可以用"深度"来衡量，就是说我们人类的计算能力是有限的，我们不可能对所有方案进行精确的计算和比较，从而确定哪个方案是最优的方案。暂且不说我们是否知道所有的备选方案，即便是在我们已知的方案里，我们也常常难以做出选择。相信大家都有这样的体会，比如找对象、找单位常常就很犯难，到底选哪一个更好呢？即便只有一个备选方案，我们同样要面临选择，那就是"选"还是"不选"。

我们觉得还可以再加一个"边界"，即"时间"，可以用"长度"来衡量，就是我们对未来的不确定性是难以把握的。即便是你知道所有的方案，而且有非常强的计算能力和判断能力，那也只是对已有的方案进行判断，而每个方案都是有相应条件的，这些条件，很可能在未来发生变化，有的肯定会发生变化，我们很难事先完全清楚这些变化，因此，即便是你"现在"选择了最好的方案，也不能够保证从"未来"看是最好的方案。

因此，在现实中我们只能从已知方案中选择"次优"方案，因为"最优"方案很可能根本就不在你的备选方案里；只能根据你自己的认知能力选择"满意"的方案，因为很可能"最优"方案没有被你发现；只能选择你"现在"认为最好的方案，因为很可能过一段时间你就发现由于环境的变化，别的方案可能更好。

以上就是有限理性的主要含义。西蒙举了这样一个例子：比如我们要在稻草堆里找缝衣服的针。

即问即答： 大家想想，缝衣服的针那么小，而稻草堆那么乱，真不好找啊。那我们是把整个稻草堆翻遍，找出最好的那根针呢？还是找到第一根可以用的针就行了呢？

当然是找到第一根可以用的针就行了。但我们觉得这个例子不是特别好，因为这个例子所涉及的，主要是找针的时间成本问题，还有就是备选方案的完备性问题，因为我们不知道稻草堆里有多少根针。但不涉及判断和计算能力问题，也不涉及未来的不确定问题。关于成本问题，我们在求解的时候增加一个约束条件即可，不影响对"完全理性"概念的冲击。

因此，我们生活中的大多数决策，都不可能是"最优"决策，比如前面所说的投资、买股票、结婚、找工作、外出旅游，等等。

为什么绝大多数家长不会动用孩子的压岁钱
——心理账户

故事

好些年前，我们听到这样一件事，连我们这些号称理性的人也感到有点惊讶。某位 90 后的年轻妈妈，拿着孩子的压岁钱，独自参加一个到国外的旅行团玩去了。

很多从经济困难时期过来的家长，也可能不得已动用过孩子的压岁钱，但一般都是很不情愿的，而且一直会有一种对不起孩子的感觉。

所以，绝大多数家长，实际上是不会动用孩子的压岁钱，而是专门给孩子存起来，用于孩子的学习、购置衣物，甚至作为孩子的成长基金。

其实我们都知道，这 100 元和那 100 元是完全等价的，不会因为是孩子的压岁钱，就能多买点东西或少买点东西。

那为什么人们会在头脑里要区别对待不同的钱呢？

这就是心理账户的概念，是由 2017 年度诺贝尔经济学奖获得者理查德·泰勒提出来的。

实验

上面我们讲到中国人最常见的压岁钱，现在举一个心理学实验的例子：

假如你是一个球迷，今天晚上准备去看一场足球赛，已经买好门票，票价 200 元。当你要出门时，发现足球赛的门票不见了，怎么找也没找到。请问，你还会不会再花 200 元买票去看呢？

如果你在找门票的时候，发现昨天一起买的 200 元的电话卡不见了，但足球赛的门票还在，你会不会去看足球赛呢？

如果你在找门票的过程中，门票虽然找到了，但发现自己钱包里少了 200 元钱，你还会不会去看足球赛呢？

　　即问即答：听完以上实验内容，请写下你的选择。

　　心理学家做过很多次这样的实验，实验结果是：如果是门票丢了，大多数人就不会去看足球赛了；如果是电话卡或者钱丢了，则大多数人还是会去看足球赛的。

　　其实在经济学家看来，无论是 200 元的音乐会门票，还是 200 元的电话卡，抑或是 200 元现金，它们是等价的，无论哪样丢了，都不应该影响选择的结果。

　　上面这个实验是引用得最多的一个，用来说明心理账户的存在。

　　关于这个实验，我们可以做进一步的分析。

沉没成本

　　古典经济学里有一个概念：沉没成本。沉没成本是指已经发生而无法收回的成本。既然是无法收回的，那就应该视同"没有发生过"，这才是正确的处理方式。但人们常常会犯"沉没成本谬误"：总是想着把失去的找回来，这样就会更多地投入，结果有可能越亏越多。

　　炒股就是典型的例子。8 元买了 1 000 股，跌到 7 元，为了摊低成本，就再买1 000 股，跌到 6 元再买。结果越亏越多。大多数股民就是这样"越跌越买"的。正确的做法是"及时止损"。

　　"越跌越买"需要有前提，那就是股价还会涨上来；或者说得更本质点，就是这家公司的未来是值得期待的。

　　同样的，现实中也有不少人为了"找回损失"，不断地增加投入。这也需要有前提，那就是这个项目是有希望的。

　　我们就按照"沉没成本"概念进行推理。正确的处理方式是，门票既然已经买了，就属于沉没成本，如果不陷入"沉没成本谬误"，那正确的做法是，我们去不去看足球赛，应该与门票是否丢了没有关系，与电话卡或现金是否丢了也没有关系，除非你很倒霉：既丢了门票，又丢了现金，而且没有钱再买门票。

　　但实验结果是，当门票丢了之后，大多数人会选择不去看足球赛。

　　人们之所以在丢失了门票之后一般不会再买票去看足球赛，是觉得丢失门票已经是一种损失了，如果再买票，不是更大的损失吗？

心理账户

心理账户是指人们对同样数额的金钱，只是因为其来源或者支出的途径不同，因而采取不同的态度，就好像把钱放在不同的账户里一样，一个账户的情况变化，主要影响本账户，而一般不影响另一个账户。比如本讲开头所说的压岁钱，就是典型的例子。家长们是把孩子的压岁钱，放在一个专门的账户里的。有的甚至还不是心理账户，而是真正的银行存款账户：专门以孩子的名字开一个银行账户，存入孩子每年所得的压岁钱。

我们常常以为赌徒是缺乏理性的，其实在"心理账户"上，我们也是一样的。赌徒会把带进赌场的钱，也就是所谓的"本金"放进一个口袋里，而把赢来的钱放进另一个口袋里。当然，很多赌徒也只是在开始的时候如此，一旦"赌红了眼"，就什么也不顾了，不要说带来的"本金"和"赢来的钱"，借钱也要继续玩下去。

这就是疯狂的赌徒了。

心理账户的应用

对不同收入的态度

我们会把不同来源的收入，放入不同的账户里。比如，每月固定的薪酬收入，我们认为是辛辛苦苦挣来的"血汗钱"，在开支的时候，就要理性得多；而对于偶然所得，比如忽然中了彩票，比如从赌场里赢的钱，比如从股市赚来的钱，就要"大方"得多。所以，在赌场、证券营业部周围，高档消费场所就比较多，因为商家知道，从赌场里出来的人，会大手大脚地消费自己赢的钱。同样是劳动所得，比如我们去当评审专家所得的劳务费，在开支的时候也要"大方"得多，还常常用"就算没来当专家"的想法进行自我安慰。

一般说来，越是轻松获得的钱，越是靠运气得来的钱，人们越不会那么珍惜。

美国《读者文摘》曾经讲过这么一个故事：某个流浪汉买彩票中了个几千万美元的大奖，当记者问他会如何用这笔钱时，他的计划是：要捐助多少钱，要投资多少钱，要如何如何，说得很理想。几年后，人们又看到这个流浪汉，仍然在纽约的大街上流浪。

换句话说，"预算内"的收入和"预算外"的收入是不一样的。

即便都是"预算内"的收入，每月的薪酬收入和年终奖也是不一样的。我们用年终奖的时候，就要"大方"得多。

这与人们的情感有关，我们对一个事情的时间、劳动投入越多，情感也就越深，就越珍惜其来之不易，越不愿意损害它。以收入为例，人们对劳动收入就会更珍惜一些。

支出账户

我们每个月的收入，一般会用在不同的用途上，比如基本生活费、孝敬父母、房屋按揭还款、子女教育、养老、旅游度假、医疗保障、人来客往，等等。每一类支出就是一个单独的账户，一般不会从这个账户挪用到另外一个账户。

我们有位很理性的朋友，他把收入分成两部分，把支出分成四部分。

每月正常收入的钱，也就是工资等固定收入，他按"1234"分配：10% 用于不时之需，20% 用于股市投资，30% 用于未来保障，40% 用于日常生活。

而把不固定的收入，比如股市投资收入、外面讲课和咨询收入等，他按"4321"分配：40% 用于股市投资，30% 用于未来保障，20% 用于不时之需，10% 用于日常生活。

当然，不同的人会有不同的"心理账户"。

节日消费

节日消费是利用人们心理账户的一个典型例子。因为人们往往会专门为节日消费预算一笔钱，特别是中国的春节和西方的圣诞节。商家自然会盯上你口袋里的这笔钱，于是，通过各种各样的优惠活动诱惑你掏腰包。

与此类似的例子是，人们都比较重视自己的生日，也就为自己和家人预算了一笔专门用于生日消费的经费。因此，不少饭店专门推出"生日宴"，不少旅行社推出"生日游"，甚至连书店也推出"生日购书优惠"活动。

如果没有商家的这些活动，你当然也会在节日、生日消费，但一般说来，会理性得多；一旦有了商家的这些活动，人们常常会超预算地消费，觉得"不消费就划不来"，觉得"反正每年就这么一次"，因而会出手大方起来。但殊不知，这种"每年就这么一次"的日子还不少，除了过年过节和生日，现在又新创了一些掏你腰包的日子，比如 11 月 11 日的"购物节"，而且这样的"节日"还不止一个。

此外，人们在恋爱期间的消费和婚后消费的不同，也是心理账户的一个典型例子。恋爱的时候，觉得多花点钱是"正常"的，所以就大方得多；特别是遇到"一生只有一次"（其实现在很多人不是这样的了）的婚礼，又是另一个心理账户了。这也就是现在为什么在婚礼上的花费越来越大的原因。

而结婚以后，觉得要"正常"过日子了，就会相对理性些。

行为生命周期假说

在消费理论里，有一个"生命周期假说"，认为人们会对整个一生的收入和支出进行计划。但事实上人们并没有这么理性，"超前消费"就是现在很典型的一种潮流。

这也可以用心理账户来解释，因此，就有了"行为生命周期假说"：人们是把收入分为现期现金收入、现期资产收入（比如投资收益）、未来收入三个账户，对每个账户的心理压力是不一样的，对现期现金收入的心理压力最大，觉得如果不及时消费掉，就是不划算的；而对未来收入的心理压力最小；现期资产收入则居于两者之间。

于是，人们为了减轻心理压力，不仅要用掉心理压力最大的现期现金收入，还要用掉心理压力相对小些的现期资产收入，并想方设法去用心理压力最小的未来收入，这就是"超前消费"，比如按揭购物。

其实，把不同的收入和支出放在不同的账户，或者说把收入的不同来源和支出的不同用途区分开来，都是企业等组织的一贯做法。在收入账户里，是产品销售收入呢？还是投资收入？销售收入又要细分为不同产品的收入、来自不同市场的收入，投资收入也要细分为不同投资品种的收入。同样的，在支出账户里也要进行区分，是用于固定资产投资呢？还是用于市场开拓呢？还是用于人员工资呢？如果糊里糊涂的，只要是钱，咋来都一样，咋用都行，那就不需要财务管理了。所以在财务管理里，有个名词叫"专款专用"，是为了更好地管理资金。至于这样是否能够更好地发挥资金的效率就是另一个问题了。

因此，从这个意义上来看，我们个人认为，心理账户的存在也许不是人们不理性的表现，反倒是人们"理性"的行为。

人天生是乐观派还是悲观派
——损失厌恶和禀赋效应

行为经济学的"损失厌恶实验"

先来看一个简单的实验。假定有以下四种选择，你会选择哪一种呢？

（1）100% 获得 100 元。

（2）通过掷硬币来决定，有 50% 的概率获得 200 元，也有 50% 的概率什么都得不到。

（3）还是通过掷硬币来决定，有 50% 的概率获得 400 元，也有 50% 的概率需要你拿出 200 元。

（4）用一个"轮盘"，有 1% 的可能性获得 10 000 元，但有 99% 的可能性什么也得不到。

你会选择哪一种？

实验结果表明，大多数人会选择第一种，也就是 100% 获得 100 元。

如果把金额缩小 100 倍，以上的三种选择就变为：

（1）100% 获得 1 元。

（2）50% 的概率获得 2 元，也有 50% 的概率什么都得不到。

（3）50% 的概率获得 4 元，也有 50% 的概率需要你拿出 2 元。

（4）有 1% 的可能性获得 10 000 元，但有 99% 的可能性什么也得不到。

即问即答：这个时候，你会选择哪一种呢？

还有，把金额扩大 100 倍呢？也就是如下四种选择：

（1）100% 获得 1 万元。

（2）50% 的概率获得 2 万元，也有 50% 的概率什么都得不到。

（3）50% 的概率获得 4 万元，也有 50% 的概率需要你拿出 2 万元。

（4）有 1% 的可能性获得 100 万元，但有 99% 的可能性什么也得不到。

即问即答： 这个时候，你又会选择哪一种呢？

一般不会拿后面两种情况来做实验，因为缩小 100 倍之后，金额太小，人们根本不关心结果；而扩大 100 倍呢，金额太大，还没有那么大的实力来做实验。

我们曾经在微信公众号里做过这样的调查（请注意不是实验，实验是需要真金白银的），结果表明，随着金额的扩大，人们会更加保守，选择稳稳当当获得收入的结果，而不是去碰运气。

预期效用（收益）理论

在古典经济学里，有一个预期效用（收益）理论。

既然是"预期"，那就是针对未来没有发生的事情。而未来是不确定的，我们事先最多拟定一个概率，也就是说，未来有可能会出现几种结果，每种结果的可能性我们可以事先做一个预计。

比如，我们手上有 100 万元需要投资。我们以投资股市为例，因为这是大多数人容易选择的投资方式（毕竟要投资办一个企业的难度大得多，所以中国才有一亿多股民，但企业主的数量就要少多了）。那么，一年之后，结果可能有多种，我们假定有以下三种：

（1）有 30% 的概率赚取 50 万元。

（2）有 50% 的概率赚取 20 万元。

（3）有 20% 的概率亏损 40 万元。

古典经济学给出的预期收益，就是把每种可能的收益乘以它们发生的概率，然后加总。

于是，上面这个例子的预期收益就是：

$$30\% \times 50 + 50\% \times 20 + 20\% \times (-40) = 17（万元）$$

预期效用（收益）理论给出的结论是：人们会选择预期效用（收益）最大的方案。

由此可以推导出一个结论：如果预期效用（收益）一样，那这些方案就是"无差异的"，人们在选择时就不应该有倾向性。

但前面的实验告诉我们，实际情况并不是这样的。

其实，在以上几个实验中的四种选择，如果按照古典经济学的预期收益理论，其预期收益是完全相同的，因此，选择也应该是无差异的。但实际上大多数人是不会认为它们是无差异的。这就涉及另一个概念——损失厌恶。

损失厌恶

在古典经济学里有"风险厌恶"的概念，就是说在面对风险时，人们是更加保守的，不喜欢风险。

从赌博中也可以衡量"损失厌恶"的程度。假定掷硬币赌钱，如果正面朝上，你能赢得"一些钱"，反面朝上会输掉 100 元；请问这个"一些钱"要达到多少，你才愿意赌一把呢？对于大多数人来说，答案大约是 200 元。

也就是说，损失 1 元钱所感到的"不愉快"，大约是得到 1 元钱所感到的"愉快"的两倍！

在现实生活中，如果我们可以用数字来衡量"快乐"和"痛苦"，那你发现自己口袋里少了 100 元的"痛苦"，是不是比忽然捡到 100 元的"快乐"更多呢？

我们曾经在给企业做培训时，做过这样的调查（注意，不是实验）：如果得到 1 000 元的奖金，你会高兴多长时间？每位学员写一个时间在纸上，然后由我们的助教收上来。

然后，我们又问：如果被处罚 1 000 元，你会痛苦多长时间？同样写在纸上。

结果是，被处罚 1 000 元，平均会痛苦 2 天；而获得 1 000 元奖金，平均只高兴半天。

损失厌恶与禀赋效应

行为经济学还有另外一个很重要的概念：禀赋效应。

先看一个实验：

实验：一所大学的某个班，有一半的学生每人得到一个印有母校校徽的咖啡杯。

要求没有得到咖啡杯的学生，仔细看一看其他人刚刚得到的杯子。实验要求拿到杯子的学生，将杯子卖给没有拿到杯子的学生。实验结果表明：杯子的主人愿意卖出杯子的价格，大约是想买杯子的学生愿意支付的价格的两倍。这一实验先后进行了数十次，但结果几乎一样。也就是说：一旦我们有杯子，我们不会轻易放弃它；而如果我们没有杯子，我们也不急于花钱去买。

以上现象，被称为禀赋效应，说的是人们对已经拥有的东西给出的估价，要超过对未拥有的同样的东西的估价。

这一点似乎与我们常常说的"拥有的就不珍惜"正好相反。

即问即答： 如何用损失厌恶来解释禀赋效应呢？

禀赋效应其实也可以用损失厌恶来解释。一个东西在你没有拥有之前，到你拥有它，这个过程是"收入"；而你已经拥有了这个东西，到你失去它，这个过程就是"损失"。由于损失带给人们更大的痛苦，就更不愿意损失。也就是说，一旦我们拥有了某件东西，就不愿意失去它，于是就给它更高的估价。所以，根据损失厌恶，我们对已经拥有的东西的估价，自然就会高于在没有拥有该东西之前的估价。

很多人都有不愿意丢弃旧物的习惯，即便该物品已经没有任何使用价值，也不见得有什么收藏价值，但还是要留着。有一次，某节目组采访到刘欢的家里，刘欢很有兴致地面向镜头展示了他用过的各种音响设备，堆了整整一间屋子。要知道，在房价那么高的北京，用一间屋子来堆放基本上没有使用价值、也许只有一点收藏价值的东西，在经济上是很不划算的。

如果这"东西"是你饲养的宠物，那禀赋效应就更明显，因为这里不仅仅是是否拥有的问题，还有投入的时间和精力，这样就使得我们和宠物有了感情，因而加大了禀赋效应，使我们更不愿意放弃。我们的一位朋友，从农村买回来几只鸡喂养在自家的后院里，本来是买回来吃的，结果喂养久了就有了感情，一直喂到鸡死掉，还伤心了一阵子。

悲观与乐观

损失厌恶也罢，禀赋效应也罢，包括古典经济学里所讲的风险厌恶，都告诉我们，人类是倾向于保守的，不太喜欢变化无常。

现在有个学科，叫"进化心理学"，研究的结论之一，是我们现代人的行为可以从远古祖先那里找到依据。想想我们的远古祖先，生活在极端险恶的环境里，经常受到洪水猛兽的威胁，如果没有防范意识，恐怕早就连命都没有了，因而也就没有后代，他们的基因也就不会遗传下来。因此，我们现在还活着的人，天然就拥有防范的基因。

不敢冒风险，就是典型的防范意识的表现。这恐怕就是大多数人厌恶风险的原因。在我们看来，损失厌恶不过是把风险厌恶更加量化和强化罢了。

不过，人类还有过于自信的一面。请看以下实验的结果：

2017 年度诺贝尔经济学奖获得者理查德·泰勒，在讲授管理决策课之前，要求学生填写匿名调查表："你认为自己在这一课程中的水平位于哪一个档次？前 10%？前 20%？……"调查结果显示：仅有 5% 的学生预计自己的表现会低于平均水平，超过一半的人认为自己能够进入前 20%，将自己定位于前 10% 至前 20% 之间的学生占比最大。

还有：如果问"你的驾驶水平超过平均水平吗？"，90% 的驾驶员会认为自己的驾驶水平在一般人之上。此外，约 94% 的大学教授认为自己的水平比普通教授高，几乎每个人都认为自己比普通人更具幽默感。

在一项对创业者的调查中，创业者常被问及两个问题："企业取得成功的概率有多大？""你自己取得成功的概率有多大？"最常见的回答分别是"50%"和"90%"。

一项针对家务劳动的调查也很有意思：分别问丈夫和妻子做了多少家务活？结果将夫妻两人回答的比例相加，绝对超过 100%。

盲目乐观是人类普遍存在的一种心理状态。彩票之所以热销，就是利用人们这种不切实际的乐观心态。投资股市的人之所以那么多，也是同样的心态，虽然常说"一赚二平七亏"，但每个人都自认为是那"10% 能赚钱的人"。

即问即答：那到底人类是天生乐观的，还是天生悲观的呢？

人类到底是天生乐观的还是天生悲观的，可以这样来看：当对物品或者他人进行客观评价的时候，更容易保守、悲观；当对自己的能力进行主观判断的时候，就很乐观了。

损失厌恶的应用

损失厌恶的应用范围是非常广的，比如激励和投资分析。

激励

由于人们是损失厌恶的，因此，处罚对人们的负面影响，远大于奖励对人们的正面影响。因此，要谨慎采用"处罚"的方式。

比如绩效考核时，就有两种不同的方式，一种是以 100 分为满分，然后出了问题就扣分，扣到 70 分以下，就是不合格；另一种方法是加分，获得 70 分以上就是合格。虽然都是以 70 分作为合格线，但这两种方法的效果是不一样的。第二种方法更容易被员工所接受，也具有相对更好的激励效果。

由于奖励和处罚的效果不同，奖励时分多次奖励或多种方式奖励，往往比一次大的奖励的效果更好。要奖励 10 000 元，可以分为几个方面进行奖励，比如业绩优秀奖 4 000 元，进步奖 2 000 元，公司发展贡献奖 2 000 元，助人为乐奖 1 000 元，和谐家庭奖 1 000 元，这样员工感受到的激励更多，快乐指数更高。

有一个故事是这样的：

某公司的营销总监工作特别突出，按规定要奖励 20 万元。在年终奖励会上，老板来了场戏剧性的"表演"：先是大力赞扬营销总监的工作和成绩，说要按规定奖励他 20 万元。然后拿出一张支票，上面是 15 万元。

营销总监心里正犯嘀咕，老板大声说："取得这样好的业绩来之不易，难道就是他一个人的功劳吗？"听到这里，营销总监似乎明白老板为何要扣他奖金了。正想发作，又听老板更大声地说："如果没有别人的支持，他是不会取得这么好的成绩的，让我们请出这位对他支持最大的人。"

在营销总监的疑惑中，他的妻子被办公室秘书推拉着上了台，从老板手里接过 2 万元的支票。营销总监开始有点感动了。

这时，老板又说："无论如何，我们都不能忘记我们是从哪里来的，没有他们就没有我们。"于是，营销总监的母亲又上台领了 2 万元的支票。

老板意犹未尽，说："我们奋斗的目的是什么，还不是为了孩子吗？为了孩子能够接受更好的教育，有更好的前途。"于是，营销总监读小学的儿子又上台领了 2 万元支票，还被老板说成是"成长基金"。

至此，营销总监彻底"崩溃"了，泪水夺眶而出。

其实，老板就只是多拿了 1 万元，而且声明是从自己的奖金里拿出来的，没有违反公司的任何规定。但这种"化整为零"的奖励，其激励效果就好得多。

很多单位都要召开年终总结表彰会，还要在完成一个阶段任务后召开表彰会，应该好好策划一下怎么表彰，才能起到更好的激励效果。

反过来，如果是要处罚员工，就不要分成很多次来处罚，而是一次性地处罚。

我们小时候都知道，如果是好吃的，那经常吃一点，比"憨吃哈胀"几次，感觉更幸福。而如果是被责罚，则不希望经常挨骂挨打，干脆一年累计起来打骂一次，就不会那么痛苦，所谓"长痛不如短痛"。

投资分析

我们不能简单地根据古典经济学的预期收益理论来分析。

因为投资难免会失败，也就是损失，而同样金额的损失所带来的痛苦，要大于获得相同收入所带来的快乐，这是不对等的，不像古典经济学所讲的，无论是收入或是损失，在衡量效用时是一样的，只不过一个是正的数值，一个是负的数值。

举例来说，假定某个项目有40%的可能性成功，获得100万元的收益；但也有60%的可能性失败，损失50万元。

如果按照古典经济学，则这个项目的预期收益是：$40\% \times 100 - 60\% \times 50 = 10$万元；但如果按照行为经济学的"损失厌恶"，由于损失1元钱所带来的负效用，至少是获得1元钱所产生的正效用的两倍，我们就按两倍来计算，则这个项目的预期收益是：$40\% \times 100 - 60\% \times 50 \times 2 = -20$万元。所以，在古典经济学家眼里可以投资的项目，到了行为经济学家眼里就是一个不能投资的项目了。

从现实情况来看，行为经济学的解释更符合真实情况。

什么是认知约束

通过以上的介绍，我们应该可以大体知道什么是认知约束了。

所谓认知约束，就是说我们的决策和行为是受到我们有限认知的限制的。而导致我们认知有限的原因，大体可以分为以下三个方面：

知识和信念

人类之所以能够成为万物之灵，是因为每一代人都比上一代人在进步。动物就不是这样，现在的动物和几十万年前的动物的行为模式，基本上没有多大区别。人类之所以能够如此，是因为有了语言和文字，知识可以记录，可以积累，于是，后代就不需要去重复认识世界的过程，而是能够通过学习掌握前人的知识，并形成我们自己的知识和信念。

但从人类整体来说，我们对世界和社会的认识，是一个在深度和广度上不断扩展的过程，是一个不断接近真理的过程。因此，我们所获得的知识和信念也是有限的。如果从个体来看，这种有限性就更加明显，特别是在如今知识爆炸的时代，任何人面对知识的海洋都只能"弱水三千取一瓢"。

因此，我们根据有限的知识和信念对事物的判断也是有局限的。好在人类对知识和真理的探求是永无止境的，因此，我们的决策也会不断地优化。但无论何时这种有限性必定是存在的，因为我们不能穷尽知识和真理。

获得的信息

我们所受到的第二方面的局限，则是来自我们所获得的信息。当我们决策时，必定要收集各方面的相关信息，为决策提供依据。但无论我们如何努力，在获取信息方面，必定存在两方面的局限性。

一方面是信息的完备性。我们不可能获得所有相关的信息，因为很多信息并不是公开的，也不是花钱就能买到的。互联网为我们获得和传输信息提供了极大的便利，但我们常常会感叹的一点是：想要的信息得不到，不想要的信息多如牛毛。

从经济学的角度看，必须是对我们有用的信息才算"经济信息"，但这样的信息并不是我们想得到就能得到的。

由于信息不完备，因此，我们的决策就只能在已经获得的信息的基础上做出。这样做出的决策就不一定是最佳的。

另一方面是信息的对称性。对称性就是双方在信息方面的完全对等，表达出来有点拗口：我知道的你知道，而且我也知道你知道；而且你也知道我知道你知道……

但在现实世界里，信息是不对称的。我们把占有不对称信息的一方称为"优势方"，而把对方称为"劣势方"。典型的例子就是招聘和战争。在招聘时，应聘者是信息的优势方，自己的品行和能力，自己最清楚（当然有时候可能连自己也不清楚，但在这里是指相对于招聘方而言的），而招聘者并不清楚，依据的是你的简历、考试的情况以及调查中了解的情况，而根据这些情况，其实很难对一个人做出准确的判断。

战争就更是如此，对方的作战计划是严格保密的，因此，才不惜一切代价想弄到对方的作战计划。即便是弄到了对方的作战计划，同样是信息不对称的，因为对方并不知道你弄到了他们的计划，只不过此时的信息优势方，已由对方转移到了我方。《孙子兵法》所讲的"知己知彼"并不是指信息对称，而是指"信息优势"，所以才能"百战不殆"。如果对方也知道我方掌握了对方的作战计划，那么，对方就势必要改变作战计划，那时，信息的优势方又转移到了对方。即便对方准备"将计就计"，那也已经不是原来的作战计划了。

信息不完全导致我们不能在所有方案中选择最优方案，只能在已知方案中选择"次优"方案。而信息不对称则导致我们的方案很可能连已知方案中的"次优"方案都不是，因为如果我们不能掌握竞争者的信息，怎么可能在竞争中取胜呢？

情感

即便我们在知识和信息上符合最优化的条件，我们同样难以做到完全理性，因为人是情感的动物。当我们面对问题时，很难使自己"置身事外"。中医里有"郎中不可自用"一说。按理说，自己对自己的病情，是最了解的了吧，从知识和信息的角度看，应该最适合给自己看病了。那为什么医生不能给自己看病呢？这里除了把脉等技术因素外，更主要的是情感因素，因为对自己的过于关注，可能会导致判断失误。

古人还有"易子而教"的说法，就是要把孩子交给别人去教，同时教别人的孩子。同样，从知识和信息的角度，"知子莫若父"，自己的孩子自己教，应该是最好的了。但同样因为情感因素，使我们不能很客观地看待孩子的问题，从而急躁，导致方法不当。

前面所介绍的行为经济学里的心理账户、损失厌恶、禀赋效应等，其实都是因为人是有感情的，因而出现不完全符合古典经济学"完全理性"的结果。

也就是说，作为情感的动物，人的理性不是"冷冰冰"的理性，而是带着"温度"的理性。

经济学界有个所谓的"斯密之谜"，说的是经济学之父亚当·斯密的《国富论》和《道德情操论》，一个从自利的角度出发，一个从利他的角度出发，似乎矛盾，其实一点也不矛盾。在《国富论》里，亚当·斯密是完全理性的，而在《道德情操论》里，亚当·斯密的理性是带着"温度"的。

文化与制度约束

习俗和范例比所有调查得来的结论都更有说服力。

——勒内·笛卡尔

人是文化和制度的产物。

——题记

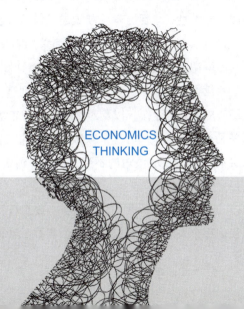

ECONOMICS
THINKING

人是群体动物

有趣的实验：人能够忍受孤独的时间到底有多长

我们都知道，如果没有空气，一个人在几分钟之内就会窒息而亡；如果没有水，大概能够存活 3 ～ 7 天；如果没有食物，存活的时间会稍微长点，但也不过是 7 ～ 15 天。那么，在这些东西都不缺的情况下，如果剥夺了人的社会交往，又会是一个什么样的结果呢？

1954 年，美国做了一项实验。该实验以每天 20 美元的报酬（在当时是很高的金额）雇用了一批学生作为被试者。为制造出极端的孤独状态，实验者将学生关在有防音装置的小房间里，让他们戴上半透明的保护镜以尽量减少视觉刺激。又让他们戴上手套，并在其袖口处套了一个长长的圆筒。为了限制各种触觉刺激，又在其头部垫上了一个气泡胶枕。除了进餐和排泄的时间以外，实验者要求学生 24 小时都躺在床上，营造出一种所有感觉都被剥夺的状态。

结果，尽管报酬很高，却几乎没有人能在这项孤独实验中忍耐三天以上。最初的 8 小时还能撑住，之后，学生就吹起了口哨或者自言自语，烦躁不安起来。在这种状态下，即使实验结束后让他做一些简单的事情，也会频频出错，精神也集中不起来。实验后得需要 3 天以上的时间才能恢复到原来的正常状态。

实验持续数日后，人会产生一些幻觉。到第 4 天时，学生会出现双手发抖，不能笔直走路，应答速度迟缓，以及对疼痛敏感等症状。

后来又有不同国家的心理学家做过类似的实验，发现人们忍受孤独的时间，虽然人与人会有所不同，从最短的不到 5 小时，到最长的 15 天，这说明了一点，孤独对人的生存是一种危害。

所以，这些实验告诉我们，人的身心要想正常工作就需要不断地从外界获得新的刺激。我们每个人从出生起就有交往的需要。我们每个人都蕴藏着交往的能力，那是我们与生俱来的。

　　换句话说，人是一种群体动物。作为群体动物，就意味着人需要生活在一个群体里，而一个群体的有效运转需要什么呢？

文化和制度是群体有效运转的关键

　　1993 年诺贝尔经济学奖得主道格拉斯·诺思认为："制度对经济绩效的影响是无可争议的。不同经济的长期绩效差异从根本上受制度演化方式的影响，这也是毋庸置疑的。"[1]

　　先说一个最普遍的因为制度而影响人们行为的例子。中国的汽车工业自进入 21 世纪以来发展迅猛，主要是因为人均收入水平的增长，使汽车进入家庭成为可能。本书第一作者是 1984 年大学毕业的，计划分配到一所部属中专教书。那时，整个单位就一辆"上海"牌轿车，是因为校长是延安时期的老干部，有此资格。听说那辆车要 20 多万，而他那时的工资加上所有补贴，也就 70 多元，要想买这么一辆汽车，不吃不喝也需要 200 多年，因此，那时的汽车，不要说对于工薪阶层，就是对于那时的"富豪""万元户"来说，也只是一个遥远的梦，估计连梦都没有做过。

　　他是 2000 年拿的驾照。当时他在证券公司兼职，单位配的车。那时他正式工作的单位还没有一辆私家车，他把车开回家，根本不存在停车难的问题，到处都可以停放。慢慢地，私人买车的就多了起来，没过几年，车就不好停了，单位只好专门修了车库，因为原来的老房子是没有车库的。到了现在，虽然又扩建了车库，还是连路边的车位都占满了，如果回去晚了，停车就是一个问题。

　　我们之所以交代这个过程，是为下面的阐述做准备。原来车少，但我们经常在路上看到车辆擦挂，而且即使车辆乱停，也不太会影响交通，只要不是在主干道和交叉路口。所以那时的司机，很多是不遵守交通规则的，而且那时的交通规则也没有现在这么严格。据公安部统计，最近几年迈了两个大台阶：2019 年 6 月，中国千人汽车保有量已经达到 179 辆，超过世界千人汽车保有量平均 170 辆的水平；截至 2020 年 6 月，全国机动车保有量达 3.6 亿辆，其中汽车 2.7 亿辆，已经超过美国成为世界第一汽车

---

[1] 道格拉斯·C.诺思.制度、制度变迁与经济绩效［M］.杭行，译.上海：格致出版社，上海人民出版社，2008：3.

大国。机动车驾驶人4.4亿人，其中汽车驾驶人4亿人。车辆多了，但我们在路上看到的擦挂事件，反倒没有原来那么多了。主要原因是现在的司机更加遵守交通规则。

是因为司机的素质提高了很多吗？我们看未见得。同一个人在主城区开车，与在乡村开车，驾驶行为是不一样的：在主城区要规矩得多，而到了交通管理不严的地方，"走捷径"的本性就出来了。这是制度（当然不仅仅是文字上的，更主要是执行力度）影响人的行为的典型。

如果没有制度，那不知道一个群体的行为会如何混乱。以十字路口的交通为例，因为有红绿灯或交警指挥，井然有序。如果哪天红绿灯坏了，交警又不在现场，那必然会把路堵死，因为大家都不让行。

连车辆行驶都如此，不要说其他方面了。

也许你要说，原来的法律远远没有现在这么齐全，社会还不是在有序运转吗？

这要从几方面来看。第一，社会的有序性，肯定不能与现在相比；第二，那时候人们面临的事务、人际关系也远远没有现在这么复杂，人口也没有现在这么多，所以即便法律少些，也没有很大的妨碍。法律和规定，也是因为有需求才制定的。第三，除了"硬"的制度外，还有"软"的文化，它对人们行为的影响，虽不是强制性的，但影响到人的"骨髓"里了，很多时候比制度更管用，因为制度是从"外"来约束人的行为，而文化是从"内"约束人的行为。

跨国婚姻是一个很能说明问题的例子。

随着全球化的进展，跨国婚姻不再是稀罕事儿。但在跨国婚姻中，最容易出现的问题，就是因为文化差异而导致的。其中最容易产生问题的地方，是父母和子女的关系，以及夫妻之间的关系。在东方文化里，父母和子女的关系是非常紧密的，不仅有相互依赖的关系，而且有可能产生控制的关系。东方的父母，似乎一辈子都肩负着责任和义务，无论子女是否已经成人。而在西方，一旦子女成人，父母和子女的关系就是一种平等，甚至是对等的关系，不存在父母一定要为子女提供经济援助以及照顾后代的责任和义务。此外，夫妻之间，在东方不仅相互之间的依赖性更强，控制欲更强，也不一定彼此平等和对等，要么以丈夫为主，要么以妻子为主，这样的情况更加普遍。但在西方，夫妻之间是平等的，甚至是对等的，不存在依赖和控制关系。

由于这些文化的差异，导致父母和子女的关系、夫妻关系中常常出现冲突。东方的父母，可能会感觉西方的儿媳或女婿不尊敬自己，不孝敬自己；而西方的父母，又会感到东方的儿媳或女婿缺乏独立性。东方的丈夫或妻子，会觉得西方的妻子或丈夫"不近人情"，把什么都分得太清，你的我的，还不是大家的吗？反过来，西方的丈夫或妻子，会觉得东方的妻子或丈夫太想控制自己，使自己不自由。

　　这些其实与法律和制度没有多大关系，而是因为文化的差异导致的。要想使跨国婚姻能够像结婚时所说的那样"天长地久"，就只有相互适应，改变自己，向对方靠拢。在这个过程中，不仅我们的一些观念要改变，我们的行为也要跟着改变。

为什么工业革命发生在英国——产权与契约

说到制度对经济的影响，很不幸的是，我们不能用实验的方法来验证。想想看，我们能够拿一个国家的命运来做试验吗？

但历史为我们提供了很好的例证。

我们要讲的第一个例证，就是工业革命。

工业革命是人类历史上，特别是经济发展史上具有划时代意义的大事。如果我们把人类文明史的几千年用经济增长曲线画出来，那么在工业革命之前，人类的经济增长曲线几乎就是一条水平线，没有什么实质性的增长。可以这么说，人类在工业革命前的几千年里，一代一代人所过的生活基本上就是重复而已。

但从工业革命之后，特别是进入 20 世纪下半叶之后，不要说一代人与另一代人的生活的差异，就是同一代人，上一个十年和下一个十年的生活，也可能是大为不同的。

我们今天不谈工业革命本身，而是问一个问题：为什么工业革命发生在英国？据研究，英国当时的制度为工业革命提供了土壤。

到底是什么制度？现有的研究认为，主要是产权制度和专利保护制度。

英国 1688 年发生的非暴力革命，史称"光荣革命"，新兴的资产阶级和新贵族推翻了詹姆士二世的统治，建立了君主立宪制。1689 年通过了《权利法案》，确立了私有财产的神圣权利，限制了国王的权利。孟子曾说，"有恒产者有恒心"。想想看，如果你奋斗半天，你都不知道自己的所得是不是归自己所有，你又有多大的积极性呢？

专利保护制度则是鼓励创新的制度。据研究，最早的专利法出现在荷兰，但在英国的实施效果更好。

这两项制度大力促进了个人为财富增长的创新，这就是学界所认为的工业革命为什么首先发生在英国的主要原因。

除了工业革命的故事，民主德国和联邦德国、朝鲜和韩国的例子，更是人类历史上最典型的"制度实验"——因为如果不是历史原因，我们不可能真正拿一个国家来做这样的实验。

第二次世界大战结束时，德国被划分为民主德国和联邦德国，实行的是完全不同的经济制度：民主德国处于社会主义阵营，实行的是高度集中的计划经济制度，而联邦德国则处于资本主义阵营，实施市场经济制度。

从 1949 年被分开到 1990 年两德统一，其间共 41 年。41 年过去，联邦德国成为世界第四大经济体，而民主德国的经济发展虽然也取得了不错的成就，但远远落后于联邦德国。

1945 年，以北纬 38 度线（俗称"38 线"）为界，朝鲜被划分为美军和苏军接受日军投降的受降区，三年后，分别成立韩国和朝鲜，至今还是如此。韩国实行的是市场经济制度，而朝鲜实行的是计划经济制度。关于这两个国家，因为是我们的近邻，大家都比较熟悉了，用不着我们多说，你们也都知道它们之间的差距有多大了。

以上两个例子很能说明问题，因为如果我们把其他两个国家进行比较的话，你还会说它们的文化、人种等不同，但这两个例子则不存在这样的问题，因此更有比较的意义。

当然，我们在这里没有对各自的资源禀赋、地理气候等因素进行比较分析，我们觉得在现代经济条件下，做这些比较的意义也不是很大。造成它们经济发展绩效的巨大差异的是经济制度，这已经成为经济学界的共识。

第三个例证，就是"中国奇迹"。中国自 1978 年改革开放以来，40 多年获得了举世瞩目的经济增长和进步。关于这方面的研究资料非常丰富，我们在这里就不列举了，相信每个中国人都有亲身的体会。

这更是一个能够说明制度对经济发展影响巨大的例子，同样的人，同样的土地，就是因为制度不同就焕发出了巨大的生产力。

那么，哪些制度是至关重要的经济制度呢？接下来我们主要介绍产权制度和契约制度。

产权制度与激励

我们首先介绍产权制度。

所谓产权，就是对资产的所有权、使用权、收益权、处置权。比如你买了一栋价值 100 万元的房子，可以自己住进去，这就是使用权；也可以把房子出租而获得租金，这是收益权。但房子是建在土地上的，我们对房子所在的土地是没有所有权的，是一个有期限的使用权，因此，我们对房子的所有权也就成了一个问题：因为房子是建在土地上的，不可能是空中楼阁，正如我们在一篇短文里所写的：把土地拿走，把房子给我们留下。同样的，房产税也是一个问题，因为房产税属于财产税，而我们对自己的房子没有完全的产权，怎么算是财产？土地所有权问题，总归是中国经济的一个尴尬问题。

在计划经济年代，我们住的是单位的房子，也就是"公房"，我们不拥有对这房子的所有权、收益权和处置权，我们仅仅在获得分配之后，取得了暂时的使用权。

真正的产权，就应该是完全的产权，而这主要是永久所有权。你可以自己用，可以出租，可以卖掉，可以继承（当然要根据法律缴纳遗产税，但这又出现了刚才所说的问题，因为遗产税是以财产为基础，而我们对房子不具有完全产权），而且不需要考虑时间因素（为了获得更大的收益而考虑时间因素除外）。

产权制度的主要作用，就是能够激励产权所有者不断地增加财富，因为增加后的财富除照章纳税外都是你自己的，你才有完全的积极性。

要清楚私有产权对个人的激励作用，我们不妨举一个"公共地的悲剧"的经济学经典案例。

公共地悲剧

假设有一片草地是公共地，大家都可以在上面放牧。草地的大小，牧草的生长速度，决定了在这片草地上能够放牧多少只羊是最好的，比如100只，这样草的生长速度正好够这些羊吃饱。多放牧的话，草就不够吃，最终会是草地枯竭；少放牧呢，又不能利益最大化。

假定这片草地附近有两家人，他们会如何决策呢？

这就回到了我们在前面"互动约束"里所讲的"囚徒困境"。为了解释清楚，我们不妨这样设计：假定两家人都放牧50只羊就是最佳的结果；但张家会想，如果我放牧60只呢，自然就比50只的收益高，反正这草地是大家的，多放牧一只羊，就多点买羊羔的钱而已，等到羊长大了，卖出去不就赚了吗？吃草又不用掏钱。

张家这样想，李家难道就傻吗？李家也是这样想的啊。于是，草地上就不是最佳的100只羊了，而是120只羊。

这样的结果必然是：草的生长速度不能保证羊的饲料，草地被吃得光光的，最后就把草地给毁了。

也许你要问：难道两家人就不能好好商量吗？这就是另外一个问题了，我们在囚徒困境里也讲过合作的可能性。

别以为这只是一个假设，在现实里存在大量类似的案例。比如本书第一作者刚工作的时候，那时大家都住在集体宿舍里，过道是公共的、厕所是公共的，于是，过道就被各家占满了，如果是陌生人进来，光线又暗，撞到东西的可能性是很大的；厕所的脏乱差就更别提了。

不要说过道了，连房子也只是暂时的使用权，因此，很多人就不爱惜房子。

电视里报道过的水库养鱼破坏了水源、牧场放牧毁坏了草地、森林砍伐毁灭了林地、大家排污破坏了环境的案例不是很多吗？

亚里士多德早就说过："由最大人数所共享的事物，却只能得到最少的照顾。"

现在对比一下吧，如果这片草地是你自己的，你会为了长期利益的最大化而优化羊群的放牧数量，并且积极地去维护草地的繁荣。这就是产权的作用。

契约制度

我们现在无时无刻不处在契约之中。如果你是打工一族，那么你就会和单位签订劳动合同；如果你是自己创业，那经常要签订买卖协议、合作协议，即便你是一个学生，也会和学校签订安全协议之类的东西。

所谓契约，由两个字构成，一个"契"，一个"约"。先从简单的"约"说起，"约"就是"约定"。既然是约定，那就意味着：第一，双方是平等的，就是在签约之前，双方可以讨价还价；第二，双方是自由的，就是在签约之前，你可以选择签还是不签。这两点是自由社会的典型特征。奴隶主不需要与奴隶签订协议，因为他们之间是不平等的，而且，奴隶也是不自由的。

即问即答：个人和单位签订的劳动合同，难道也是平等的吗？

当然是平等的，至少从理论上来说是如此。如果你认为不公平，那你可以不签，没有人强迫你签，从这一点来看就证明是平等的。当然，你可能对合同很不满意，那是另外一个问题，也就是最优化的问题，而不是是否平等的问题。

从这个意义上来说，我们很多的管理制度也属于契约，只不过你没有在上面签字而已。这是由于事先假定：如果你愿意来到我们单位，你就默认会遵守这些制度。当然，管理制度你没有讨价还价的余地，你只有选择留下还是离开的权利。或者说，没有"用手投票"的权力，但有"用脚投票"的权力。也就是说，如果你认为某单位的管理制度太不人性化了，太不公平了，那你可以选择离职。你之所以不选择离职，是因为觉得在这个单位虽然面临这样那样的管束，而且你觉得不公平、不愉快，但你暂时没有找到更好的去处，相当于你用这个单位其他方面的好处（比如收入比较高）来抵消掉这种不平等的成本。

甚至，往大里说，连国家的法律法规也属于契约，因为同样的道理，你如果认为这个国家的法律法规对你来说不平等，你可以选择别的国家。

当然，国家的选择，可就不像单位的选择那么容易了。

平等和自由，就是"约"的两个根本特征。

再来看"契"。"契"的本意，是指古代在龟背、兽骨上刻字的工具，后来演化为写在纸上的字，也就是"文书"。"契"的另外一层重要的含义是"契合"，也就是志同道合的意思。所以，我们觉得在"契约"这个词里，"契"的意思，主要有两点：第一，彼此认同，也就是签字之前已经没有争议，对不可预计的争议，往往用一句话"双方协商解决"来概括；第二，有文字的依据。

即问即答： 口头协议就不是契约吗？

个人觉得，口头协议也是契约，古人的"一诺千金"，难道不比现在的"撕毁协议"更有效吗？但为什么在现代社会，主要是白纸黑字的契约呢？我们想主要原因是两点：

第一，现代的经济事务之多，是古代远不能比的，而人们的记忆总是有限的。所谓"最淡的墨水，胜过最强的记忆"，所以，白纸黑字写下来，是为了不被忘记。

第二，不能不谈到道德的问题。人们经常接触的是经济事务，所谓"潜移默化"，"经济人"的成分就增强了。不信你看看身边那些经商的人，大多数人经商前后的观念和行为的变化就非常地明显。经济人考虑问题时，当毁约的收益大于毁约的成本时，道德的约束力就下降了。而且签约的两人，道德水准不可能完全一致。当毁约不断增加，为了提防毁约，就要求写成白纸黑字，至少在这种情况下毁约的可能性会降低，因为还有作为裁判的法庭或仲裁庭，这是一种事前的威慑和事后的强制。而裁判是需要有证据的，否则"口说无凭"，这也是契约之所以要写成文书的原因吧。

那么，契约制度对经济的作用，主要是通过怎样的机制产生的呢？契约制度的主要目的是能够降低交易成本。

交易成本

新制度经济学的基石，就是交易成本理论。

交易成本，简单地说是指在市场交易中产生的成本。这个概念，是 1991 年诺贝尔经济学奖获得者罗纳德·科斯在 1937 年的一篇经典论文《企业的性质》里提出来的。当他获奖时，已经 81 岁了，所以他调侃自己："我获奖不是因为成果比别人多，而是因为活得比别人长。"虽然是调侃，但他这两句话都对，他最终活了 103 岁，而且成果也的确不多，主要靠两篇论文获奖，其中就包括他这篇写于 20 多岁时的《企业的性质》。

在这篇散文式的论文里，年轻的科斯回答了自己思考很久的一个问题：

即问即答： 既然市场经济制度在资源配置上那么有效，那为什么还需要企业呢？

科斯给出的答案是：因为存在交易成本。市场配置资源存在交易成本，企业配置资源存在管理成本。当交易成本小于管理成本时，资源由市场配置；当交易成本大于管理成本时，资源由企业来配置，这就是企业的本质，或者说，企业存在的意义。

我们以劳动力雇用为例。如果你临时请人来修一下家里的水管，那有必要雇用一个水管工吗？但如果你管理一家很大的企业，修理水管就可能变成一个日常性的工作，这时，如果靠临时从市场上请人来修理，恐怕成本就比雇用一个水管工更高。再比如，你开办一家大商场，每天货物进进出出，你就需要雇用搬运工；而如果你是一家小店铺，估计就是需要的时候临时请"棒棒军"了。

现在的问题是，契约制度怎么和交易成本联系到一起呢？

上面我们只是简单地介绍了交易成本的概念，如果具体到交易成本如何计算，那涉及的内容就要多得多。我们可以把达成一笔交易所需的时间和货币成本全部称为这笔交易的交易成本，当然，交易本身所涉及的金额除外。比如，我们签订了一笔 1 000 万元的协议，这个 1 000 万元不是交易成本。但我们为了达成这样一笔交易，需要花费的成本，可以分为交易前、交易中、交易后三个环节来计算：

交易前

我们为了达成一笔交易，需要至少做好以下事情：

（1）搜寻信息：与谁交易，交易什么。这不仅是要找到交易对象，还要从众多的交易对象中比较，选择出初步满意的对象。

（2）谈判：找到交易对象后，需要就交易的各项条款进行谈判，这是需要花费大量的人力成本和时间成本的。

（3）签约：虽然一般说来，签约的成本不大，但对于有些大型的、具有标志意义的交易的签约来说，往往要搞隆重的签约仪式，其成本也是不低的。

从这里我们就可以得知，为什么人们喜欢与"老顾客"打交道了。因为这会省去交易前的很多成本，比如搜寻成本就没有了，谈判成本可以大幅度降低。从另一方面来说，如果我们价格公道，信守承诺，就更容易成为"老顾客"，从而降低彼此的交易成本。

交易中

就是监督协议执行的成本。很多协议的执行不是一下子就能完成的，需要一个过程，有的甚至要很多年，因此在执行过程中，需要及时跟踪交易的完成情况。

交易后

就是如果毁约所需要花费的成本。这就会涉及谈判成本，如果谈判不成，还需要诉讼或仲裁，就有诉讼成本。甚至要考虑到合同金额完全收不回来的损失。

在以上各个环节中，契约的存在与否，对交易成本的影响可以用下表简要表述。

契约对交易成本的影响

项目	有契约	无契约
交易前	成本高：需要讨价还价。	成本低：无须签约，大家都"摸着石头过河"，少了"讨价还价"的成本。
交易中	成本低：严格按照契约执行。	成本高：因为无据可依，存在"变卦"的风险，不利于契约的执行。
交易后	成本低：可以按照契约协商，或者由法庭根据契约裁决并强制执行，而且契约会降低毁约的可能性。	成本高：一旦一方毁约，没有任何合法的降低损失的途径；而且无契约也增加了毁约的风险。

在上表的讨论中，没有区分口头契约和文字契约。如果要区分，那么就是在交易前的环节，有文字的契约，需要多一个签约的成本，但这一成本在交易前这个环节的整个交易成本中所占比例不大，除非那种隆重的签约仪式。我们常常在电视上看到领导人出席签约仪式，其实绝大部分的工作早已在仪式之前完成了，从契约的法律效力来看，有没有这个仪式是无关紧要的。

所以，我们从表中不难看出，有契约和没有契约相比，主要节省的是交易中和交易后这两个环节的交易成本。而事实上，这两个环节的交易成本又是所有环节中最高的，特别是交易后的成本。在现实中，很多人不善于利用契约而采取传统的口头承诺方式，最后导致交易失败的案例比比皆是。这是市场经济不发达的结果，因为在市场经济里契约精神是最重要的准则之一。

制度的作用

制度的作用，我们可以用一句话来概括，就是为了减少"不确定性"，而减少不确定性能够起到激励作用。正如我们在认知约束那一章里所讲到的，人们是风险厌恶的。比如以下两种选择：

A. 可以确定获得 1 万元；

B. 只有 50% 的可能性获得 1 万元，还有 50% 的可能性什么也得不到。

面对这两种情况，你会选择哪一种呢？实验经济学已经有大量的实验证明，绝大多数人会选择 A，也就是 100% 地获得 1 万元。

所以，减少不确定性，能够对经济行为起到激励作用。

我们就以前面所讲到的产权制度和契约制度为例来分析。

产权制度

当你知道这是你自己的东西，首先你会更加爱惜；其次呢，你会想方设法地增加这个东西的价值，因为你知道增加了价值之后的这个东西，还是你的。反过来，你根本不知道这个东西是谁的，或者你知道这个东西不是你的，你还会那么爱惜和那么卖力地增加这个东西的价值吗？

契约制度

当你知道自己努力奋斗之后能够分享收益，而且投入越多收益越大，你就会加倍地投入。如果你根本不知道自己努力奋斗的结果是什么，你还会那么努力吗？显然不会。

当然，有关制度对经济的作用已经成为一门学问，那就是制度经济学，大家如果有兴趣，可以找相关书籍阅读。

你愿意接受对方分给你多少——公平

前面我们介绍了制度对经济行为的影响，从现在开始，我们介绍文化对经济的影响。

文化是一个非常宽广的概念，据文化学者的研究，仅仅是对"文化"这一概念的定义就有 600 多种。我们不是讲文化学，因此不纠缠于这些概念。其实，即便不给出文化的定义，读者也会有自己对"文化"一词的理解，并且也不至于大谬。涉及文化的因素很多，我们仅仅从文化的各种要素中选择两个最基本的、最普遍的要素来分析其对经济的影响。这两个因素是公平和诚信。

医生的痛苦：如果你是医生，你会把药给谁

1998 年诺贝尔经济学奖获得者阿玛蒂亚·森在他的《理性与自由》里举过这样一个案例[1]：

医生的困境

常医生生活在一个偏僻的农村，他面对两个生命垂危的病人，但他只有一盒药，那盒药只能拯救其中的一个人。如果用于郝，常医生认为，郝将有 90% 的希望治愈；如果用于林，林将有 95% 的治愈希望；但如果把药分开给两人，则谁也救不了。

即问即答：如果你是常医生，你将如何抉择？

森继续写道：

如果由常医生在这两人中选择一人，假如不考虑常医生与谁的感情好这类的因

[1] 阿马蒂亚·森.理性与自由 [M].李风华，译.北京：中国人民大学出版社，2006：221.

素，那常医生会选择林。但如果能够让两个病人抓阄，那常医生可能会选择抓阄，因为他不愿意由他来选择把药给谁。

选择抓阄的方法，是因为医生面临一个两难选择：如果把药给了其中一个人，那另一个人就会死去。作为"救死扶伤"的医生，救活一个人当然是高兴的，但如果因为自己的决策而导致另一个人死去，那肯定是痛苦的，而且，如果可以把前面讲的"损失厌恶"用到这里的话，那么，医生的痛苦会超过高兴，因而总体上是痛苦的。而如果由病人选择呢，医生虽然也会痛苦，但至少会少些内疚。

如果完全从理性的角度来考虑，那么，常医生应该把药给林，因为这样的"效用"更大些。

阿玛蒂亚·森认为，常医生之所以宁愿选择由病人来抓阄，是因为他觉得这样的话，他在对待郝和林的问题上有一种公平感，因为这是"上帝"（运气）决定的。而如果由他来决定的话，就意味着不论把药给谁，都相当于剥夺了另一个人生存的权利和机会，而这是不公平的。

也许，面对生命这样重大的问题，经济学有些"力不从心"。但即便是在"纯"经济领域，公平感也会对人们的选择和行为有重要的影响，"最后通牒博弈"的实验结果就充分证明了这一点。

你愿意接受对方分给你多少钱——最后通牒博弈

这是经济学里最有名的一个实验：最后通牒博弈实验。这个实验（实验一）是这样的：

假如甲和乙有机会分配 100 元钱，现在由甲来制订分配方案，如果乙同意甲的分配方案，就按照甲的方案进行分配；如果乙不同意甲的方案，则两人什么也得不到。假定甲、乙互不认识，这样设计是为了避免甲、乙受到感情因素的影响。

即问即答：如果你是甲，你会分多少钱给乙呢？如果你是乙，需要甲分给你至少多少钱，你才会同意？

这个实验之所以被称为"最后通牒"，是因为甲乙双方都只有一次机会。这个实验还有扩展版，我们称之为"实验二"：

还是分钱，但条件有所变化，存在一个公正的"自然"或上帝，他要求甲和乙同时写下他们自己想要的钱的数目（他们彼此不能互通信息），再由"自然"或上帝来裁决：如果他们两个人想要的钱加在一起不超过100元，则按他们自己写的数目分配；如果他们想要的钱合计超过100元，则谁也得不到？

即问即答：如果你是实验参与者，你会要求得到多少钱呢？

这个实验还可以再继续扩展，成为"实验三"：

如果他们想要的钱合计不超过100元，那看谁想要的钱少，就给他想要的钱，以奖励他的"不贪心"，并对另一个"贪心者"进行惩罚：一个子儿也不给他。

即问即答：如果你是实验参与者，你会要求得到多少钱呢？

或者，扩展成"实验四"：

如果他们想要的钱合计不超过100元，那看谁想要的钱多，就给他想要的钱，以奖励他的"精心计算"，并对另一个"不会算计"者进行惩罚：一个子儿也不给他。

即问即答：如果你是实验参与者，你会要求得到多少钱呢？

据可以查找的资料，还没有人做过"实验三"和"实验四"。我们以所教的学生为对象，做过这个实验（实际上是调查，因为没有拿出真金白银），并且是依次做了上述四个实验。结果是：

在"实验一"中，甲、乙的平均所得分别为60元和40元；
在"实验二"中，参与者平均所得为50元；
在"实验三"中，参与者平均所得为40元；
在"实验四"中，参与者平均所得为50元。

这是一个很有意思的实验，既是对人的理性的检验，也是对人的公平感的检验。

以下我们只分析"实验一"。很多人做过这个实验，开始主要是在大学校园里，以学生为实验对象；后来扩展到校园外，甚至还有在不同文化背景下的比较实验，但结果大体是一致的，在甲的方案中，一般会给乙 40 ~ 60 元，而从乙的角度来看，一般要超过 30 元才会接受甲的方案。

如果纯粹从理性的角度进行分析，那么，甲只需要给乙一个大于 0 的金额就可以了，比如甲得 99 元，乙得 1 元。因为对于乙来说，如果同意甲的方案，就可以获得 1 元；而如果不同意，则一分钱也得不到。

那为什么甲要给乙 40 ~ 60 元呢？难道甲不是利益最大化的经济人吗？

当然不是这个原因。甲自然也是想尽可能多得的。但甲会这样想：如果我给乙的金额太少，那乙要是不同意呢？那样的话，我一分钱也得不到。

而事实上，乙确实也是这样想的：你不要太贪心，如果给我的钱太少，那我宁愿一分钱不要，也要让你一分钱得不到，相当于是对你贪心的惩罚，而且，你的损失比我多。

当然，现在分配的是 100 元，如果金额扩大 100 倍，分配的是 1 万元呢？那结果可能又会不同了。由于不可能拿那么多钱来做实验，因此，至少到目前为止还没有这样的实验结果。

但我们可以进行"思想实验"：当金额扩大 100 倍之后，即便甲只给乙 10%，也就是 1 000 元，估计乙也会接受的，因为毕竟 1 000 元已不是一个小数目，很多人是舍不得放弃的。也就是说，随着金额的扩大，甲分配给乙的比例有可能缩小。

因为人们在考虑问题的时候，哪怕是公平这样的问题，同样是既会考虑到相对量，也会考虑到绝对量的。

此外，从个体来看，也与乙的以下因素有关，比如是否很缺钱，对钱是不是特别看重，等等。但我们从经济学来分析问题，一般只考虑平均数，不考虑极端的情况。

但不管怎么说，"最后通牒博弈"这个实验告诉我们，人们在做出经济决策时要考虑公平这一重要的文化因素。甲之所以不会给乙一个只是大于 0 的小数目，是考虑到公平这一因素的；而乙之所以不会接受一个很小的数目，也是因为公平感：你给我这么一点点，这公平吗？

对于不公平，当然就有可能进行报复：既然你对我这么不公平，那就大家都不要得到好了。

在现实生活中，这样的例子还少吗？有时候人们为了获得一种公平的待遇，不要说不获得什么，就是付出额外的成本也是愿意干的。

企业的股份，其实就是分配的比例。当企业很小的时候，即便你愿意给对方 40% 的股份，人家也不一定愿意与你合伙；但当企业做大之后，即便你给别人 5% 的股份，也能找到顶尖的人来加盟。

我们也可以从相反的例子来看。比如两个人合伙办企业，开始的时候张三占 80% 的股份，李四占 20% 的股份，大家相安无事。等企业办大了，李四可能就会觉得自己做出的贡献不比张三小，为什么只能拿 20% 的收益呢？不公平。于是，要么散伙，要么李四"损公肥私"，把本来该给自己公司的业务拿给竞争对手，收取更大的利益。现实中这样的例子不少，甚至连亲兄弟也可能这样。

这就涉及公平的事前和事后的问题。

事前公平与事后公平

人们对同一个问题的判断，事前与事后是不一样的。事前认为是公平的，事后不一定认为公平。刚才所说的两人合伙办企业，就是一个典型的例子。刚合伙时，张三和李四是根据当时的情况来确定股份比例的，比如出资比例及在技术、人脉等方面的情况。

但到了事后，比如企业发展大了之后，每个人在企业发展过程中的付出肯定是不同的，也不太可能与股份比例对等。张三持有 80% 的股份，但不一定做出了 80% 的贡献；李四虽然只持有 20% 的股份，但有可能自己认为做出的贡献比张三还大。之所以说"自己认为"，是因为人们往往有高估自己、低估别人的"乐观偏见"，因为我们常常看不到别人的付出，但对自己的付出是清楚的。所以，才会出现李四这种事后觉得不公平的情况。

要解决这一问题，就需要有一套比较完善的绩效考核、收入分配、股份管理方案。股份不是一成不变的，可以根据实际情况，采取一定方式进行必要的调整。当然，这是很专业的事，而我们本人就是做这类咨询的，相当于趁此打一个小广告。

所以说，事前与事后对公平的感受不同，是因为在不同的时间点，自己所掌握的信息是不同的。

公平的价值

让我们画一幅图来分析公平的价值。

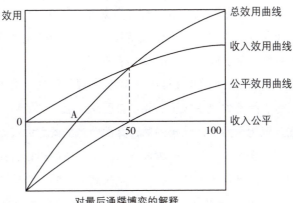

对最后通牒博弈的解释

先看收入效用曲线，当收入为0时，效用为0，随着收入的增加，效用也不断增加，但增加的幅度逐步减小，所以表现为一条斜率不断递减的曲线，也就是后面要讲的边际效用递减规律。再看公平效用曲线，这不像收入效用，公平的效用可以是负的，当A给B的钱太少时，B就感到不公平，因而产生了负效用，假定每人拿一半，也就是50元时最公平，这时效用为0，既没有正效用也没有负效用，随着收入增加到50元以上，会产生正的效用，而减少到50元以下，则会产生负效用。总效用则是将收入效用和公平效用相加而得。

当然，不同的人对公平的感受不同，因而公平曲线也就不同。比如，乙觉得甲给他30元就公平了，那公平效用曲线就在30元处与横轴相交，以此类推。

不难看出，只有当甲给乙的收入大于A点所表示的数值，乙才会感觉到正的效用，也才会接受甲的方案。

我们在前面说了，大多数实验的结果是，甲给乙的金额为40～60元，从图中不难看出，A点的位置大约在30元左右。这就较好地解释了最后通牒博弈的实验结果。

公平是如何影响经济决策的

在标准的经济学教科书里，是从福利的角度来分析公平的作用的。这里就要涉及我们后面要讲的"边际效用递减规律"，为了能够让大家理解，我们只有先简单地介绍一下：随着你拥有某类物品的数量的增加，你新增一个该物品所获得的边际效用会逐渐递减。比如，当你饥饿的时候，吃第一碗饭的满足感是最高的，第二碗饭的效用就下降了，如果你已经吃饱了，那让你再吃一碗饭，效用不仅没有了，反而是负效用：肚子撑得难受啊。

边际效用递减规律能够解释几乎所有的消费现象：你不可能买很多件同一款式同一颜色的衣服，你不可能每次都去同一个旅游景点，你也不太可能在卡拉OK厅老唱同一首歌，你不太可能一辈子只读同一本书，等等。

说到每次去同一个景点，我们就想到一个事情。现在很多人喜欢购买景区房，我们认为完全没有必要，除非你是想投资。买了景区房之后，你每到假期就会想到去那里，因为如果不去，就觉得亏了。这样的话，其他地方的景点你就无缘欣赏了。我们有位朋友在某景区买了房子，一年只有暑假才去。每次去的时候，光是做清洁，就需要至少一天的时间。当天开几小时的车去，本来兴高采烈的，再被几小时的清洁活儿整下来，一点度假的兴致都没有了。更糟糕的是，有一年他发现家电几乎都不能用了，因为那里太潮湿了，又长期没有人居住。

金钱的边际效用也是递减的。就是说当你只有1 000元的时候，增加1 000元的收入对于你来说是很高兴的；但当你有了1万元的时候，增加1 000元的收入，满足感就下降了。

好了，现在我们可以来分析公平对福利的影响了。

假定甲乙两人，第一种收入结构是极不均衡的，甲获得10万元，乙获得1万元；第二种收入结构是完全平均的，两人都获得5.5万元，现在比较一下两种收入结构下甲乙两人总的满足感。

假定甲获得10万元时所获得的总效用是100，乙获得1万元的总效用是20，那么，两人的总效用就是120。现在甲的收入从10万元降到了5.5万元，当然所获得的效用也会下降；乙的收入从1万元增加到5.5万元，当然所获得的效用也会增加。但根据边际效用递减规律，由于甲的收入起点比较高，而乙的收入起点比较低，因此，甲的效用的减少量，会小于乙的效用的增加量。比如，甲的效用减少了30，乙的效用增加了40。这样，甲的效用就变成了70，乙的效用就变成了60，于是，两人的总效用就从原来的120增加到了130，这就是公平对福利的增加。

当然，也有学者质疑这种分析，理由是如果平均分配的话，那甲乙两人创造的可供分配的总收入就会减少，吃大锅饭是不利于经济效率的。

这就牵涉到经济学里一个非常重要的争议了：公平和效率到底是矛盾的还是促进的？到底是需要更多的公平还是需要更多的效率？这个问题留给大家思考，大家可以去查阅更多的文献，比如美国经济学家阿瑟·奥肯的《平等与效率》。

重新分析"最后通牒博弈"

我们在这里，其实是想用一种新的视角来分析公平对经济决策的影响，那就是引入"公平的价值"的概念。

当你感受到公平待遇的时候，就会获得一种幸福感；反之，当你没有受到公平待遇的时候，就会感到失落甚至愤怒。因此，公平对于我们来说是有价值的。如果我们对这种价值赋予一个数字，就可以用来重新分析最后通牒博弈了。

还是分配 100 元钱。假定每人获得 50 元是最公平的。如果考虑到甲具有制订分配方案的权利，也给予一个赋值，比如 20，那么，总的可分配的数值是 120，这样的话，两人平均分配，各为 60，但总金额只有 100 元，那么，甲因为具有分配权而获得 60 元，乙获得 40 元，甲比乙多 20 元，相当于是他的"优先权利"的价值，这样也许乙会认可。

当然，乙可能也会认为，我也有否定的权利啊，这个权利要不要也赋值呢？当然也可以赋值。但如果这样分析，那就没完没了了，因此，我们就不继续分析了。

现在重点要谈的是公平的赋值。公平的赋值是与你感受到的公平感或者说不公平感的强度相关的，越是公平，获得的正效用就越大，反之，越是不公平，获得的负效用就越大。

我们简单地以平均分配的 50 元为参照点，偏离 50 元，就获得或正或负的公平效用。为简单起见，就以偏离的值作为公平的赋值。如果甲只给乙 10 元，那么，乙就感受到"-40"的公平价值，这个时候，他虽然同意甲的方案能够获得 10 元，但由于感受到不公平而获得"-40"的负效用，这时，他的总效用就是 10-40=-30，当然就不会同意甲的分配方案了。

按照这种推理，甲给乙的金额至少要超过 25 元，乙才有可能同意。所以，实验结果，甲给乙的最低金额约为 30 元，平均情况是在 40 ~ 60 元。

当然，我们在前面也讲了，如果分配的金额是 1 万元，也许甲只需要给乙 1 000 元，乙也会同意，虽然感受到了不公平，但由于如果不同意的损失太大，也只好同意。可见对公平的赋值不完全是一个相对数，而可以是一个绝对数。

或许，这就说明了另外一个问题：公平的价值随着可供分配的金额的增加，也是"边际递减"的。

本节主要讲了影响经济决策的一个很重要的文化因素：公平。人们是需要获得一种公平感的，也就是说，公平感本身就是具有"经济价值"的，因此，人们在计算"所得"的时候，会把公平感的价值计算进去。所以我们认为，在最后通牒博弈里不是人们不理性，而是要考虑公平这一因素的价值仍然是理性的。也就是说，最后通牒博弈否定的不是经济理性，而是需要增加一个影响变量——公平。

冒名签字的代价——诚信的价值

故事

中山大学王则柯教授在其《市场机制·中国案例》[1]一书的"引言"中写过这样一个真实的故事：

> 1987年，南京的一位学生写信给我，要我为他给斯坦福大学研究生院写一封推荐信。此前，我们曾经有过一两次通信，但是尚缺乏深入的了解。我希望他能到广州来一趟，并且很坦率地告诉他迄今我只给相处过的学生写推荐信。也许我慢待了他，也许他着急了一些，他再也没有来信，却以当初在西安求学时的导师的名义，向斯坦福大学发了一封自拟的推荐信。应当说，这个学生的功课和英文都好，科研也已经显露才能，是进入斯坦福大学研究生院的理想候选人。
>
> 不久，斯坦福大学发信西安，问那位教授是否签发过这样一封信。教授据实回答信不是他签发的，但是强烈地说明这封信完全表达了他的意思。实在说，拟信人是他十分得意的学生，他非常希望这个学生有在斯坦福这样的名校深造的机会。
>
> 很快，斯坦福大学研究生院通知西安的教授，他们不能接收一位未作声明却以别人的名义签发重要信函的人作为自己的学生。

诚信危机

本书第一作者经常给媒体写专栏文章，他曾经多次在文章中痛批诚信危机[2]。现

---

[1] 王则柯，梁美灵.市场机制·中国案例［M］.北京：中国经济出版社，1998.

[2] 详见：胡伟清.诚信危机将会是制约中国经济持续增长的瓶颈［N］.重庆时报，2011-04-08（43）；胡伟清.主动披露利淡信息是商业诚信的必然选择［N］.重庆时报，2012-02-03（21）；胡伟清.如何克服企业的短视和侥幸？——三谈商业信誉的建立［N］.重庆时报，2012-02-24（32）.

在，诚信危机已经成了制约中国经济增长的瓶颈。小到个人之间的不诚信，再到企业的不诚信，大到国家之间的不诚信——但归根到底是个人的不诚信造成的。各种骗局、假冒伪劣产品、三角债等，其实都是不诚信的结果。

其实在中国的传统文化里是非常讲诚信的。过去讲的"五常"，指的就是"仁""义""礼""智""信"，其中的"信"，就是"诚信"。一诺千金，就是对诚信的最好注解。

当然，这是中国主流文化——儒道释文化的主张，兵家和法家，就不一定了，常说的"兵不厌诈"就是证明。所以，中国文化是一个多元化的、矛盾的文化综合体。我们几乎可以找到大多数的价值主张，都有一个与之对立的价值主张。

在这里，因为不专门讲这些，所以就不展开。那我们什么时候开始不讲诚信了呢？有人说是因为市场经济，这应该是有依据没道理的。我们说的有依据，似乎确实是从搞市场经济开始，人的诚信度就下降了；但我们说没道理，是因为市场经济发达的国家比我们还讲诚信。有很多实证研究表明，在市场发达程度越高的地方，人们的诚信度也越高。

不诚信的根源

不诚信的根源，我们认为主要有两点：一是信息不对称，二是惩罚成本太低。

先说信息不对称，我们在前面介绍过信息不对称，大家再去复习一下。由于信息不对称，就有信息的优势方和劣势方，优势方就有欺骗劣势方的基础。比如产品交易，卖方很清楚自己的产品是怎么生产出来的，但买方不清楚，因此，卖方就是信息优势方，而买方则是劣势方。因此，卖方就有可能用假冒伪劣产品来欺骗买方。

再比如，在招聘过程中，关于应聘者的情况，应聘者本人就是信息优势方，而招聘方则是劣势方，所以，应聘者就有可能用假学历、假证明来欺骗招聘方。而关于招聘方的经营状况、薪酬待遇、发展前景等，招聘方是信息的优势方，应聘者则是劣势方，因此，招聘方就有可能提供虚假信息来欺骗应聘者。

信息不对称是一种常态，即便是在今天信息非常发达的大数据时代。因此，仅仅是信息不对称，是不会成为不诚信的根源的。造成不诚信的另一个根源是惩罚成本太低。

我们就以假冒伪劣产品为例，一旦被查出来，也就是罚点款了事。由于各地追求GDP 的数字，罚款本来就不高，加之被查处的概率也不高，所以，你想想，对遏制假

冒伪劣产品有多大的威慑力呢?

我们举一个环保的例子，就可以说明。很多小企业直接把污水排入河里，为什么不投资购买污水处理设备呢? 因为企业会算账啊，如果购买污水处理设备，这个钱可以交一百年的罚款了，企业当然愿意选择交罚款而不购买设备。同样的道理，如果假冒伪劣产品的罚款太低，那企业当然就继续生产假冒伪劣产品了。

诚信的经济价值

诚信本身是有很大的经济价值的，本书第一作者在其博士论文《无形人力资本研究》[1] 里，对此做了比较深入的分析。

诚信的经济价值，主要是通过降低交易成本来实现的。大家试想一下以下两种极端的情况: 第一种情况，每个人都讲诚信，"一言既出，驷马难追"，"一诺千金"; 第二种情况，每个人都不讲诚信，能骗则骗，能耍赖就耍赖。哪种情况下的交易成本低呢?

根据我们在前面对交易成本的介绍，无论是交易前的信息甄别、合同签订，执行中是否严格按照合同履约，还是交易后一旦出了问题的协商成本和司法成本，在一个诚信的环境里都是非常低的，而在一个不诚信的环境里则特别的高昂。

如果处在一个大家都不讲诚信的环境里，那么，你一个人讲诚信，从短期来看是很不划算的一件事，因为你短期内通过诚信所获得的价值，没有不诚信的收益大。但从长期来看，诚信不仅能够使自己获得的价值远远超过不诚信的收益，而且还能提升企业的品牌价值，也会对提高整个社会的诚信度做出贡献。这首先是因为整个社会的诚信度是靠每一位社会成员的诚信来构建的; 其次，诚信者长期的巨大收益会产生示范效应，带动其他成员的诚信。

这也能够证明，注重长期利益的"百年老店"的诚信度远远超过那些"捞一把就跑"的企业的诚信度。

更重要的是，从经济发展的角度看，诚信的结果比不诚信的结果好。我们不妨假定两个"国家"，一个非常讲诚信，另一个则完全不讲诚信。在前者，大家就努力发

[1] 胡伟清. 无形人力资本研究 [D]. 重庆: 重庆大学，2008. 亦可参阅: 胡伟清. 知名度、信誉与人的价值 [M]. 重庆: 重庆出版社，2009.

展经济，而在后者，大家"努力"学习欺骗，你说哪个"国家"的经济会更好呢？

"约束条件"回顾

到这里，经济学思维的上半部分，也就是"约束条件"就介绍完了。读书，经常有读到后面忘了前面的"毛病"。因此，有人说，教育就是不断地重复。简单回顾一下，我们讲了五大约束，也就是各经济主体在进行经济决策时所需要考虑的五个方面的约束条件，分别是：

资源约束

我们总是受到自己所能够支配的资源的数量和质量的约束，别人能办成的事，我们之所以不一定能办成，其中很大一个原因，就是因为彼此所掌握的资源不同。也正因为受到资源约束，我们才需要更加有效地配置资源。选择机会成本最低的方案，就是有效配置资源的方案。

市场约束

现代经济学是以市场交换为基础的，无论买方或卖方，都有可能面临市场约束，就是你想买的东西不一定能买到，想卖的东西不一定能卖掉。但市场具有这样的激励机制，就是能够通过价格这只"看不见的手"起到激励作用，更好地实现买方和卖方的愿望。

互动约束

所有经济主体，无论个人、企业、国家、团体都不是独立存在的，它们的决策必然要受到其他经济主体决策的影响。并且对个体最好的结果，不一定是对团体最好的结果。

认知约束

人类的认知能力是有限的，因而不可能是完全理性的，只能是根据已经认知的情况做出有限理性的决策。此外，人类是有情感的，因此人们的决策还会受到情感因素的制约，从而偏离完全理性的轨道。换句话说，人们的决策会受到知识与信念、信息、情感三个主要因素的支配。

制度与文化约束

一个群体，必然有自己的制度和文化，处在这个群体中的个体在进行经济决策时，也必然会受到这个群体的制度和文化的制约。人就是制度和文化的产物。

下篇　目标优化 ◀

　　既然我们认为经济学思维是"约束条件下的目标优化"，那么，在上篇介绍了五个方面的约束条件之后，我们接下来就要介绍"目标优化"了，也就是本书的下篇。可以这么说，约束条件相当于数学题的"已知条件"，而目标优化则是"求解"。

　　不同的经济主体，其目标也会有所不同。我们把经济主体分为四类，分别是个人、企业、政府和团体。

　　理性的经济主体都是有经济目标的。在四类经济主体中，个人是基础，因为企业、政府、团体的决策都是由个人做出的。那为什么还要讲企业、政府和团体呢？因为决策机制不同，所做出的决策也会不同，最后产生的结果也会不同。一个人单独的行为与在群体中的行为是不同的，这是社会心理学告诉我们的，勒庞的《乌合之众》里讲得很清楚。企业、政府的决策，由于其决策机制可能有很多种，而且目标可能不太相同，因此表现出的经济行为也有所区别。

个人目标：人类的终极目标
是追求幸福

经济学是一门使人生幸福的艺术。

——萧伯纳

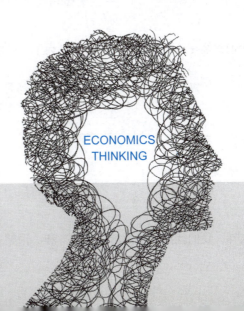

ECONOMICS
THINKING

萨缪尔森的幸福公式

人类的终极目标是追求幸福。
——亚里士多德

幸福公式

美国著名经济学家、诺贝尔经济学奖获得者保罗·萨缪尔森，曾经提出了一个著名的"幸福公式"：

$$幸福 = \frac{效用}{预期}$$

也可以写成：

$$幸福 = 效用 - 预期$$

我们曾经在给企业做培训的时候，为了"通俗易懂"而改写为：

$$幸福 = \frac{所得}{所想}$$

或：

$$幸福 = 所得 - 所想$$

这样，我们就不需要解释"效用"和"预期"这两个经济学概念了。但本书是介绍经济学的，反正要介绍这些概念（其实我们在前面都已经有所涉及），因此，还是采用萨缪尔森的公式，我们所改写的公式则可作为理解的帮助。

根据幸福公式，当获得的效用大于我们的预期时，我们就会感到幸福；反之，则不幸福。所以，幸福不仅仅与获得多少有关，还与我们的预期有关。当你觉得自己应该获得 100 元（也就是你的"预期"或者"所想"），结果你得到了 150 元（也就是你的"效用"或者"所得"），你就会感到很满足、很高兴；反之，如果你的"所得"小于你的"所想"，就会感到失落甚至痛苦。

这也是一个"事前—事后"思维的例子。当我们事后的实际所得大于事前想要得到的数量时，我们就感到幸福；反之，就感到不幸福，或者说不太幸福。

所以，幸福其实就是一种满足感。

与"幸福"密切相关的一个词，就是"快乐"。一种观点是，快乐是物质上的满足和肉体上的感觉，而幸福是精神上的满足和心里的感觉。这样似乎幸福就比快乐"高级"一点。但我们没有必要分得这么清楚，因此在本书里，两个词是通用的。

幸福与什么有关

在正式介绍"效用"和"预期"之前，我们先简单地了解一下，影响幸福的主要因素有哪些。关于什么是幸福，不同的人自然会有不同的理解，但总有一些共同的因素是大多数人所认同的。

几年前，本书第一作者录制过一门重庆市精品视频课——《幸福经济学》，涉及的内容比较多，其中介绍过关于影响幸福的主要因素，大体如下：

财务

如果用横轴表示收入水平，纵轴表示幸福指数，那两者之间是倒 U 形关系。也就是说，收入太低了不会幸福，收入太高了也未必幸福，而是中等收入的人最幸福。收入太低不幸福，这个大家好理解，为什么收入高的人也未必幸福呢？实证研究以对《福布斯》排行榜上富豪们的调查为例，发现这些亿万富翁的幸福指数低于平均水平。究其原因，其实通过前面的幸福公式就可以得到解释，因为高收入者的预期也高，通俗地说，钱多了"想法"就多，而想法多了未必都能实现，因而会降低幸福指数。

婚姻

一般说来，已婚的更幸福。犹太人的智慧是，两个人在一起能节约开支。比如，本来需要两套房的，现在只需要一套了；本来需要两个人分别做饭的，现在一个人做饭，多做点饭和菜就行了。这倒未必，成家后的房子，不一定比两套单身汉的房子加在一起的面积小，两个人在一起吃东西，比单独吃的总和还要多 70%。你看很多独生子女吃饭很费劲，大人要追着到处跑，而如果是一对双胞胎，就根本不需要大人费事，互相争着吃，估计只有床能够节省。已婚的人更幸福，应该主要是能够减少人的孤独感，而关于孤独对人的身心健康的不利影响，我们在前面介绍过一个实验。当然，如果是那种两人格格不入，还不如离了的婚姻，应该不在此列。

健康

调查发现，健康与幸福之间没有必然的联系，这点倒是出乎人们的意料。不过，我们从自己的亲身经验不难体会到，身体健康的时候肯定更幸福。很难想象，一个常年重病卧床的人，其幸福感由何而来。虽然小时候我们感冒发烧时，可以不用上学，又能得到爸爸妈妈的照顾，还不会被打骂，会感到比平时更幸福，但这有个前提，就是感冒发烧是短暂的。如果是得了需要长期受人照顾的病，那恐怕就不可能感到幸福了。这也与人的预期有关，因为感冒发烧预期是很快就会好的。这也就是为什么如果一个人得了绝症，医生和家属一般要瞒着病人的原因。

工作

同样没有必然联系，不能根据工作来判断一个人是否幸福。在国务院工作的人，不一定比清洁工更幸福。关于这一点，同样存在争议。如果我们根据行为主义心理学，也就是用外在可见的"工作选择"行为来衡量人们的幸福感的话，就会发现，工作与幸福肯定是相关的，而且相关程度很高。因为我们每天的 24 小时里，除去睡觉时间外，基本上有一半时间与工作有关。而所谓"选择"行为，就是说，我们如果更愿意选择 A 而不是 B，那我们就可以判断，A 比 B 更令我们感到幸福。这也就是经济学里所说的"偏好"。根据研究，人们选择工作时，工资收入、发展空间、与自己爱好的一致性、工作环境、同事关系特别是上下级关系等，是列在影响因素的前列的。由此可见，工作与幸福是有关系的。

教育

据研究，教育与幸福之间也没有必然联系，不能说博士就比小学文化程度的人更幸福。关于这一点，似乎与"常识"并不相悖。我们的理解是，受教育程度不同，虽然获得的效用不同，但预期也不同，因此，对幸福的影响不大。也可以这么说，受教育程度可能改变的是对幸福的理解，而不是幸福感本身。一位大学教授对幸福的理解可能是著作等身、桃李满天下，一位深山老农对幸福的理解则可能是衣食无忧、儿孙满堂。

住房

这和财务状况与幸福的关系相似，毕竟房屋属于财产。住房面积太小，比如像原来的上海，祖孙三代挤在一间 10 多平方米的房子里，幸福感当然就要比住在三室一厅的套间里差。假如一家三口有三套房（这不是假设，现在的城市居民有三套房的不是少数，要不政府怎么要针对两套以上的房产征税呢），一人住一套房，肯定不幸福，连中国人最向往的天伦之乐都没有了；即便轮流在三套房里住，一家人住在一起，幸福感也不会比住一套房有所增加。所以，俗话说得好：房宽不如心宽。

政治

有很多方法来调查政治满意度，一般通过调查公民的自由度、对政策的满意度、对腐败惩处的满意度等来调查公民的政治满意度。一般说来，自由度高的国家，公民会更加满意。

环境

我们这里主要讲自然环境，用环境的污染度来表示，环境越清洁，满意度越高，特别是当人们的温饱得到满足之后。北京的雾霾曾引起极大的关注和批评，其实北京此前也有"沙尘暴"，但为什么那个时候人们不那么敏感呢，是因为那时大家连温饱都没有解决呢，吃点沙子算什么？

由于幸福经济学的研究还不成熟，因此尚未完全进入主流经济学。其中，特别是"幸福"不像经济的其他方面那么好研究，很难找到统一的客观标准。目前，对幸福的研究往往是通过满意度调查来实现的。比如把满意度分为很多级次，从最简单的三级（不满意、一般、满意），到九级（极不满意、很不满意、不满意、较不满意、一般、较满意、满意、很满意、极为满意），甚至还有十一级、十三级的，而这样的调查与被调查者当时的心情密切相关。如果当时他因为赚了大钱很高兴，就会对平时不满意的东西感到满意，哪怕你调查的是与收入无关的问题，比如环境问题，他原来觉得自己所住的环境一点都不好，现在因为赚了大钱，也许就会觉得这环境很不错，因为他可能相信"风水"。

但也正因为对幸福的研究还不成熟，才需要我们更多地关注。随着脑科学的发展，对幸福的研究也更多地采取了更客观的研究方式。比如给予不同的外部刺激，再通过脑扫描观察大脑的活跃程度，以判断人们在什么情况下更快乐。相信随着脑科学的发展，幸福经济学也会获得更大的进展。

子非鱼，安知鱼之乐——效用

效用的概念

既然"幸福公式"里的第一个概念就是"效用"，那我们就先来了解效用。

在经济学里，效用是在消费理论里介绍的。管理学对消费的研究是非常具体的，包括衣食住行、文化娱乐等，但经济学采取的是抽象的方法，就是把所有的消费都抽象为同质的，没有区别。所谓消费，就是用物品或劳务来满足人们身体或精神的需要。

那么，人们是如何消费的呢？同样，经济学用一个原则来衡量，那就是效用最大化。

要清楚什么时候效用最大化，就需要清楚"效用"的概念。

所谓效用，就是指物品或劳务满足人们欲望的能力。越能够满足人们的欲望，效用就越大。这就涉及两个问题：一是欲望，这带有主观意义的概念，因为对于不同的人来说，欲望是不一样的；二是物品或劳务本身的性质，即它们是否有用。同样一件商品，对于不同的人来说，用处是不一样的，即便是对于同一个人而言，在不同的时间、地点，用处也是不一样的。这就让我们想起了庄子和惠子的一段对话。

庄子：河里的鱼儿好快乐哟！

惠子：你又不是鱼儿，你怎么知道鱼是快乐的呢？

庄子：你又不是我，你怎么知道我不知道鱼是快乐的呢？

惠子：我不是你，当然不知道你是否知道鱼的快乐；但你也不是鱼，所以你也不知道鱼是否快乐，这不一回事么。

有点狡辩的意思吧。

以上对话出自《庄子·秋水》，我们略作"改编"。

其实，人们对价值的判断，又何尝不是如此呢？"你又不是我，你怎么知道我认为这个东西值不值这么多钱呢？"

经济学用"效用"来衡量价值。但效用是什么？这是个非常主观的概念，有如"快乐"。在田间见到一对男女，男的拉着板车，女的坐在板车上，顶着烈日，汗流浃背，但一路唱着情歌。在城里见到一对男女，坐在奔驰车里，享受着速度和舒适。但你能判断谁更快乐吗？

记得二十多年前，报纸上曾经批评这样的现象：有的人宁愿花几十元钱买包烟，而不愿意买本书。批评者如果学点经济学，可能就不会如此批评了，因为对于不看书的人来说，书毫无用处，甚至一看到书就头痛，还有"坏处"；而对于不抽烟的人来说，烟也只有坏处。这是因人而异。

明明是个吝啬鬼，但也有可能在女朋友面前大方一下，等结了婚，又恢复本来面目。这是因时而异。

沙漠里的水比金子还贵。这是因地而异。

正因为价值判断因人而异，我们不能简单地指责或评判别人的选择是否正确。因为在你看来不值得做的事，在别人看来也许很值得做呢。只要不违反法律和社会道德，我们就没有必要指责别人的消费行为。

本书第一作者当年从政府部门出来到高校教书，很多人认为他的选择是很愚蠢的。但他自己不这样认为（要不就不会这样选择了），并且至今也没有后悔过。到底谁对谁错呢？你不能用自己的观点去判断别人的决策。

所以，所谓的"舍大求小"，很多情况下本身就是一个错误的命题。因为对"大"与"小"的判断，因人而异。

也正因为价值判断因时、因地而异，因此，我们不能因为事后的评价而彻底否定事前的判断和选择。即便是站在事后来评价，事前的选择不"正确"，也只能说明两点：第一，我们不能求全责备，老做"事后诸葛亮"；第二，我们在进步，如果事后的评价与事前的判断一样，那哪里能看出进步呢。

我们要相信：任何时候的决策肯定是当时最佳的决策。因为如果还有更好的选择，你肯定当时就选了；而之所以没有，是因为在当时的认知和环境条件下，没有更好的选择。

这也符合历史唯物主义的观点吧。

还有一点要注意：即便是事后，很多时候我们认为自己做错了选择，其实不是我们自己这样认为，而是因为别人这样认为，于是渐渐地，我们也受其影响，也就这样认为了。

这是因为一个人的价值判断，还会受到别人的影响。

企业最会利用人们的这一心理，广告就是手段。请某某明星穿着某某名牌在电视上重复出现，实际上是在暗示你：要么，穿某某名牌就能够像某某明星一样成功；要么，能够穿某某名牌的人，一定是像某某明星一样成功的人。

于是，你就信了；于是，你就买了。

有人说，能够独立判断的人是最理性的。实际上，这世上就没有完全独立的人。我们的决策，无不受到环境的影响，而别人，正是环境的一部分。这就是前面说的"互动约束"。即便是号称独立的人，听不进别人的言语，那也是受别人影响的表现。正如记者采访的时候，采访对象不愿意发言，实际上也是一种发言。

多比少好

如此说来，难道对效用就没有办法分析了？当然也不完全是。关于效用，虽然同样的物品或劳务，其效用会因人因时因地而异，但总还是有些规律的，比如：多比少好。而且，这个规律不会因人因时因地而异，也就是说，张三认为两个比一个好，李四不会倒过来，认为一个比两个好。如果真有这样的人，那也好办，把多的送人，自己增加了效用，别人也增加了效用，不是一举两得嘛。

"多比少好"这个规律，同样也不会因时因地而异。今天你认为两个比一个好，明天你还是这样认为，尽管对每一个的效用可能会有所不同。在城镇，两瓶水比一瓶水好，在沙漠也一样，只是每一瓶水的效用在不同地方不同而已。

当然也有例外，比如雨水太多，就不利于庄稼的生长，洪水还会对生命财产造成威胁，因为这些都是我们不能控制的"不可抗力"。这就违背了市场经济的"自由选择"的基本原则，因此不属于经济学分析的范畴。

还有，我们在后面要介绍边际效用递减规律，效用从理论上可以出现小于0的情况。比如吃五碗饭已经撑得不得了了，再让你吃第六碗饭，肯定就是负效用了。但请别忘了，我们一直在强调，市场经济的一个基本原则，就是自由选择。既然效用为负了，那你可以不选择啊，把东西留给需要的人，不是两全其美吗？

基数效用与序数效用

为了衡量效用，经济学发明了两种方法：一种是基数效用，一种是序数效用。基数效用就是用 1、2、3 等基数来衡量效用的大小，比如一个鸡蛋的效用为 2，一只鸡的效用为 50，一个面包的效用为 3，等等。

基数效用论被提出来后，也受到了反驳：既然效用是主观的，怎么可能用具体的数字来衡量效用呢？

反驳基数效用论的人，当然要有一个更好的方法来衡量效用，如果仅仅是批判，意义就不大了。反驳别人最有效的方法，就是提出比别人更好的东西。于是，他们就提出了"序数效用论"。

所谓序数效用，就是用第一、第二、第三等序数来衡量效用。也就是说，序数效用论者认为，虽然我们不能用具体的数字来衡量效用，但对不同物品或劳务的价值进行排序，这是可能的。比如，虽然我们不能说一个鸡蛋的效用为 2，一只鸡的效用为 50，但我们可以说一只鸡的效用大于一个鸡蛋的效用。一只鸡可以下很多的鸡蛋，但一个鸡蛋最多孵化一只鸡，而且是小鸡。更不用说从体积、重量、营养等方面来说，一只鸡肯定比一个鸡蛋的效用大。

即便是对于一个只吃鸡蛋不吃鸡肉的人来说（我们就见过这样的人），一只鸡的效用也会大于一个鸡蛋的效用，因为他可以把一只鸡换成几十个鸡蛋，而根据"多比少好"的原则，几十个鸡蛋肯定是好于一个鸡蛋的。这就是市场的好处，因为有了市场交换，我们就可以不需要针对具体某个人去衡量某物品的效用，而是从更加普遍的角度，或者说"平均"的角度来衡量效用。

此外，虽然效用的概念是主观的，但物品或劳务的存在是客观的，而且人们有对某一物品或劳务基本的、平均的判断。如果你不喜欢某一物品或劳务，那在你的消费组合里没有它就行了，并不排除该物品或劳务的价值存在；正如你不喜欢某一个人，并不意味着这个人就没有朋友，只是他不是你的朋友罢了，也就是现在流行的说法："你不是我的菜。"

初恋是最令人难忘的——边际效用递减

初恋是最令人难忘的

"初恋是最令人难忘的",这就不需要讲故事了,估计大多数谈过恋爱的人都会有同感。也许你会说,我只谈过一次恋爱,没有什么"初恋"不"初恋"的;或者说只有"初恋",没有"初恋"之后,无法比较。既然你只谈过一次恋爱就结婚了,那这就是你的"初恋"啊,就像"独生子"既是你的"长子"也是你的"幺儿"[1]一样。也许你还会说,我谈过几次恋爱,但印象最深的不是"初恋",而是"第三次恋爱"。这也不是反对的理由,因为说不定你的第一次、第二次"恋爱"根本不叫恋爱,你没有"陷入爱河",很可能是"相亲"罢了。而且,我们前面说的是"估计大多数",既没有说"全部",也没有说"肯定"。

为什么初恋最令人难忘呢?因为你原来从没谈过恋爱,第一次陷入爱河,各种"第一次"都是你从未经历过的,怎么能不印象深刻呢?

边际效用

我们举"恋爱"这个例子,是因为这是绝大多数人都会有的经历,这样更有普遍性。之所以初恋是最令人难忘的,是因为"恋爱"也具有边际效用递减的特征。

这就需要引入"边际效用"的概念了。首先要谈谈什么是"边际"。边际分析是经济学里非常重要的一种分析方法,19世纪的经济学正是因为引入了"边际分析"而被称为"边际革命"。

---

[1] 四川方言,指最小的儿子。

　　边际分析其实就是"增量分析"，而在引入边际分析之前的分析，往往是"总量分析"。所谓"增量分析"，就是当某个因素增加一个单位之后，效果会产生怎样的变化，只衡量这个新增的单位所带来的变化，而不是衡量所有单位的效果。举例来说，你原来有 10 斤粮食，效用为 50，现在新增加 1 斤粮食，效用变为 53，那么，这新增的 1 斤粮食的效用，就是 3，这就是边际效用，而 11 斤粮食的效用为 53，这就是总效用。

　　边际分析确实很有用，特别是对于企业来说，我们在后面会讲到。

　　说到这里，有必要说明的一点是，经济学在这里是自相矛盾的。在上一小节，我们讲到经济学对效用的度量，一种是基数效用，一种是序数效用，并且，序数效用论占了上风。那么，既然效用不能用具体的数值来衡量，那又怎么可能有边际效用呢？从 3 到 5，我们知道"边际量"为 2，那从第 3 到第 5 的边际量是多少呢？再进一步，从 3 到 5 和从 8 到 10 边际量是一样的；但从第 3 到第 5 和从第 8 到第 10 的边际量是一样的吗？

　　但这并不影响边际分析的重要性，接下来的边际效用递减，就与到底是序数效用还是基数效用没有关系。

边际效用递减规律

　　先举一个例子，比如你在足球场上挥汗如雨，很口渴吧。这时，你的女朋友递给你一瓶矿泉水，你是不是觉得很高兴？于是，你几乎是一口气就把水喝完了。你的女朋友见你那么喜欢喝水，马上又递给你一瓶，请问这个时候，这瓶矿泉水对于你来说，还有第一瓶矿泉水那么重要吗？但你觉得女朋友给的水，不喝对不起她，于是又喝完了。这时你的满足感是不是和第一瓶不能相提并论了呢。如果你女朋友立马又递给你一瓶水，你觉得这瓶水的效用还有多大呢？说不定你会怀疑女朋友的智商有问题吧。

　　也许你会说，那我们换个时间再喝啊。

　　说得很好。这就是边际效用递减规律要做的一些假定。

　　边际效用递减规律是指在同一时间内，随着连续消费同一种物品或劳务的数量的增加，边际效用在不断递减。

　　请注意，这里用了"同一时间""连续消费""同一种物品或劳务"等限定，如果没有这些限定，当然就很难说边际效用递减了。比如你中午吃了两碗饭，晚上再吃第三碗，那第三碗的边际效用比第二碗还大呢。再比如，虽然是连续消费，但你前面吃的是米饭，米饭之后喝咖啡，那就不能说咖啡的边际效用了。

导致边际效用递减的主要原因，首先是人的生理因素和心理因素。以吃饭为例，人的胃的容量是有限的，自然的，随着吃的东西的增加，胃所能感受到的满足程度就会逐渐下降，如果是吃撑了之后再吃的话，估计就不是正效用，而是负效用了。

从心理的角度看，消费带来的满足是一种刺激。随着同一种刺激的连续增加，人所感受到的满足程度自然也就下降了。

此外，很多物品或劳务是有多种用途的。在某种用途上的边际效用递减到一定程度后，人们会把这种物品或劳务用到别的用途上去，这样有利于资源的使用效率。以水为例，按照单位水资源的重要性或者价值，有饮用、洗浴、洗衣服、浇花等，当停水的时候，我们只会把储存的水用来饮用，只有当水比较充足之后，才会用水去洗浴、洗衣服、浇花。

边际效用递减规律是一个普遍的规律，不仅仅是衣食住行、文化娱乐等消费，即便是金钱，也是边际效用递减的。当你只有 1 万元的时候，增加 1 万元所增加的效用是很大的；而当你有了 100 万元后，增加 1 万元所增加的效用就要小很多了。本书第一作者曾以此为题，写了两篇论文来说明纯粹的金钱激励是会进入一个恶性循环的[1]，因为随着收入的增加，需要比原来多的金钱才能达到相同的激励效果；而这样又使得收入增加，就需要更多的金钱来激励。因此，需要多个层次、多个方面的激励机制。

效用最大化原则

讲了边际效用递减规律之后，我们就能够讲清楚效用最大化原则了。

单一商品

先说一种商品。什么时候效用最大呢？当你增加一单位商品能够带来正的效用时，就说明随着商品数量的增加，总的效用还是在增加的，虽然每增加一单位商品所带来的边际效用在递减。只有当增加一单位商品所能增加的边际效用为 0 时，总效用就不会再增加了，这个时候总效用就最大了。

---

[1] 胡伟清.劳动力的流动与激励之内在关联［J］.管理现代化，1994（2）：28-29；胡伟清.边际规律与人的激励［J］.重庆工业管理学院学报，1994（2）：49-54.

由于人是理性的，因此，当边际效用为 0 以后，人们就不会再消费了，因为边际效用递减，这个时候如果再增加消费，边际效用就为负了，谁会消费边际效用为负的商品呢？就像一个人已经吃得很饱了，还会再继续吃吗？那样轻则撑得难受，重则可能得盲肠炎，严重的还可能像巴西著名讽刺小说家奥里热内斯·莱萨所写的"七把叉"那样被撑死。

所以，当只消费一种商品且边际效用为 0 时，总效用最大。

单一商品与货币的交换

以上是没有考虑金钱与商品进行交换的情况，现在引入金钱，因为商品都是要用金钱来购买的。

如果我们把金钱也看作一种商品，那消费就可以被认为是金钱和物品这两种商品之间的交换。当商品的效用大于金钱的效用时，你就会购买商品，也就是消费；反之，如果金钱的效用大于商品的效用，你就不会购买。

当金钱的效用等于商品的效用时，你可买可不买，这个时候，效用不可能再增加了。因为如果增加消费，那么增加的商品的效用会小于花费的货币的效用，商品和货币的总效用在减少；如果减少消费，则减少的商品的效用会大于减少的货币的效用，商品和货币的总效用也在减少。所以，当金钱的效用等于商品的效用时，总效用是最大的。

由于对于不同的人来说，金钱和商品的效用是不同的，所以，消费才是五花八门、五彩缤纷的，否则就是简单划一的了。即便是同一个人，在不同的时间、地点，金钱和商品的效用也不一样，所以，人们的消费是会发生变化的，今年你不一定买的东西，明年也许会买。

两种及以上商品

毕竟人们不可能只消费单一商品，而是会消费很多种商品，为了简便，我们假定消费两种商品，因为消费多种商品的分析方法是一样的。

首先我们假定能够用于消费的钱是一定的，这就是预算约束；再假定我们消费 A 和 B 两种商品。由于有预算约束，我们消费 A 商品和 B 商品的数量是受到限制的，多消费 A 商品，就意味着要少消费 B 商品，反之亦然。

消费 A 商品和 B 商品都会带来效用，但由于 A、B 商品的价格可能是不同的，因此，我们就用单位货币来衡量消费 A、B 商品所带来的效用，这样就可以进行比较了。

当你把 1 元钱消费 A 商品所带来的效用大于消费 B 商品所带来的效用时，你就会增加 A 商品的消费而减少 B 商品的消费。但由于边际效用递减，当你消费 A 商品的数量增加后，A 商品的边际效用在下降，而 B 商品的边际效用则随着 B 商品消费数量的减少而增加。这个过程一直持续到你把 1 元钱无论是消费 A 商品还是消费 B 商品，所得到的边际效用都一样时，你就无所谓选择了，这个时候总效用就是最大的了。

以上是两种商品的情况，其实再多的商品都一样。以上规律，经济学用"等边际原理"来概括，就是当每一单位货币花在各种商品上所带来的边际效用相等时，总效用最大。

我们在前面介绍过"帕累托效率"的概念，也叫"帕累托最优"，就是指的一种"好得不能再好"的状况。效用最大化的时候，就是好得不能再好的时候，也就是帕累托最优，因为已经无法再改进了。

以上分析方法，我们也可以扩展到对人类行为的分析。当你无所谓选择时，往往就是状态最好的时候；当一个人已经不能再进步时，就是他到达了人生顶峰的时候。但人生永远不可能不再选择，所以，尽管从事前来看都是为了得到改进，但从事后来看，则有些选择未必能够带来改进。

边际效用会为负吗

理论上说，边际效用不仅递减，而且还会为负，也就是负效用。比如吃饭吃撑了，还要再吃，不仅肚子不舒服，还损害健康，显然就是负效用了。但由于人是自由的，其选择当然也是自由的，既然已经边际效用为负了，那可以不选择啊。前面讲到，自由是市场经济的基本特征。

本书第一作者上大学的时候，不像现在有各种网络游戏，只能玩玩扑克游戏，比如"拱猪"，输了要罚喝水。如果连续输，那喝水就会带来负效用，要不怎么叫"惩罚"呢。划拳喝酒的时候，为什么不是赢家喝，而是输家喝呢？按理说，那么贵的酒，平时可能还舍不得喝呢，现在却要采取惩罚的方式让别人喝。那是因为，酒喝多了，也是负效用。为什么不是一上桌就开始划拳行令呢？因为那个时候大家的肚子还有量，喝酒带来的还是正效用。所以一般都是喝到要醉不醉的时候才开始划拳的，这时人的理性本来就要差点。

所以，对于理性的人来说，是不会让边际效用为负的，因为当边际效用为负时，理性人会选择放弃。如果边际效用为负却还在选择，只能是两种情况：（1）惩罚；（2）强迫。上面所说的水和酒都是资源，都是有正效用的，之所以到了有负效用的时候还得喝，那是因为输了，属于"惩罚"。秘书或下属常常给领导代酒，则属于"强迫"：

"小李，帮我喝了。"小李要在领导手下混饭吃呢，哪敢不喝？当然，自从中央开始"四风"整治之后，这样的现象就少了。这不仅是对"吃喝风"的打击，也节约了酒资源，更是对身体有利。

人们是如何消费的

接下来，就可以谈谈人们是如何消费的了。道理很简单，第一，只有当你觉得某样物品或劳务对于你来说有效用，你才会购买；第二，效用越大，你愿意出的价格越高，如果没有效用甚至有负效用，你就不会购买；第三，努力获得尽可能多的效用，也就是效用最大化。

前面说到，同样的物品或劳务，不仅对于不同的人来说可能具有不同的效用，即便对于同一个人而言，也会因为时间、地点的不同而具有不同的效用，这也就能够解释，为什么我们所处的世界是五彩缤纷的，而不是单调、整齐划一的。

但人们在消费的过程中，会受到我们在上篇所讲的五个方面的约束。

资源约束

在消费中受到的最大约束就是资源约束，在这里表现为"预算约束"，也就是你有多少钱用于消费。在这里，我们没有区分收入和财富，因为都是可以用作预算的。

经济学用"消费组合"来衡量消费。在消费组合里，既有商品的不同，也有数量的不同。收入不同，会导致消费在这两方面的不同。首先是消费组合中商品的不同。如果我们把消费品分为劣等品和优等品，那么，收入低的时候，消费组合里主要是劣等品；而当收入提高了之后，消费组合里主要是优等品。以所谓的"三大件"为例，中国人的消费组合就经历了从"自行车、手表、缝纫机"到"彩电、冰箱、洗衣机"到"汽车、房子、旅游"的变化，这就是消费组合的升级。即便是同样的商品，也存在消费升级的问题，比如食品，收入低的时候，可能买的就是2元钱一斤的大米，而如果收入提高了，就可能买10元甚至20元一斤的生态大米了。当然，现在一些带着生态牌的产品并不一定是生态的，那是另一个问题了。

第二个方面的不同，就是不同消费者的消费组合，其中虽然都有某些商品，但是数量不同。这个容易理解。收入低的时候，某些商品也许只能每个星期消费一次，而当收入提高了之后，就可以根据自己的需要，想消费几次就消费几次了。

从以上分析也不难看出，为了分析的便利，效用其实可以简化为收入。当然，一定要指出的是，这是在某些时候，为了简化分析而采用的方法。因为相同的收入可以带来不同的效用，这就是消费的技术，也是艺术。两个收入相当的家庭，为什么会在消费上获得完全不同的满足感，就是消费组合不同导致的。

收入的来源主要有四类：劳动收入、投资收入、借入、遗产及捐赠收入。但对于我们绝大多数人来说，就是劳动所得。无论哪方面的收入，我们无非用于两个方面：一是现在的，即消费；二是未来的，即投资。投资也可以看作是未来的消费。关于投资，后面会介绍。

市场约束

消费中的市场约束，就是我们要消费的商品或劳务市场上有没有，以及价格是多少。

有这么一个故事，说是两个人逃难，一个富人，背一袋金子，一个穷人，背一袋米。开始的时候，当然是富人的日子过得滋润，因为可以用金子买东西吃，想吃什么就吃什么；而穷人呢，只能用米去换点东西吃。后来两人逃到了荒郊野外，没有东西可买。饿慌了时，穷人就抓一把米来嚼，富人不可能嚼金子吧。于是，富人就拿金子与穷人交换。这就相当于在两人之间形成了一个市场。穷人一看到金子，两眼放光，当然愿意交换。但慢慢地，米袋越来越瘪了，富人需要拿更多的金子才能换一把米。再后来，穷人就不愿意与富人交换了，相对于金子来说，保命更重要。

当然，这是一个很"极端"的故事，但讲了市场交换在不同条件下会出现不同情况的道理。而在现实生活中，买不到东西的情况并不是没有。首先，如果我们想要的东西还没有发明出来，那当然就无法购买了，比如没有汽车之前，再有钱的皇帝也不能乘坐汽车。其次，前面介绍过短缺经济，当然那个时候我们首先是没有钱，受到资源约束，但即便你有钱，也买不到多少东西，因为要凭各种票才能购买。再比如，遇到战争、灾荒时期，也是想买的不一定能买到。当然，到了物质极大丰富的21世纪，后两种情况基本上不会出现了。2020年的新冠疫情使不少家庭囤积了食物，这是"短缺时代后遗症"，一般囤积食物的人是从短缺经济时代过来的。

除了能否买到东西外，市场约束的第二个方面就是价格。虽然有，但价高，很多人也可能买不起。但这种约束往往是短暂的，因为价格的作用会使得供给增加，从而使价格下降。价格长期"居高不下"的商品，要么是完全垄断而又没有替代品的东西，要么是非常"小众"的东西，比如手工艺品。但即便是这样的东西，价格也不会高得离谱，因为还需要考虑需求的变化。

互动约束

互动约束就是我们的消费决策受到别人的影响。比如亲友说哪样东西不错，你可能会买来试试，这就是常说的"口碑效应"。原来说的"好酒不怕巷子深"就是因为口碑。

但在消费上，有的人喜欢"趋同"，就是大家喜欢买什么，我就买什么。这类人也不一定是没有主见，而是因为这样可以节约甄别成本。所谓甄别成本，就是确定一个物品优劣的成本。"梨子是什么滋味，尝尝就知道了。"但没必要什么都自己去"尝尝"。别人试过，好，我们就跟进，相当于"跟进策略"。

但也有人喜欢"求异"，就是别人买什么，我就偏不买什么。这也可以从边际效用的角度来分析。虽然不是同一个人在同一个时间里的消费，但我们想象一下，如果满街的人都穿一样的衣服，而你穿的不一样，是不是就显得"与众不同"啊，你的衣服的"效用"就显得更大一些。所以，不喜欢"撞衫"的人，真不少。

不过这也看出来区别了。像衣服这样不需要"试验"的物品，人们往往喜欢"求异"，而像食品、药品、电器、汽车等需要"试验"的物品，人们往往喜欢"趋同"，特别是食品和药品。如果很多人都说某中医医术高明，那么，找他看病的人就一定多。所以，还是可以用甄别成本的概念来解释。

现代市场经济时代，对人们消费行为影响最大的，是铺天盖地的广告。广告的作用，第一是告知，因为如果没有广告，那我们很多人可能就不知道有某某商品。现代传媒是广告快速发展的基础，因为仅仅靠在电线杆、墙壁上贴小广告，靠在大街上发传单，影响毕竟有限，而通过报纸、电视、网络，至少能够有很大的想象空间。第二是利用明星的示范效应，诱导我们去消费："啊，连成龙大哥都买这个呢，那我们也买。"或者是炫耀效应："我们穿的这个牌子，是成龙大哥穿的。"

此外，厂商的一些营销策略也会影响我们的消费行为。比如"饥饿营销"："只有最后两件了""要20天后才有货"等。这样会刺激我们的购买欲望：这么难买啊，一定是好东西。比如"涨价效应"：下个月就要涨价了。既然下个月就要涨价了，那就赶紧的，在本月底之前下单。

这些策略，短期内有效，但不要经常使用，否则就像"狼来了"的故事一样，结果并不好，还会让消费者有上当受骗的感觉。就像有些商店，一个"清仓价，最后五天"的牌子挂了一个多月，只有对"过路客"有点用，对附近居民是没用的；而且，过路客也越来越聪明了。

认知约束

现在有个新名词——剁手党，就是买东西时缺乏理性，不断地买买买，买完之后又后悔，恨不得把自己的手"剁"掉，但下次又仍然买买买的人。

在购物方面，一般来说，女性比男性更缺乏理性，因此，"剁手党"以女性居多。从理性的角度讲，是"我们需要什么，才买什么"，如果遇到"双11""双12"这样的购物节打折，也应该是从我们事先准备好的购物车里选购一些东西。而不理性的消费则是"什么东西折扣最多，就买什么"，结果呢，买回来的很多东西，要么没什么用，要么根本就没有"开封"过，也就是没用。

当看到"原价200元，现价50元，仅售一天"这样的招牌时，很多人的神经就会被刺激得兴奋起来，毕竟优惠那么多啊，这样的好事到哪里去找呢？他们的比较是50元与200元的比较。且不说原价200元是否真实，即便是，我们的比较也应该是，50元与物品给我们带来的效用相比。如果是买回来没什么用甚至根本不会用的物品，那不要说50元，即便是5元也不应该买。

效用大小，我们还可以简单地用"使用频次"来衡量。如果是每天都要用的东西，那么即便贵点，也是应该买的，因为相当于每次使用的费用其实并不高。而对于很可能一年才用一次的东西，或者是可用可不用的东西，如果贵，那就租用，如果便宜，那可以买来备用。最典型的就是健身设施。不少人一时心血来潮，认识到锻炼的重要性了，就买来健身器材，结果往往是，那么贵的房子，堆放着因为心血来潮买回来又只有心血来潮才会用一下的东西，简直就是"鸡肋"。如果是真的喜欢健身，那就去健身房好了，现在健身房已经比较普遍了，那里设施齐全。除非你既是真的喜欢健身，又远离健身房，而且时间紧，家里面积又比较大，那是可以自己买一两样健身设施的。

文化与制度约束

消费受制度影响的例子，一类是受制度鼓励的，比如新能源汽车，当购买时，政府会给予较大幅度的补贴，以鼓励人们消费；另一类则是限制甚至禁止的，如毒品、烟草、酒。毒品是各国禁止种植、生产、销售、消费的，因为毒品对人体健康的损害很大。政府也认识到，经济的发展需要有人力资本的支持，而国民的健康素质是影响国家人力资本总量的重要因素。林则徐之所以那么坚决地要销毁鸦片，正是认识到了鸦片不仅使白银哗哗地外流，更是损害了国民的健康。随着研究的进展，科学家发现烟草和酒精都会对身体造成伤害，因此，虽不像对待毒品那样采取禁止的态度，但通过高额税收、规定公共场所不能吸烟、工作时间不能饮酒，以及不准向未成年人出售烟草和酒精饮料等方式，对烟草和酒的消费进行限制。

至于受文化影响的例子那就更多了。我们喜欢用"衣食住行"四个字来概括生活，那么，每一个字都有其文化：饮食文化、服饰文化、建筑文化、家居文化、旅游文化、汽车文化等，每一种文化都会因地理、宗教、政治、经济等方面而有种种差异，也就对人们的消费行为产生很大的影响。我们都知道"儿时的味道"，那是味蕾和胃的记忆，对于一个人来说的美味，对于另一个人来说可能就不是了。对于从小在北京长大的人来说，豆汁儿是多么的好吃，但对于不是在北京长大的人来说，往往是第一次到北京时想尝尝味道，结果往往是大失所望。

股市里为何那么多人"追涨杀跌"——预期膨胀

什么是预期

介绍了效用之后，就要介绍"幸福公式"里的另一个变量——预期。

什么是预期？其实不需要我们下定义，读者也能够"望文生义"地明白个大概。对于一门讲"经济学思维"的课程来说，其实知道个"大概"也就行了。但由于还有些话要说，就单独写了一篇。

预期是对未来的预计和期望。这里就有几个关键点：第一，预期是现在做出的，从我们经常所用的"事前—事后"思维来说，就是"事前"做出的。因此，我们对"未来"做出预期的时候，主要依据的是"现在"的状况。

第二，因为预期是针对未来的，因此，我们当然要把未来可能的情况考虑进去。在这一点上，预期与预测有相同点。比如，我们预期明年房价要涨，依据的虽然主要是现在房价的情况，但也要把明年的经济形势、政策变化、房地产供求情况等因素考虑进去。

第三，由于我们现在对未来的判断只是一种"可能性"估计，不是"必然性"，因此，人们会不断地对预期进行调整。人们对预期调整的结果，就是我们在后面马上要介绍的预期膨胀。

预期的作用，除了我们在前面介绍过的房子和车子等大件物品的销售外，再举两个常见的例子：股市投资和大学生就业。

股市里为何那么多人"追涨杀跌"

做短线交易的人，一般是买涨不买跌的。他们遵循的是"趋势理论"，就是说，一旦认为趋势上涨就买入，一旦认为趋势下跌就卖出。

　　我们都知道，如果是商品或劳务，那么价格下跌，买的人就多，这就是需求定律。那为什么一到股市，需求定律就"失效"了呢？其实，需求定律是没有失效的，因为需求定律有个前提，那就是"假定其他条件不变"。而在"其他条件"里，对股市交易影响最大的就是预期，正如股谚所云，"买股票就是买未来"。

　　股票相对于一般商品和劳务来说，有一个很大的不同点，就是价值评估的难度很大。一件羊毛绒的衣服，我们大体知道它的价值；但一只股票的价值，我们很难衡量。股市里还有一个影响很大的理论，就是"有效市场理论"。这一理论认为股票价格已经反映了所有信息，它现在多少钱，就意味着它本来就"该"值多少钱。无论上涨或下跌，都是所有信息的正常反应。因此，如果趋势上涨，人们就会预期它还会上涨，所以才会买入；反之，如果趋势下跌，人们就会预期它还会下跌，所以就会卖出。

　　也许你要问，股价上涨时，买的人，我们可以理解，那为什么卖的人也多呢？因为成交量放大了啊。第一，其实卖的人没有买的人多，所以股价才会短期内继续上涨；第二，我们在前面说了，这里分析的是短线交易的情况，对于短线交易者来说，一旦有了一定的盈利，就有可能卖出，因此，卖出的人也会比平时增加，这就导致了成交量的增加。因为这两点，所以看到的是，在上涨趋势中往往是"价涨量增"。

　　但从投资实践来看，无论是成熟股市如华尔街，还是新生市场如中国 A 股，能够取得较好投资业绩的，大都是中长线投资者，而不是短线交易者。本书第一作者曾经在证券公司工作过两年多，发现绝大多数短线交易者亏一次的钱，往往超过赢好几次的钱。因为所谓的趋势，也是"事后"才能确定的。在"途中"，它既有可能继续上涨，也有可能掉头向下，任何一个技术图形都有上、下的可能性。纯粹靠技术分析取得成功的人，有，但很少，而且到目前为止，也没有谁能超过完全不靠技术分析而投资的"股神"巴菲特。因此，在股市投资中判断公司的价值是最重要的，而不是每天盯着股价来分析所谓的趋势。

　　之所以那么多人不分析价值而分析趋势，其实道理很简单：第一，趋势是容易"一目了然"的，我们通过图形就可以看出，而价值分析需要多方面的专业知识；第二，人们认为自己对短期的判断，肯定超过对长期的预测，一说到"多年后"，人们首先想到的是"那谁知道呢"；第三，中长线投资不会给你带来无数的"小快乐"，这就需要有良好的心态，并且能够耐得住寂寞。

大学生就业"难"在哪里

本书第一作者在高校工作多年，原来担任院长时，将就业工作作为"一把手工程"，是每年 1—7 月的大事之一。我们都知道，大学生就业难，但原因是什么呢？根据经验，就是"结构性矛盾"，而不是"量"的问题。无论中国还是美国，都没有到"不需要"大学生的地步，因此，从总量来看，虽然在经济不景气的年份，确有供给大于需求的情况，但大多数时候是不存在这样的问题的。

真正的问题是：需要大学毕业生的地方，大学生不愿意去；而大学毕业生想去的地方，不需要那么多人。比如，大学毕业生更愿意留在大城市，更愿意去政府部门、事业单位、国有企业、外资企业，更愿意去东部沿海城市，但这些地方和单位的需求量毕竟有限，不能满足所有毕业生的要求。

很多大学每年就业"双选会"提供的就业岗位数和毕业生数之比，往往高达 2∶1，甚至 3∶1。就是说，每位大学毕业生可以在 2 ～ 3 个岗位中挑选一个。但还是不能使就业率达到 90% 以上。这就更说明不是"量"的问题，而是"供求结构"的问题。

我们设想一下，如果大家没有上过大学，那肯定是会选择其中的很多岗位的。为什么上了大学之后，就不愿意去了呢？因为预期变了。

没上大学，很多岗位都是"好"岗位；而上了大学之后，觉得这样的岗位，离自己的预期相差很大，当然就不愿意去了。

预期膨胀

上述股市投资和大学生就业的例子告诉我们，人们的预期是会随着情况的变化而变化的。而且，还往往会预期膨胀。

前面说到，人们所预期的是未来的东西，但依据的是现在的情况以及对未来影响因素的估计。于是，等到了预期"兑现"的时候，无非三种情况：

1. 和我们预计的情况基本一致。如果是这样，那我们此时对未来的预期就会增强，因为我们觉得自己很了不起，过去的预期已经正确了，我们就会对自己更加自信，而自信就会强化我们对未来的预期。

2. 实际情况比我们预期的还要好。此时，预期的强化效应就更大了，我们的"胆子"也更大了，在对以后的预期中我们会乘以一个"加速度"。

3. 实际情况不如我们预期的好。此时，人们就会怀疑自己的判断力，从而往相反的方向强化自己的预期。

因此，无论哪种情况，人们往往都会预期膨胀。

比如股市投资，当股价为 6 元时，人们可能预期它涨到 8 元；而真正到了 8 元，就可能预期它要涨到 10 元。反之，当股价跌到 10 元，人们预期它会跌到 8 元；等跌到了 8 元，就又预期它要跌到 5 元。这就是典型的预期膨胀。

上了大学，对职业和岗位的预期，当然就不同于高中毕业的时候；等到硕士、博士毕业，预期又不同于本科毕业的时候。

以上主要是针对个人的情况来说的，对于群体而言，预期膨胀的幅度会更大，经济运行的情况就是这样。当经济逐渐向好，愿意投资的人就越来越多，经济真的就越来越好。于是愿意投资的人就越来越多，然后是经济过热，投资过度，重复投资，赚钱效应越来越不明显。于是投资信心不足，开始撤资，经济就开始衰退，并且还形成不断扩大的趋势，直到进入经济萧条。经济周期就是这样形成的。

但以上也仅仅考虑了物质因素，如果把精神因素考虑进来，那情况又会有所不同。当人们的注意力不仅仅放在物质利益上时，对物质利益的预期相对来说就要"低"一些。媒体报道说，著名的钟南山院士从不知道自己的工资是多少。其实大多数科学家和学者也不关注自己的收入，至少是不斤斤计较自己的收入，因为对于他们来说，有比物质利益更重要的东西需要关注。因此，要想抑制预期膨胀，需要从过分地关注物质利益，转向更多地关注精神层面的东西。而在其中，教育又起着非常重要的作用。

当然，如果离开了预期以及对物质利益的追求，我们的经济增长也会受到影响。但当人们的物质需求得到充分的满足之后，的确应该追求精神生活的富足。从地球所能提供的资源以及对于环境来说，人类也需要改变经济发展的方式。

富爸爸与穷爸爸——投资的意义

要想增加效用或收入，除了增加劳动供给外，还有一条途径，就是投资。

说到投资，大约二十年前，当时的纸媒还很红火，《重庆晨报》副刊有一个"书评"版面，约本书第一作者写一篇书评，所评的书是美籍日裔作家罗伯特·清崎的《富爸爸，穷爸爸》。当时还是一本小册子，现在已经是系列书了。

记得当时他在书评里说了这样一句话："富爸爸和穷爸爸的主要区别，是投资。"富爸爸因为懂投资、会投资、真正去投资，所以才能成为富爸爸；而穷爸爸则因为只有劳动收入，不太可能大富，除非像杰克·韦尔奇那样的世界大企业的高管。

投资的含义

所谓投资，就是用现在的投入去获得未来的收益。经济学把收入的用途分为两种：消费和投资。消费是现在就使用收入，比如购买食品、衣服、看电影、旅行等；而投资是放弃现在的收入，目的是获得未来更大的收入，比如办企业、买股票、债券、基金、保险、黄金等，哪怕把钱存入银行，也是投资。

两条不同的收入曲线

如果我们以时间为横轴、收入为纵轴绘制一张图，把劳动收入和投资收入进行比较，就会发现劳动收入曲线是缓慢上升的，而投资收入曲线是震荡上升的。当然也有可能投资失败，而且投资失败是大概率事件。我们即便以投资成功为例，也会发现投

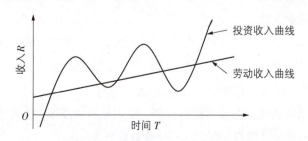

资收入曲线的巨幅波动。但如果成功，则投资收益曲线将会上穿劳动收入曲线，而远远超过劳动收入。这也就是为什么参与投资的富爸爸能够比靠劳动收入的穷爸爸更富裕的根本原因。

从根本上说，我们每个人都会去投资。比如在经济学里，就把购买房产列入投资，虽然我们绝大多数人买房子的主要目的是"住"，而"住"属于消费的范围。但我们这里所讲的，是为了取得未来收入的投资，也就是说，如果你现在购买房子是为了未来出售，那才算是我们这里所讲的投资。

富爸爸为什么要投资，除了上述的收入曲线的区别外，更重要的一点是，如果是劳动收入，则往往随着年龄的增长，收入的增长到了一定程度之后是会下降的，因为无论人的体力还是智力，都会在高峰期后趋于下降，特别是体力。到了退休之后，一般来说，退休金只有退休前的一半左右了。而投资是不会"退休"的，而且随着投资规模的扩大，投资的绝对收益是不断上升的。股神巴菲特2020年已经90岁了，还没有退休的打算，而他平均每年的投资收入，至少是30岁时的上千倍，这是靠劳动收入无法实现的。

此外，人的身体状况也会随着年龄的增大而变差，对医疗保健的需求就会增加。于是问题就出来了：退休后收入在下降，健康开支则在上升，"捉襟见肘"的财务状况就容易出现。

因此，我们要想能够"安度晚年"，就需要尽早学会投资。

因此，无论从收入（劳动收入和投资收入）的视角，还是从人生（青年、中年、老年）的视角来看，现代人都需要学会投资，才能实现自己幸福的人生目标。当然，如果你能够降低自己的预期，那就另当别论。

投资的风险和收益

人们在考虑投资的时候，主要受到两个因素的影响，当然，前提条件是你有投资的资金，以及投资的意愿。

影响投资的第一个因素，当然是投资收益。衡量投资收益，有绝对指标和相对指标。绝对指标就是投资收益，也就是你能够获得多少投资回报。比如你投资100万元，每年有5万元的投资回报，这就是你投资100万元的收益。

相对指标是指投资收益与投资额的比例，也叫投资收益率。刚才投资100万元每年能够获得5万元的投资回报，每年的投资收益率为5%。

人们对投资收益的要求，一般会把绝对指标和相对指标结合起来考虑。当投资额较少时，更加看重相对指标，也就是投资收益率；而当投资额较大时，对相对指标的要求就没那么高了，因为总的投资收益增加了。比如你只有100万元用来投资，那么，会倾向于投资收益率较高的品种，因为这样才能使投资收益较大，比如有20%的年收益率，你每年就能获得20万元的投资收益；而当你有1 000万元用于投资时，15%的年投资收益率也是可以接受的了，因为这样一年也有150万元的投资收益。

为什么会这样呢？主要原因有两个：第一，人们还是从总的投资收益来考虑问题的，当投资额增加后，即便投资收益率有所下降，总的投资收益是增加的，人们就容易获得满足；第二，就与我们马上要讲的投资要考虑的另一个因素有关，也就是投资风险。

即问即答：你是如何理解风险的？如果让你对风险下一个定义，会是怎样的？

经济学家和投资人对风险的理解还是不太一样的。经济学家把风险定义为"未来的不确定性"。不确定性越大，风险就越大。比如，现在A股的股价，既可以一天涨10%，也可以一天跌10%，也就是说，一天可以在20%的幅度内波动，而在科创板和创业板，涨跌幅限制是20%，就意味着每天可以在40%的幅度内波动。而国外的股市，对个股一般是不设涨跌停限制的，波动的幅度就更大。

如果我们投资的是国债，那收益就基本上是固定的。当然，债券市场也会有波动，这与央行对利息的调整有关。如果利率往下调整，那债券的价格就会上涨，因为你购买债券时的利率是锁定了的，假定原来发行债券时的利率为5%，意味着你买100元的债券，每年可以获得5元的投资收益；现在如果央行把利率下调到4%，那就意味着要想获得5元的收益，就需要投资125元了，这就是为什么利率下降，债券价格要上涨的原因。

但无论债券市场如何波动，都不像股市的波动那么大，也就是说，债券市场的不确定性，没有股票市场的不确定性那么大。所以，在经济学家看来，投资股票的风险就大于投资债券的风险。

投资人对风险的定义很简单，就是损失的可能性，甚至就可以简化为损失。说哪样投资有风险，就意味着这个投资品种会造成损失。

其实，投资与风险是相伴随的，没有风险的投资，基本上是没有的。把钱存在银行，在绝大多数人看来，应该是没有风险的了，但在历史上，银行被挤兑，以至于不能收回本金的情况也是有的。

创业的风险就更大了，超过 90% 的创业企业会以失败而告终。所以才会有风险投资基金，它们通过对多家创业企业的投资，只要其中有 10% 的项目成功了，就能获得投资收益，而不是只投资一家创业企业。这就有点像保险公司，虽然在一些客户上要赔付很多，但由于绝大多数情况是不需要赔付的，所以才能盈利。

风险和收益是投资的一对"孪生兄弟"，收益率越高的，风险也往往会越大，比如前面所说的股市；反之，收益率低的，风险也会小一些，比如前面所说的债券。所以，投资者要对自己的投资进行整体构想，既不能把所有的钱投入高风险的品种，这样一旦遇到崩盘，就可能满盘皆输；也不能只投资低风险甚至无风险的品种，那样收益率又很低，会影响总体的投资收益。

在西方发达国家，家庭资产一般采取"1234"分布法。10% 的现金用于日常开支，当然，现在电子货币发达，不需要持有那么多的现金了，但凡是可以随时用于支付的货币，我们都可以称之为现金，无论是锁在家里保险柜里的，放在自己钱包里的，还是银行卡上的，或者"微信""支付宝"里的；20% 用于保障，比如购买重大疾病保险、财产保险之类；30% 用于非固定收益理财，比如股票；40% 用于固定收益理财，比如债券。这四部分钱分别被称为"要花的钱""保命的钱""生钱的钱""保本升值的钱"。

这就是俗话所说的，"不要把鸡蛋放进同一个篮子里"。这既是针对大类的投资品种的，也可以针对风险较高的品种里的选择，比如股票，全部买入一只股票，风险就增大了，一般来说，个人投资者会根据自己的资金量，买入 3 ~ 10 只股票；股票基金由于资金量大，买入的股票就更多了。

换句话说，就是要做好风险与收益的均衡。

人生最大的投资

人生最大的投资是什么

投资是门大学问，不仅有技术的因素，更有艺术的因素，不可能简单地说清楚。需要清楚的一点是，一个人必须要有投资的意识。缺乏投资意识的人，是不可能成功的。也许你会说，那些伟大的科学家、艺术家，也没有投资股市、企业啊。这就是我们要分析的另一个相关话题：什么是人生最大的投资？

有的人可能会说，是钱啊。但是当遇到严重通货膨胀的时候，钱真不是个东西，就好比讥讽股市的那个顺口溜：一头猪进去一粒米出来。

关于通货膨胀，我们会在后面专门讲到。

有的人也许会说，权啊。权就更不用说了，"今朝权在手，明天阶下囚"的情况都很多呢，更不用说其他了。

至于其他，就更难说了。有的说靠父母，那父母一般来说是要早你离开这个世界的；有的说靠丈夫，那离婚之后怎么办，何况现在的离婚率越来越高。

所以，这些都是靠不住的。

答案只有一个，那就是靠自己。

靠自己的什么呢？能力啊。如果用经济学的话来说，就是自己的人力资本。所以，人生最大的投资，是投资自己的人力资本。

这就回答了刚才那个问题：从来没有在房子、股市、企业进行投资的科学家和艺术家，也成功了，也是幸福的，那是因为他们投资了自己的人力资本。

人力资本投资的四个方面

如何投资自己的人力资本呢？人力资本理论告诉我们，人力资本投资主要通过以下四个途径：第一，教育，这是你在离开学校进入社会之前的事情；第二，培训，这是你在职场中的事情；第三，医疗保健，这是事关我们身体甚至生命的事情；第四，工作转化，或者叫工作变迁，这是更多地积累我们的阅历和经验的事情。

所以，人生最大的投资，就是围绕上述四件事，在自己身上进行投资。这不仅是对自己，对子女也应该如此。很多父母在子女身上很舍得花钱，但是不是都花在与人力资本增加有关的事情上了呢？不好说。

接下来，我们简单地介绍一下人力资本投资的四个方面：

教育

无论对于国家还是家庭来说，在教育上的投资是会超过投资平均收益率的。这不仅是因为教育能够提高我们的劳动技能，获得更多的劳动收入。教育还能够提高我们的文化素质和道德修养，使我们更能够认识到幸福的真谛。此外，父母接受过良好教育的，一般会更加重视子女的教育，也更能够投资子女真正的教育。因此，教育的收益是多方面的，不仅仅是经济收入。

培训

大凡重视员工培训的组织，也会发展得更好。高素质的员工队伍，是一个组织真正的核心竞争力。有些组织甚至有"强制性"的培训计划，把是否完成了培训任务作为年度工作的考核任务。这些组织是把员工培训的支出看成"投资"的，而只有目光短浅的组织，才会把员工培训的支出看成是"费用"。

说到培训，有两点应当说明：一是"干中学"，一是"终身学习"。与培训相似的是，这两者都是在员工完成学校的正规教育之后，在工作中的人力资本投入。所不同的是，这两者不一定能够在组织的财务里体现出来，但却是增加人力资本非常重要的两个方面。

医疗保健

其重要性就毋庸置疑了，但问题却是最多的。首先，我们的观念有问题，往往是有了病之后，才真正体会到其重要性，而且往往病愈后就又"好了伤疤忘了疼"。正确的做法是，以预防为主，以保健为主。其次，有些组织还把员工的健康看成员工的"私事"，不愿意投入。其实我们都知道，一个由身心健康、充满活力的员工组成的组织，才具有更强的竞争力。但目光短浅的组织会这样想，某员工如果健康出了问题，那我们辞退，再招聘新员工即可。这样的想法，有以下问题：第一，现在法律不允许轻易辞退因公造成健康状况受损的员工，而有时候是否因公是不太好鉴定的，因此，辞退成本很高；第二，招聘新员工，从招聘到成为熟练工人，成本同样很高；第三，"好事不出门，坏事传千里"，如果你的企业是这样的话，那估计根本就招聘不到合适的员工。因此，一个具有长远眼光的组织，是重视员工的身心健康的，比如为员工提供定期体检、心理辅导和疏导、体育锻炼设施和活动等福利。

工作变迁

不同的工作，会锻炼员工不同的能力，因此，现代人力资本理论把工作变迁也视为人力资本投资的一个方面。我们党对干部的培养，就是一个很好的案例。一般来说，要提拔一名干部，往往需要有基层工作经验、有多岗位工作经历。

我们常说，人才是 21 世纪最关键的资源，而所谓人才，用经济学的话来说，其实就是人力资本存量高的人。因此，重视人力资本投资，无论对个人、对家庭、对组织、对国家都是必不可少的。

为何难逃"富不过三代"之咒

千秋万代，是我们中国人对家庭的最大愿望和美好祝福。封建皇帝希望自己的江山永固，千秋万代不倒，因为对于皇帝来说，国就是家。因为重视"千秋万代"，所以才会有"不孝有三，无后为大"，所以我们也很喜欢搞"家谱""族谱"。但我们现在还能看到哪些家谱、族谱呢？估计最著名的就是孔子、孟子的家谱了，有时候会遇到孔子的第八十几代孙。

另一方面，我们头上似乎又总是被罩着"富不过三代""官不过二代"的咒语。确实，父子同朝为官的还有不少，而祖孙同朝为官的，就极少了。如果说做官的影响因素很多，特别是自己不能把控的因素也很多，那么经商呢？应该说自己能够把控的因素要多些，为什么也会"富不过三代"呢？更多情况是：第一代创业，第二代守成，第三代败家。

关于这一问题，当然不是能够简单回答的。但从人力资本投资的角度，似乎能够给出一点启发，那就是教育。这也就是我们为什么要先讲到孔孟世家的原因。

先看国家，凡是能够发展的国家，无不是重视教育的国家。日本明治维新的重要内容之一，就是大力发展国民教育。一般以教育投入占 GDP 的比例来衡量一个国家对教育的重视程度，且一般以 4% 为分界点。我国是 2014 年达到 4% 的，虽然此后一直保持在 4% 以上，但也没有更大的进展，2019 年财政性教育经费 40 049 亿元，当年 GDP 为 99.08 万亿元，也就 4.04%。而世界平均水平为 4.487%，我国在世界 190 个有可比数据的国家中，排第 110 位，处于中下水平。

家庭也是一样，一般来说，重视教育的家庭，其发展状况会好于不重视教育的家庭。教育不仅能够让人增长知识和技能，更重要的是培养道德情操和思想见识。倒不是说富有的家庭不重视教育投入，而是如何投入的问题。这就涉及教育的本质是什么。当然这是一个大话题，如果要简单地说，那教育就是培养有道德、有文化、守纪律的人，让孩子热爱学习，培养学习能力。而不少富有的家庭，刚好本末倒置，认为只要舍得投入，就是重视教育，认为多学点技能，就是教育，结果是不顾孩子的兴趣，送到各种兴趣班里，最后不仅没有学到技能，还让孩子养成了讨厌学习的心理，因为他们没有从学习中获得乐趣，怎么可能不讨厌呢？

就以读书为例。2015 年本书第一作者在英国访学，发现英国的火车上，人们一般都是读书看报的，不像我们，基本上是拿着手机看视频、看短信。犹太人每年人均读书超过 60 本，俄罗斯 55 本，德国 47 本，日本 45 本。中国新闻出版研究院 2019 年 4 月 16 日发布的第 16 次全国国民阅读调查结果显示，我国年人均读书 4.67 本，人均每天读书时间只有区区 19.8 分钟。

这是整个国民的情况。那么，富有的家庭呢？据联合国对世界 500 强的企业家的调查，日本企业家年均读书 50 本，而中国的企业家年均读书 0.5 本，相差 100 倍。所以日本的一些著名企业，如松下，从其创始人松下幸之助 1918 年创立算起，已经超过 100 年，成为名副其实的"百年老店"，虽然公司现在的掌门人已非松下家族成员，但松下家族占有的股份，使其没有陷入"富不过三代"之咒。由丰田喜一郎于 1933 年创办的丰田汽车公司，也将进入"百年老店"行列，其现任董事长丰田章男，已是第四代传人，也打破了"富不过三代"的魔咒。而我国前些年的"民营企业接班人问题"，就曾令众多民营企业主苦恼。

世界最著名的富豪家族——罗斯柴尔德家族，据称到 2020 年已经拥有 50 万亿美元的巨额财富，而美国 2019 年的 GDP 仅为 21.7 万亿美元。从其创始人梅耶·罗斯柴尔德算起，现在已经是第八代掌门人了。这个叱咤风云 300 多年的犹太人家族，除了集低调与奢华、保守传统和不断创新于一身外，就是重视教育。

可见"富不过三代"的魔咒是可以打破的，打破的"武器"就是教育。因为只有教育才能培养出不败家的后代。即便后代里的某一代缺乏管理精英，也可以通过所有权与经营权的分离，聘请职业经理人负责管理，以降低经营不善的风险。福特汽车就是一个典型的例子。自亨利·福特 1903 年创立之后，第一、二、三代掌门人都是福特家族中人，但第四至第八任掌门人都不是福特家族成员，第九任又回到福特家族，然后从第十任至第十二任，又由非家族成员担任。但福特公司在世界 500 强中的地位，在世界汽车界前几名的地位，只有波动，而没有被"剔除"。

提升幸福感的几种方式

短期与长期

根据前面的幸福公式：

$$幸福 = \frac{效用}{预期}$$

那么，提升幸福感的方式，从大的方面来说，无非两种：第一，增加效用；第二，降低预期。

但另一方面，我们也可以根据时间长短来划分，那么提升幸福感的方式，可以分为短期和长期两个方面。

从短期来看，我们可以假定预期不变。于是，根据萨缪尔森的幸福公式，就可以认为，幸福感主要与效用有关了。

当其他条件不变时，我们又可以简单地用收入来代表效用。这是因为：第一，虽然效用确实会因人因时因地而异，但正如前述，"多比少好"是通用的，而要消费更多的物品和劳务，需要更多的收入；第二，效用是主观的，不太好衡量，但收入是客观的，分析起来更方便；第三，当我们给商品和劳务定价时，给效用大的商品定更高的价格，实际上是可行的，尽管不同的人对同一商品的效用评估不同，但总可以从平均的角度考虑问题，而且，我们还可以根据效用标准的不同，而对消费群体进行区分。

因此，就可以得出幸福与收入正相关的结论。这大概也符合人们的常识：越有钱越幸福。要不，很多人为什么要"一切向钱看"呢？

但从长期来看，由于预期会发生变化，因此，就不能仅仅考虑效用或收入的情况了。

增进幸福的方式

因为从长期看，需要考虑预期的变化情况。再结合我们在前面对预期的分析，我们容易根据幸福公式得出结论，要增进幸福，无非两种方式：

方式一：效用增加的幅度大于预期增加的幅度

这就包括：一是预期不变，但效用增加；二是预期增加，但效用增加得更多。

当一个人的生活环境没有发生大的变化时，可以假定其预期是不变的。比如，还是生活在偏僻的农村，也没有什么外界接触；还是原来的文化层次；还是生活在原来的家庭等，那么，人的预期就不太会发生变化。

在这种情况下，只要效用增加，就能够增进幸福。效用是通过消费物品或劳务所带来的，而购买物品或劳务是需要金钱的，因此，我们可以说，当收入增加后，人们的效用增加了。在这里，我们也不用区分收入和财富。

或者，虽然预期也在提高，但效用增加的幅度更大，人们还是会增加幸福感。

当然，如果收入增加，而又能降低预期，当然幸福感就会"爆棚"，增加得更多。但这样的情况又有多少呢？因为"正常"的情况是，随着收入的增加，人们的预期也会提升。其实也有不少人在其一生中，正是收入上升而预期降低的。当收入达到一定水平后，物质生活已经基本得到满足，发现其实人一辈子，并不需要多少钱。调查也发现，中产阶级的幸福指数最高。低收入阶层，由于基本的物质生活可能都得不到满足，当然幸福指数不会高。高收入阶层呢，虽然收入高，但往往"想法"也多，所以也不一定很满足。

收入增加后，人们的幸福感就会增加，这应该是"常识"，要不为什么人们要努力增加收入和财富呢？但在1974年，美国南加州大学经济学教授伊斯特林发表了一篇文章，标题是："经济增长对人类有改善吗？"他通过研究发现，美国20世纪的人均收入得到了很大的增长，但美国人的满意度并没有得到提升。这就违背了这个"常识"，所以，伊斯特林的这个发现，被称为"伊斯特林悖论"，或"收入—幸福之谜"。

其实，我们认为并不存在所谓的"伊斯特林悖论"。因为人们的预期是会随着收入的增加而上升的。一个月收入3 000元的人对收入的预期和一个月收入3万元的人的预期肯定是不一样的。所以，随着人们收入水平的提高，人们的预期也在发生变化。如果收入的增加赶不上预期的膨胀，那幸福感就会下降。比如你刚进某一单位时，觉得月收入3 000元就满意了，3 000元就是你的预期，因此，如果你第一个月领到了 3 500 元的工资，你就会感到幸福。但随着你在该单位上班时间的延长，你逐渐了解到单位的很多情况，比如和你在同一个办公室工作的同事，月收入是 5 000 元，而你发现你干的事情并不比他少，于是你就不会满意自己的工资收入了，因为这时你的预期收入可能达到了 4 000 元，3 500 元的月收入就低于你的预期了。

所以，人们就提出了"相对收入"的概念。绝对收入是指你拿了多少钱，而相对收入则需要有一个"参照点"。这个参照点，从纵向来看，就是你过去的收入水平，比如上个月 3 500 元，那么这个月如果超过 3 500 元，你就会感到满意。从横向看，就是与你"差不多"的人的收入水平，比如你的同事、你的邻居。我们一般不会与差距很大的人进行比较，比如，助教不会与科学院院士进行比较，跑龙套的不会与成龙进行比较，在地级市打篮球的不会与姚明进行比较。所谓嫉妒，也是发生在认为"差不多"的人之间。

其实，用"相对"这个概念很容易理解，所谓的"伊斯特林悖论"根本就不是"悖论"。我们以学习成绩为例。大家在小学时成绩都不错，那时如果低于 90 分，就会认为考得不好，要考"双百分"才满意。到了中学，可能 90 分以上就很满意了。而到了大学、研究生阶段，80 分就很满意了。那么，难道我们可以说这是一个"知识—成绩悖论"吗？知识越多，成绩反而越差？我们当然不会这么认为。那为什么一到了"收入—幸福"这个关系的时候，就认为是"悖论"呢？

收入是可以用绝对数来衡量的，但幸福指数肯定是一个相对数，用一个绝对数和一个相对数来进行对比，本身就是"荒谬"的。

所以，在收入增加的过程中，由于预期肯定是会不断上升的，一般来说，要收入的增加幅度大于预期的增加幅度，人们才会感到幸福。

在经济增长过程中，人们的收入，无论是以货币来衡量的名义收入，还是以购买力来衡量的实际收入，一般来说是增加的。因此，只要预期膨胀的速度不超过收入增加的速度，人们的幸福感还是会增加的。

之所以出现"伊斯特林悖论"，实际上是因为人们预期上升的幅度，超过了收入增加的幅度。

这就与预期的影响因素有关了。我们在前面分析预期时介绍过，当人们过分地关注物质利益时，对收入的预期就容易产生膨胀。因此，需要我们在物质生活得到充分满足的情况下，更多地关注精神层面的东西。从人类未来发展的视角看，也需要我们更多地关注精神生活，因为地球的承载力决定了人类的长期持续发展，是不能仅仅靠资源投入来获得的。桃花源式的简朴生活虽不会让大多数人向往，但奢侈的生活方式也不足取，人类应该选择的是物质与精神兼顾的发展模式。

方式二：效用减少的幅度小于预期降低的幅度

月有阴晴圆缺，一年有四季，一日分昼夜，这是自然规律。同样地，经济增长也不可能直线向上，而是"螺旋式上升"的，经济周期就是证明。当经济从繁荣期转入萧条期，人们的经济收入也会受到影响，我们从物质消费中所获得的效用也就会降低。此时，提升幸福感的方式就只有降低预期，否则只会怨天尤人，导致幸福指数大幅度下降。

其实，这就是中国古人所讲的"知足常乐"。这里的"知足"，不是与去年比，因为我们处在经济萧条期，今年的收入完全可能低于去年的收入，如果这样比的话，那还是不满足的。此时，纵向来说，应该与上一次萧条期的情况比；横向看，应该与收入下降得更快的人比，这样，我们才可能"知足"。

乐观的人才可能达到这种境界。因为悲观的人会在萧条期预判情况会越来越差。当年很多知识分子和领导干部被下放到农村劳动改造，效用是肯定减少了的，那怎么办呢？有的人受不了，颓废了甚至自杀了，但有的人乐观地"熬过来"了，其"诀窍"无非就是把预期降到更低的水平。

俗话说，"一根田坎三节烂"，人生不可能一帆风顺。因此，逆境中怎么办就显示了一个人的生存和发展的能力，现在有个词叫"逆商"，就是指一个人面对挫折、摆脱困境的能力。为什么现在那么重视逆商？不是因为我们的状况更差了，而是因为我们的状况更好了，很多孩子没有经历过逆境和挫折，一旦遇到就受不了，现在孩子中患抑郁症的比例不断上升，就是逆商不够造成的。所以，现在也提倡"挫折教育"，目的就是要提高孩子的逆商。

坏理由、好理由和无理由的幸福

人类的终极目标

亚里士多德说过，人类的终极目标是追求幸福。但回顾两千多年来的人类史，似乎我们并没有为这个目标而努力，或者说，虽然我们在为这个目标努力，但努力的方向有可能偏了，不知道到底什么是真正的幸福。

就以经济为例。如果以时间为横轴，人均 GDP 为纵轴画一条曲线，那么也是进入 20 世纪，特别是第二次世界大战之后，人均 GDP 才直线上升的，这个转折点，最多可追溯到工业革命时期。如果我们站在今天的经济水平看转折点之前的人类的经济增长曲线，就是一条没有什么增长的水平线，人类在两千多年里的经济生活，没有多大的变化，一代一代人所过的生活，所消费的物品，基本上只是重复而已。

随着科学技术的进步，人类的经济水平出现了前所未有的增长，虽然在这个地球上还有不少国家的经济增长因受到战争、国内动乱等因素的影响停滞不前甚至倒退，但整个世界的整体经济水平是快速提高的。于是，人类又陷入了另外一个误区，"唯经济论"，以为只要经济增长了，就什么问题都解决了。

于是，生态环境恶化、人际感情淡化等问题又成为阻碍我们追求幸福的绊脚石。

早在 1970 年，地处中国和印度之间的不丹国王就提出了 "国民幸福总值"（Gross National Happiness，GNH）的概念，包括政府善治、经济增长、文化发展和环境保护四个方面。从 2006 年开始，诺贝尔经济学奖获得者丹尼尔·卡尼曼等人开始编制 "国民幸福指数"（National Happiness Index，NHI），由社会健康指数、社会福利指数、社会文明指数、生态环境指数构成，希望整体反映一个国家的幸福程度。

在我国，对政府官员的考核也从 "唯 GDP 论" 转到了综合考核上来，同时也在评选幸福城市。这些都是向人类的终极目标—— "追求幸福" 迈进啊。

幸福指数立马提升 40 个百分点

前面主要是以著名经济学家萨缪尔森的幸福公式为基础来分析的，因为本书名与经济学相关。但现在的行为经济学，相当于是在用心理学来研究经济现象。所以接下来，我们不妨引用积极心理学之父、美国心理学会前主席塞利格曼给出的幸福公式：

总幸福指数 = 先天的遗传素质 + 后天的环境 + 你能主动控制的心理力量

后来还有人专门做过实证，发现上述三个影响幸福感的因素中，其影响程度大约如下：先天因素占 50%，后天环境占 10%，心态占 40%。

我们有一次在企业上课，讲到一个与幸福有关的问题，就引用了塞利格曼的这个幸福公式，并宣称：我们可以让你们的幸福指数立马提升 40 个百分点。指的就是心态在影响因素中的比重，尽管我们是开玩笑说的。

现在，知道心态对我们有多重要了吧。不信你查一下各种关于长寿老人的报道，也许每位长寿老人有各自的"长寿秘诀"，但大都有一个共同点，那就是把"心态好"作为长寿的"秘诀"之一。

三种幸福

如果要对幸福进行分类，大体可以分为三种：

坏理由的幸福（快乐）

这是指因为那些不符合社会公认的行为而导致的幸福（快乐），如喝酒、吸毒等。"何以解忧，唯有杜康"，人在喝了点酒之后是会获得快感的。我们很多人都喝过酒，只要不喝得酩酊大醉，确实可以从中感到一种轻松和快乐。绝大多数人没有吸过毒，但据那些吸毒的人说，吸毒之后也是能够感受到一种所谓梦幻般的快乐的。

这些，都属于坏理由的幸福。

至于那些变态人格者，更有一些难以启齿的快乐方式，也可一并归入坏理由的幸福。

好理由的幸福

就是指那些得到社会认可的行为和结果导致的幸福，如考上理想的学校，找到理想的工作，提职加薪，获得表彰奖励，等等。

研究表明，行善也能带给人快乐。当我们帮助别人时，不仅仅是因为我们有这个能力而高兴，更是因为我们从别人感激的言语和表情中，体会到了一种难以言表的快乐。所以，"日行一善"就成为很多人的行为准则。

行善，如有能力像下列人士这样，当然很好：1979 年 10 月，特蕾莎获得诺贝尔和平奖，她把奖金用于修建一所麻风病院。中国上市公司福耀玻璃董事长曹德旺也是著名的慈善家，据媒体统计，他先后捐出善款累计达 110 亿元人民币。

但对于大多数人来说，没有这样的能力。因此，我们要扩展行善的范围。可以说，任何一种能使别人高兴的言行都叫行善。

无理由的幸福

其实我们的快乐，是可以不需要理由的。

弥尔顿有诗云："一念天堂，一念地狱。"这句诗当然可以从很多方面去理解，但在这里，我们想解读为：快乐或痛苦，其实也在我们的一念之间。

也许有人会说，要想做到无理由的幸福，需要修炼吧。

这话当然也对，但也不对，因为这是人人都可以做到的，因为不需要理由啊！

坏理由的快乐不会得到社会的认可，反而会伤害自己的身体；好理由的快乐需要条件，不是每个人每个时刻都能满足这些条件的，因此，这种快乐是短暂的；只有无理由的快乐不需要条件，因此，人人都可以随时随地做到，这才是真正的快乐。

曾经在《读者》上读到一篇小文，说有三件事不能等待：

感恩不能等待，不要说等我有条件了才能感恩，感恩常常只需要一句话；

孝敬不能等待，不要说等我有钱了才能孝敬，父母常常只需一声问候；

锻炼不能等待，不要说等我需要了才锻炼，当你感到需要的时候往往已经躺在病床上了，而锻炼只需每天半小时。

我们觉得写得很好，但我们还想再加三条：

行善不能等待，不要说等我们有了条件才行善，因为我们都有条件，只需平日里温暖的话语，公交车上简单的让座，行路途中顺手帮一把提着物品的老人。

学习不能等待，不要说等我们有空了才学习，学习只需每天哪怕一刻钟。

幸福不能等待，不要说如果怎样我们才幸福，幸福就是一种心态，你想幸福就幸福！

既然古希腊先哲亚里士多德都说了，人类的终极目标就是追求幸福，那就让我们想幸福就幸福吧！

企业目标

假如必须等待积累去使某些单个资本增长到能够修建铁路的程度，那么恐怕直到今天世界上还没有铁路。但是，集中通过股份公司转瞬之间就把这件事完成了。

——卡尔·马克思

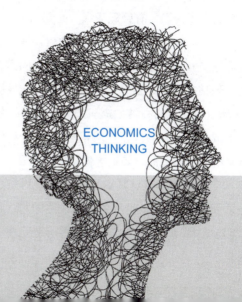

ECONOMICS
THINKING

为什么需要企业 —— 企业的性质

科斯的故事

在介绍企业的目标之前，先要弄清楚一个"元问题"，那就是：为什么需要企业？

"为什么需要企业？"这个问题看似很无聊甚至很愚蠢，其实不然。大大小小的企业古今中外都有啊，还需要问为什么吗？这不跟问"人为什么要吃饭"一样吗？也许，正是因为大家都忽视了这个看似不是问题的问题，才有了科斯的重大发现，才有了 20 世纪经济学的重大进展之一：交易成本经济学，以及以此为基础的新制度经济学、法律经济学。

科斯思考问题的逻辑是这样的：既然在古典经济学里，市场是无所不能的，是最好的资源配置方式，那就一切活动都通过市场好了，为什么还需要有企业呢？ 1931年，伦敦政治经济学院 21 岁的二年级学生科斯获得了一笔奖学金，他决定去美国考察产业结构。在美国为期一年的游学考察的成果，就是 1937 年的经典论文《企业的性质》。在这篇散文式的经济学论文里，科斯回答了自己提出的问题。

配置资源有两种方式，企业和市场。通过市场配置资源，需要有交易成本；而通过企业配置资源，需要有管理成本。当交易成本小于管理成本时，通过市场配置资源是经济的；但当交易成本大于管理成本时，通过企业配置资源是经济的。

这篇论文和 23 年后的论文《社会成本问题》，使科斯获得了 1991 年的诺贝尔经济学奖。恐怕在诺贝尔经济学奖得主中，科斯是成果最少的，也是寿命最长的，他于 2013 年以 103 岁的高龄仙逝。如果按照平均每年的成果来计算，那他毫无疑问就是"年均成果"最少的人了。但科斯对 20 世纪经济学的影响，估计只有约翰·梅纳德·凯恩斯能够超过他。如果能像科斯这么长寿，那凯恩斯无疑会是第一位获得诺贝尔经济学奖的经济学家。其实根本无须像科斯这么长寿，凯恩斯只需要活到 86 岁，也就是活到 1969 年有了诺贝尔经济学奖即可。科斯虽然绝对成果（数量）和相对成果（"年均成果"）最少，但其直接影响是促使了上述新学科的诞生，间接影响则是鼓励了经济学家不断去突破古典经济学的基本假设，而20世纪的经济学，正是在这种不断突破假设的基础上前进的，而且这种影响还会继续。

企业的运行

当我们进行理论分析时，当然可以简化，就像科斯把资源配置方式简化为市场和企业一样。而在实际运行中，却不是那么界限分明的。

企业在运行中，实际上是要充分利用市场和企业两种资源配置方式的。我们以一个简单的制造业企业为例。当我们招聘员工时，是通过劳动力市场完成的，甚至今后需要临时工时，也是通过劳动力市场。但当员工进入企业后，对员工的管理则是通过企业内部的方式配置资源。当我们需要原材料、机器设备、零部件时，是通过市场采购的，但当这些物资进入企业之后，如何使用，则是通过企业内部的方式进行配置。我们所生产的产品，则是要通过市场来销售。

现代企业的组织方式，似乎可以改变这一切。比如现在很多单位的保安，就不是单位自己招聘、培训和管理的，而是通过保安公司。最核心的设计人员，也可以通过和设计公司合作，不需要自己招聘和管理。甚至连生产，也不需要自己去完成，像世界著名的运动品牌耐克那样，全部外包给生产企业。同样，销售也不一定要设立自己的销售部门和遍布各地的销售公司，而是委托其他公司销售。总而言之，传统企业里的每一个环节基本上都可以外包。

当然，以上是针对不同企业而言的，对于单个的企业来说，你不可能什么都外包，那你这个企业就没有存在的必要了。你总得有一样属于自己的核心竞争力，或设计，或生产，或销售。

与之相反，就是把本来通过市场配置的资源拉进企业内部来。比如，原来是通过市场购买原材料，现在我们把生产原材料的企业收购了，就变成了企业的一部分。这叫纵向一体化，就是产品的上游、下游的合并。比如生产汽车的，把生产车身的并购了，这就是历史上著名的"通用汽车兼并费雪尔车身"。与之相对应的是横向一体化，就是兼并与自己相同或相似产品的企业，国内著名的横向一体化案例，如青岛海尔兼并各地的冰箱冰柜厂，海螺水泥兼并各地的小水泥厂。

不过，这也告诉我们，现代企业的组织方式是多样化的，所谓的市场配置方式和企业配置方式，没有分明的界限。由于不同企业的成本不同，故采取不同的资源配置方式，是通过市场多一些，还是通过企业多一些，要根据自己的实际情况而定。同一家企业在不同的阶段也会有所不同。比如企业小的时候，更多通过市场配置资源，而企业做大之后，就可能增加企业配置资源的比重。一定要注意的是，这不是必然的规律，有时候往往是企业领导层的权利意识在作怪。现在的"大企业病"就需要引起重视。通过兼并做大的企业，还要注意文化的差异，这会加大管理成本。"小即是好"，有时候在企业经营中也是适用的。

企业的目标

企业的目标是什么？经济学用一句话来表达：利润最大化。

一说到利润最大化，就会受到非经济学家的非难：在你们经济学家眼里，就只剩下钱了！在现实中，还是有很多企业不是这样的，它们并不"唯利是图"，也乐于承担很多社会责任。

这实在是对经济学的误解，也是不懂经济学的人随便下的结论。

在此，我们想做三点解释：

第一，经济学之所以提出"利润最大化"目标，是为了便于分析，正如前面对个人目标所提的"效用最大化"一样。有人说，这是为了数学分析的方便，这有一定道理，但不是全部。即便不用数学，我们也需要有一个分析的参照系，或者说标准。如果没有这个参照系，就难以进行分析。

举个例子，比如踢足球。踢足球的目标是什么？当然是进球越多越好啊。前锋的每一脚射门，难道不是冲着对方的球门去的吗？但我们会不会因此而责难：球员的每一脚，都要射门呢？球员的每一次射门不中，都是渎职呢？

企业也是一样啊，虽然目标是利润最大化，但并不是说时时刻刻都要算计，每个措施都必须赚钱，而且必须利润最大化。

但有了利润最大化这个参照系，我们就可以分析企业的策略和行为是不是偏离了这个目标，是不是需要进一步改进，这对企业的发展是有利的。

第二，企业的行为，有短期行为和长期行为之分，真正能够发展壮大的企业，是长期与短期兼顾的。如果所有的决策都必须是短期利润最大化的，那这样的企业也不一定能够成为长期来看优秀的企业。有的时候，正如古人所言，"舍"是为了"得"，为了更大的"得"，所以，企业的有些短期行为，并不一定是为了短期的利润最大化。比如"5·12"汶川大地震后，很多企业慷慨捐款，这捐款就是没有利润的，更谈不上利润最大化了；但从长期来看，增加了社会对企业的认同度，对企业的发展是有利的。典型的例子就是当时的"王老吉"，因为捐款 1 亿元，顿时大受消费者称赞，不惜用"上一罐买一罐，'封杀'王老吉"这样正话反说的方式，支持该企业的产品。

第三，现在热衷于研究的一个话题是企业的社会责任。很多老板说："企业做大了，就不是自己的了。"这话所表达的意思，一方面可能有无奈的成分，就是当老板的不能随心所欲，比如不能想关闭就关闭，不能想用公司的钱就用公司的钱，因为还有那么多员工的就业问题，有公司的管理制度；另一方面，这话也体现了老板的社会责任感，企业做大了，就要承担更多的社会责任。

但如果企业连自己的生存和发展都有问题，它哪里还有能力去承担社会责任呢？因此，对于企业来说，不能本末倒置，生存和发展才是企业之本。在我们看来，企业的社会责任，更重要的是遵守社会公德和职业道德，守诚信，不要制造假冒伪劣产品去坑害消费者，而不是赚了钱之后再以"赎罪"的方式去捐助。

当然，我们也可以表达得更温和点，正如可以把"人是自私的"修改为更温和的"人是理性的"一样，"利润最大化"也可以修改为更温和的"相关者利益最大化"。

有哪些利益相关者？那就多了：股东、债主、政府、员工、客户、社会，都是。要给股东创造最大利润，保证债主的本息按期支付和偿还，为政府创造最多的税收，为员工创造最大的福利，为客户创造最好的产品和服务，为社会创造最大的价值。但如果这样一项一项地分析，那就不是经济学的任务，而可能是管理学和其他学科的任务了。

前面多次提到，经济学是从相对抽象的角度分析问题的。因此，我们还是以"利润最大化"作为企业的目标。一家没有利润的企业，我们也很难想象它能够实现"相关者利益最大化"的目标。

而分析利润，我们又把它简化为收入减去成本。因此，我们需要一项一项地分析，然后把它们合在一起来分析。

为什么生产越多亏损越多 —— 生产成本

本书第一作者在政府部门工作的时候，曾经到一家纺织企业去进行调研。该企业资不抵债，面临破产。经过多次调研，他撰写了一份调研报告提交给领导。在报告中，他使用了"该企业生产越多亏损就越多"的话。

为什么会出现这种情况呢？我们需要对企业的生产成本进行分析。

固定成本和变动成本

在前面"资源约束"一章里，我们讲到了经济学家的成本概念，其实就是"机会成本"。这是从经济决策的角度来谈的。由于资源是有多种用途的，当我们在决策的时候，可以用于 A，也可以用于 B、C，等等。因此，我们需要在多种用途中进行取舍，这就要用机会成本来进行分析。

一旦决策之后就进入实施阶段。比如，现在办了一家企业，这个时候，我们就需要对企业的经济活动进行分析，这就涉及会计成本，也就是实际发生了的成本。

要生产，就需要有生产要素。古典经济学把生产要素简化为劳动和资本两项。如果我们再细致地分析，就会把劳动再细分为管理者的劳动、技术人员的劳动、生产工人的劳动、销售人员的劳动等，资本也会再细分为厂房、机器设备、原材料、燃料动力等。

再进一步分析就会发现，有些投入要素的成本与产量的关系不大，比如厂房、设备、管理人员的工资等。你一件产品都不生产，也同样需要支付成本。这一部分与产量关系不大的成本，我们称之为固定成本。

而像原材料、燃料动力、生产工人的工资等成本，则是与产量密切相关的，生产得越多，成本就越高。这一部分成本，我们称之为变动成本。

如果我们把所有成本分摊到每一件产品上，就是平均成本。平均成本又可分为平均固定成本和平均变动成本。在一定产量规模内，平均变动成本是一个不变动的常数，比如每件产品所用的原材料、工人工资基本上是不变的。当然，从长期来看，平均变动成本也会发生变化，这一方面是因为技术的进步，提高了劳动生产率，还有可能降低了原材料和能源动力的消耗；另一方面，产量的规模效应也会降低平均变动成本。

而平均固定成本是随着产量的增加而降低的。也就是说，当固定成本分摊到更多的产量上时，平均固定成本就降低了。比如厂房的租金，每个月是 200 万元，如果你生产 100 万件产品，那么，每件产品分摊的厂房租金成本是 2 元，而当你生产 500 万件产品时，每件产品分摊的厂房租金成本就降低到了 0.4 元。

停止营业点

现在我们来看看企业的经营状况。假定某企业只生产一种产品，该产品能够卖出的价格为 2 元。

如果该企业生产该产品的所有成本，包括生产成本、管理成本、销售成本，平均到每一件产品上，也就是平均成本，低于 2 元，比如 1.8 元，那企业每卖出一件产品就盈利 0.2 元，卖得越多，盈利就越多。

这当然是每家企业希望实现的情况。

当然，如果能够卖出的价格更高，或者平均成本更低，那就更好；如果价格更高和成本更低同时实现，那就"好上加好"了。

但在现实中，不可能所有的企业都能这样。想想看，如果所有企业都能这样的话，那就不会出现我们在本讲开头所说的那家纺织企业的例子了。

现在我们来看看第二种情况，假定售价还是 2 元，但平均成本超过了 2 元，比如 2.1 元，那企业每销售一件就要亏损 0.1 元了，这个时候，企业是继续生产呢，还是停止生产呢？

这就需要我们对成本的结构进行细分。

上面我们讲到，成本可以分为固定成本和变动成本。假定该企业的平均变动成本为 1.8 元，另外的 0.3 元是平均固定成本。假定生产 100 万件产品，我们来比较一下继续生产和停止生产的情况。

如果继续生产，企业亏损 10 万元，因为每件产品亏损 0.1 元。

如果停止生产呢？虽然与产量相关的变动成本是不需要开支了，但固定成本还是存在的，与你生不生产没有关系。由于平均固定成本为 0.3 元，也就是说，如果停止生产，企业将亏损 30 万元。

所以，当价格低于平均成本，但又高于平均变动成本时，企业还得继续生产，因为如果不生产，就亏损得更多。

这种情况，对于企业来说，当然是非常尴尬的：生产也亏，不生产也亏，而且不生产时亏得更多。

让我们继续推导。假定售价还是 2 元，但平均成本上升到 2.5 元，而且平均变动成本也超过 2 元，比如 2.1 元。

我们再来比较一下继续生产和停止生产的情况。

还是以产量 100 万件为例，如果继续生产，则亏损 50 万元，因为每卖出一件产品，就要亏损 0.5 元。

如果停止生产呢？那就不需要支付变动成本，而只需要支付固定成本。平均成本为 2.5 元，平均变动成本为 2.1 元，则意味着平均固定成本为 0.4 元。因此，如果不生产，则要亏损 40 万元。可见不生产时的亏损，反而比生产时的亏损更低。企业当然就会选择停止生产。

而如果继续生产，就会出现我们在本讲开头所讲的例子：生产越多，亏损越多。

从以上分析可以得出结论：当价格低于平均变动成本时，企业就不应该生产了。因此，经济学把价格等于平均变动成本的这个点，称为"停止营业点"，也就是说，当价格低于这个点之后，就应该"停止营业"了。

即问即答：那为什么不能把产品价格卖到平均成本之上呢？这样不是就盈利了吗？

关于这个问题，我们将在下一小节讲解，也不妨作为一个思考题，请大家思考。

短期成本和长期成本

以上所分析的是短期的情况。如果一旦遇到价格低于平均变动成本的情况就停止生产，那破产关门的企业不知道又要增加多少。

为什么呢？因为企业的发展是有一个过程的。在刚开始创业的时候，市场没有打开，产品也没有什么名声，不敢生产大量的产品。这个时候很可能就会出现亏损的情况，甚至是价格低于平均变动成本的情况。

随着企业的发展，这种情况很可能就会得到改善，比如，打开了新的市场，产品的名声也越来越大，企业产量就可能增加，而随着产量的增加，首先分摊的平均固定成本就降下来了；分摊的平均变动成本呢，也可能因为规模效应而得到降低；更重要的是，如果产品有了品牌效应，或者供不应求，销售价格也可能上升。这样"三管齐下"，就会改变创业初期的亏损局面。

所以，当我们对企业进行分析的时候，不仅要考虑短期成本，也要考虑长期成本。

需要注意的一点是，经济学对短期和长期的区分与会计学是不同的。会计学一般以时间来区分，将超过一个会计年度的称为长期，一个会计年度内的称为短期。经济学是以生产要素能否变动来衡量的，当所有生产要素都能变动时称为长期，如果不是所有要素都能变动则称为短期。

比如，原材料是很容易变动的，劳动力的变动要难一些，而厂房、设备的变动则更难一些。此外，不同的行业短期和长期的标准也不同，比如开一家小面馆，固定成本的变动是比较容易的，但如果是办一家炼油厂就要难多了，因此，炼油厂的"长期"就比小面馆的"长期"更"长"。

定价权为什么对企业很重要——企业收益

现在来介绍"企业收益"。毫无疑问，一个企业要生存和发展，不能没有收益。上一篇问了一个问题：企业为什么不能把价格定在平均成本之上呢？这样的话，就不会亏损了，而且生产得越多赚得越多？同时，管理学甚至有些经济学教科书不正是这样"教育"我们：在成本的基础上增加一个幅度，作为定价的依据？但事实上，售价低于平均成本，甚至低于我们在上一小节所讲的平均变动成本（停止营业点）的情况，不是也很多吗？这又是为什么呢？其实要回答这个问题，我们通过前面"市场约束"的知识就可以了：不是不想，而是不能。

企业的收益

假定企业只生产一种产品，那么，要计算企业的收益，就很简单：

$$收益 = 价格 \times 产量（销售量）$$

比如你生产并销售了 100 万件产品，每件产品的价格为 100 元，那么，你这个企业的收益就是 1 个亿。

从这个公式里，我们不难看出，企业的收益，是由两个因素决定的，一是价格，二是产量。我们在产量后面用括号标明了"销售量"三个字，意思很明确，就是说你的产量必须转化为销售量，才能变为收益，否则，就是堆在仓库里的库存。从会计的角度看，库存是"资产负债表"中属于"资产"类的项目，只有把库存的产品卖出去，才能把它变为"利润表"中的项目："销售收入"。

如果我们想定多高的价格都可以，想生产多少都能卖掉，那多好啊。世上有没有这么好的事呢？偶尔会有的。所谓偶尔，是指某些企业在某个时间点可能会遇到这样的好事。比如当以下两个条件同时满足时，就是这样：供不应求、独家垄断。

供不应求就意味着大家抢着买你的产品，当然你生产多少就能卖出多少；独家垄断就意味着没有竞争对手，你有定价权，不怕别人生产产品来冲击你的市场。你需要考虑的只是你自己的总收益，因为如果价格定得太高，需求就减少了，因此，你需要权衡价格和产量这两个"此消彼长"的因素，以获得收益的最大化。

接下来，我们就来看看企业的价格决策和产量决策。

产量与价格决策

对于企业来说，当然是产品卖得越贵就能赚更多的钱。那为什么不能把价格定高点呢？不要说定多高，就是定到平均成本之上也好啊，这样就能盈利了。但正如我们在前面介绍的，三种情况都有可能出现：第一是价格高于平均成本；第二是价格虽然低于平均成本，但高于平均变动成本；第三是价格低于平均变动成本。

企业传统的定价方式是在平均成本的基础上增加一定的比例，比如增加 10%、20%、30%，等等。想想看，如果每家企业都能这样定价，那就不会有亏损的企业了，更不会有破产倒闭的企业了。

所以，企业并不是都能这样定价的。这大概是计划经济时代的思维方式。因为在计划经济时代，绝大多数产品的产量不足，属于"短缺经济"，不存在卖不掉的问题，所以可以在成本的基础上定价。而且那个时候，也只有这样定价才符合国家的要求，因为国家第一不允许暴利，第二也不允许企业垮掉。

说到这里，提一个问题：

即问即答： 在计划经济时期，产品供不应求（短缺经济），价格又在成本之上，意味着产品生产得越多盈利就越大，那么企业为什么没有多生产呢？

关于这个问题，我们本来是计划单独来分析，但考虑到计划经济时代已经离我们的年轻人很远了，就只在这里简单交代一下。

这就是一个制度的问题，正如我们在前面的"制度与文化约束"里所讲的，制度对经济的发展至关重要。在计划经济时代，虽然产品不愁卖，且不会亏损，但由于产权不清晰，而且不能"经济挂帅"，无论企业赚多少钱，都是要交给国家的；大家的工资也是计划好了的，工人 8 级工资制，干部 24 级工资制，无论你到哪里，也无论你干什么，你的身份和级别——而不是你的贡献——决定了你的收入。大家想想，在这样的制度下：第一，谁会"冒天下之大不韪"呢？因为搞不好就成了"资本主义的尾巴"而遭到批判，甚至可能降职、坐牢。第二，既然干与不干一个样，干多干少一个样，干这干那一个样，那谁又会有积极性呢？

再换个方式想想，如果大家有生产的积极性，也就不会有"短缺经济"这个词了。

也许你会说，之所以短缺，还可能是因为生产要素不够呢？关于这一点，也很好回答。所有的生产要素，其实都可以用劳动时间来换算，如果说一开始存在资本不足的情况，那后来呢？从1949年到1978年大约是30年，从1978年到2008年也是30年，这两个30年中国的经济增长能够相比吗？仅此一点就足以说明制度的重要性。

现在是市场经济时代，你的产品能定多高的价格，与你能不能卖掉有关。哪怕你的产品的成本只有1元，你能够100元卖掉，你定价100元也不高，是可行的；反之，你的产品的成本是10元，但定价8元也卖不掉，那就说明你定价8元都太高了，不可行。

换句话说，定价多少，第一与市场对你的产品的需求有关，第二与你的产品的供给有关，其实就是我们在"市场约束"那一章里所讲的市场均衡理论。

当你的产品供不应求，你可以采取的策略有三种：第一，价格不变，增加产量；第二，产量不变，提高价格；第三，价格和产量都提高。总之，是企业的收益增加。

反之，当产品供大于求卖不掉，则只能采取相反的措施：第一，降价；第二，减产；第三，又降价又减产。总之，是企业的收益减少。

关于企业的定价问题，并不是人人都能搞清楚，很多人还停留在计划经济的思维模式下，我们从在企业的咨询经验中就能明显感受到。无论是国有企业还是非国有企业，都有在成本的基础上定价的思维模式。这也难怪，即便是生活在市场经济较为发达的美国的著名经济学家萨缪尔森，也在其《经济学》中这样写道："企业按所投入的劳动和财产的成本确定物品的价格。"成本对于企业来说非常重要，但不是决定价格的基础，而是决定利润的基础之一（另一个基础就是收入）。

试想一下，如果企业都能把价格定在成本之上，就不会有亏损了，也就不会有倒闭了。

所以，在市场经济条件下，物品的价格只能由市场来决定，这也是市场的主要意义所在。企业到底采用什么办法定价，则与以下要提到的因素有关。

竞争与垄断

影响企业产量和价格决策的因素有很多，但基本上都可以归纳为"竞争与垄断"的主题。

经济学把厂商分为四类：完全竞争、垄断竞争、寡头垄断、完全垄断。其实这也就是我们在前面"市场约束"里所讲的市场类型。只不过对于市场来说，既可以指卖方，也可以指买方。企业当然既是卖方（卖产品和服务）也是买方（买生产要素），但在人们的日常观念里，一般把企业视为卖方，把广大的消费者视为买方。

由于本书属于"思维"类，因此，接下来就只讲结论，不过多地涉及理论分析。

完全竞争

对于完全竞争厂商来说，是没有定价权的，因为大家提供的产品是一样的，具有完全的替代性，市场信息也是完全的，而且也不需要考虑交易成本，如果你定价高 1 分钱，消费者就买别人的产品去了；如果你定价少 1 分钱，你就卖亏了。所以，结果是大家卖什么价，你也只能卖什么价。

产量决策看似是自主的，其实也是不自主的。假定市场是完全出清的，就是说总的供给量等于总的需求量，没有剩余。如果你要多卖，也卖不掉；如果你少卖，你又吃亏了。虽然现实中没有精确的计量分析，但大家都是根据已有的经验来确定产量的。

大家看看农贸市场的情况就清楚了，都卖大白菜，价格是一样的，每天能够卖出的数量也大体是差不多的。

垄断竞争

对于垄断竞争厂商来说，虽然产品还是具有高度的替代性，但由于有了品牌的差别，不同的厂商会有自己忠诚度不同的消费者。因此，厂商是有一定的定价权的，可以根据自己品牌的情况，制定具有一定差别的价格。家电市场就是一个典型的例子，虽然大家都卖电视机，价格还是不太一样。

同样的，厂商的产量决策，也有一定的自主权。厂商可以根据市场上对本品牌的需求情况，相应采取扩产或减产的措施。

但由于产品毕竟是可替代的，因此，即便你的品牌比较好，但如果你的产品的价格太高，产量又大，很可能不能全部卖掉。

这也是为什么对于企业来说，如何树立声誉和品牌是非常重要的，做好市场调研也非常重要。

寡头垄断

对于寡头垄断厂商来说，比如中国移动、中国电信、中国联通，或者中国石油、中国石化，看似有很大的定价权，其实也是非常小的。因为大家的产品很相似，如果你定价高，消费者就不买你的产品。不仅如此，为了有更大的市场占有率，往往还采取降价的策略。但这样的效果可能是你降价别人也降价，这样的好处是市场的需求量会增加。

寡头们当然也可以建立联盟，大家通过降低产量来维持一个较高的价格。但正如我们在"市场约束"里所分析的，这样的联盟是不稳定的，寡头们会有为了自己利益的最大化而不遵守联盟规则的冲动和行动。

完全垄断

对于完全垄断厂商来说，由于只此一家，当然理论上就有了完全的定价权。但有了定价权，不等于你想定多高就定多高。这是因为：第一，你面对的还是市场，虽然只有你一个厂商，但有无数的消费者，你如果定价太高，那市场的需求量就会下降。因此，你要从总收益最大化的角度来进行决策。第二，要考虑到替代品的情况，如果有替代品，并且替代品的供给量容易改变，那你就不能随便制定价格和产量了。第三，反垄断是各国的经济政策之一，对于一些由于自然因素或政府投资形成的垄断，政府会进行限价。

我们可以这样来理解完全垄断，相当于你是一个厂商面对一个市场，除了考虑政府的管制外，要从总收益的角度来决定自己产品的价格和产量，使价格和产量这两个"此消彼长"的因素得以均衡，目的是使总收益——也就是两者的乘积——实现最大化。

广告

说到厂商的产量和价格决策，就有必要谈到现在"无孔不入"的广告。

对于完全竞争厂商来说，是没有必要投入广告的，因为你做广告，也相当于是给别人做广告。比如，我们就没有看到农贸市场的小贩做广告。

但如果你搞的是生态农业产品，就需要做广告了，因为需要把你的产品与其他产品区分开来。所以，垄断竞争厂商才需要品牌，才需要广告，以扩大自己品牌的影响力。

虽然从理论上说，寡头垄断厂商和完全垄断厂商也不需要做广告，因为对于寡头垄断厂商来说产品是相同的，你做广告也是相当于给对手做广告。而对于完全垄断厂商来说，"只此一家"，如果要做广告，也只是告知大家："我们还在。"

所以，在以上四类厂商中，垄断竞争厂商的广告投入是最多的。我们从电视、网络、报刊上就能见识到。

但现实中的寡头垄断厂商，广告不少，比如电信三巨头、可乐两巨头。这是因为它们的产品和服务，开始具有了差异性。此外，它们也需要不断地告诉消费者："我们还在""我们活得很好"。因为消费者是需要不断地刺激的，如果很久都没有看到哪一家的身影了，还怀疑这家企业是不是垮掉了？是不是产品不行了？

总之，做广告的目的，第一是传播信息，也就是"广而告之"的原意。但现在很多广告，并没有很多与产品质量、价格、如何购买等方面的信息，而是为了第二个目的，显示实力，打造品牌。

企业战略

企业的战略是影响其产量和价格决策的重要因素。比如，你为了迅速扩大市场占有率，可能会采取低价策略，通过击垮竞争对手而占领市场，在占领市场后再逐步提高价格。而对于已经具有较高市场占有率的厂商来说，就不一定采用低价策略了，而是采用品牌策略，即通过高质量和优质服务，继续维持并进一步扩大市场占有率。

产品与服务

现在流行一句口号："卖产品就是卖服务。"

一般来说，"口号"类的东西，往往会有点"过"。原来不太重视服务，发现不行，于是现在重视服务，这是好的。但如果因此而忽视产品，那就是"舍本求末"。你服务再好，随叫随到，满脸堆笑，打不还手骂不还口，但产品老出问题，那也没用，人家下次肯定不会买你的产品，还会有意无意地告诉亲友不要买你家的产品。这样的话，你的产品的价格和产量，换句话说，收入不会受到影响吗？而服务只会增加成本，那利润不就受到影响了吗？

可见"顾此失彼""舍本求末"都是企业经营中的大忌。产品和服务都是需要重视的，产品能够"抓住"用户，服务则是"锁定"用户。

简短的小结

本小节的内容有点多，怕读者诸君读到这里时，"读了后面忘了前面"，还是简单小结一下：

1. 企业的收益是价格和产量的乘积，两者往往此消彼长，价涨量增很难持久，因为有竞争者存在。

2. 完全竞争厂商没有定价权，也没有产量决策权。

3. 由于品牌的不同，垄断竞争厂商有一定的定价权和产量决策权。

4. 寡头垄断厂商看似有很大的定价权，但由于强劲竞争对手的存在，往往会为了占领市场而采取降价策略，这样会使整个市场的价格下降；或者通过建立联盟、限制产量来维持较高的价格，但这样的联盟是不稳固的。

5. 完全垄断厂商相当于自己一家面对整个市场，因此，虽然有完全的产量和价格决定权，但需要在产量和价格之间进行权衡，以实现总收益的最大化。此外，完全垄断厂商还可能面临替代品的竞争，以及政府的价格管制。

6. 企业的发展战略对价格和产量决策也有很大的影响。

真的"无商不奸"吗——利润最大化

边际成本和边际收益

既然企业的目标是利润最大化，那什么时候利润最大化呢？或者说，怎样才能利润最大化呢？

要回答这个问题，首先要了解另外两个概念：边际成本和边际收益。不过，我们还是从利润的计算公式开始：

$$利润 = 收益 - 成本$$

从上面的公式很容易知道，当收益大于成本时，利润就大于 0，或者按照日常话语来说，叫"有利润""有钱赚"。但有利润仅仅是企业生存的必要条件，有利润不等于利润的最大化。那怎样才能利润最大化呢？这就不能仅仅用"总量"来分析了，而需要进行"增量"分析。

前面我们多次讲到"边际分析"，比如"边际效用递减"。再一次强调，边际分析是经济学最重要的分析方法之一。就连科斯对交易成本的分析，其实也是采用的边际分析方法。

我们在前面讲了企业的长期成本和短期成本。在经济学里，长期和短期的划分，不是按照绝对的时间长度来分的，而是根据生产要素能不能全部变化来划分的。现在我们要讲的边际分析，其实是一种短期分析方法，也就是说，不是所有生产要素都能变化。

前面讲到，经济学把投入的生产要素简化为资本和劳动两种。在这两种要素中，一般说来，劳动投入的变动要快一些、简单一些，而资本投入的变动要慢一些。因此，我们常常把资本作为固定要素，而把劳动作为变动要素。

为说得具体点，我们举一个例子。假定有 5 亩地，这是不变的。假定有 3 个人来耕种，产量为 4 000 斤，现在增加到 4 个人耕种，产量为 5 000 斤，那么，新增加的这个人，也就是第 4 个人，为总产量的增加贡献了 1 000 斤，我们就说这个人的"边际产量"为 1 000 斤；如果继续增加劳动力，比如增加到 5 个人，总产量为 5 800 斤，那我们就说这第 5 个人的"边际产量"为 800 斤，以此类推。

把"边际产量"乘以产品价格，就是"边际收益"。

一般来说，边际收益是递减的，这与我们前面所讲的边际效用递减规律相似。

边际收益为什么递减呢？主要原因是：由于土地的面积是不变的，单位土地所需要的劳动力是有一个极限的，也是有一个最佳量的。一旦超过了最佳量，能够增加的产出就开始下降了，而如果超过了极限值，则总产量还可能随着劳动力投入的增加而减少，也就是边际产量甚至可能为负。当然，我们假定人是理性的，任何企业主不会让劳动要素的投入到达边际产量为负的地步。

此外，随着产量的增加，意味着市场上的总供给量增加了，如果需求不变，那价格还可能下降，这也会使得边际收益下降。

说了边际收益，再说边际成本。还是刚才种田的例子。当增加一个劳动力之后，所需要增加的成本有哪些呢？首先是工资，其次是办公费用等项开支。这些由于增加了一个劳动力之后所增加的支出，就是边际成本。

一般说来，到了一定的劳动力规模之后，边际成本是递增的。递增的主要原因，是管理成本的上升。人多了之后，就需要有管理人的人，也就是管理者，管理者也是需要支付工资的。

以上简要地介绍了边际收益和边际成本的含义，用学术的话来说，边际收益和边际成本，就是当其他生产要素不变，增加一单位某生产要素之后，总收益和总成本的增加量。

利润最大化

介绍完了边际成本和边际收益的概念之后，就容易分析利润最大化的情况了。

假定你是企业老板，你会怎样思考问题呢？当增加一单位生产要素，所增加的收益大于所增加的成本时，也就是边际收益大于边际成本时，你会怎么做呢？

既然所增加的收益大于所增加的成本，那就意味着增加这一单位的生产要素是"划算"的，或者说，从经济的角度讲，是有利可图的，这就会鼓励你继续增加要素的投入。但随着要素投入的增加，正如我们在前面所讲的，由于边际成本是递增的，而边际收益是递减的，因此，当生产要素增加到某一数量之后，会出现边际收益等于边际成本的情况，如果再继续增加投入，边际收益就会小于边际成本。

当边际收益小于边际成本之后，你就不会再增加投入了，因为这时已经"不划算"了，即每增加一单位生产要素所获得的收益，反而低于为这一单位要素所支付的成本。因此，你不仅不会增加投入，还会减少投入。

根据以上分析，我们可以得出结论，当边际收益大于边际成本时，会增加投入；当边际收益小于边际成本时，会减少投入。也就是说，这两种状况都不是稳定的均衡状况，也不是最优状况。只有当边际收益等于边际成本时，你才既不增加投入，也不减少投入，这就是一种稳定的均衡状况。而当边际收益等于边际成本时，也正是利润最大的时候。

如果用高等数学里求导的方法来证明是很简单的。由于本书是思维性质、入门性质的，所以，尽量不用数学，但这就增加了叙述的难度，所以上面的阐述就显得有点啰嗦。

结论：当边际收益等于边际成本时，利润最大。

规模收益和规模经济

前面讲了当其他生产要素不变，只增加或减少某一生产要素的情况。如果所有的生产要素都同比例增加呢？举例来说，土地从 5 亩增加到 10 亩，劳动力从 4 人增加到 8 人。这个时候，我们就用"规模收益"来衡量总收益的变化。

规模收益的变化，一般是一条"倒 U 形曲线"，即在一定规模之前，规模收益会随着规模的扩大而增加，但到了一定规模之后，规模收益也会下降。因此，有一个"最佳规模"，就是在这个规模范围之内，规模收益是最好的。我们常说的规模经济，就是指的在这个最佳规模范围之内。所以，规模经济不是说规模越大越好。

企业的社会责任

在现代经济社会之前，商人似乎在很多地方的地位都不高，"无商不奸"似乎成了"定论"，虽然我们可以举出很多"不奸"的商人的例子，但反驳者可能会举出更多的例子。

即便进入了现代经济社会之后，商人的社会地位提高了，但商人的"形象"并没有得到很大的改观，"唯利是图""血汗工厂"等标签还是在人们的头脑中"根深蒂固"。

随着社会的发展和进步，特别是环境问题越来越严重，企业也逐渐意识到自己除了"利润最大化"的经济目标外，还应该承担更多的社会责任。所以，从 20 世纪 90 年代开始，一场"企业社会责任运动"在全球展开。

企业的社会责任，主要指企业要强调对人的价值的关注，对环境保护、消费者利益，以及对整个社会的贡献。比如不侵犯人权，消除强制劳动，废除童工；主动承担环保责任，推进环保技术的开发与应用；不欺骗消费者，不损害消费者的利益；当社会需要的时候，企业要做出自己的贡献，比如遇到"天灾人祸"时，企业应慷慨解囊；等等。

企业的社会责任，是经济、社会发展到一定阶段后的必然要求，一些法律法规和行规也已经做出了相关规定。其实，承担社会责任也有利于企业的健康发展。也许刚开始时很多企业还是"被动"甚至"被迫"的，但逐渐地，越来越多的企业会"主动"地承担起社会责任。因为企业自己也发现，那些更愿意承担社会责任，承担更多社会责任的企业，往往发展得更好。原因很简单，因为这些企业更能够得到消费者的认可。要知道，我们现在主要是"买方市场"，也就是主要由消费者说了算，因此，能够获得消费者认可甚至青睐的企业，自然就会得到更好的发展。能够承担社会责任，也是企业长远目光的体现。

回顾——企业决策的约束条件

企业在进行经济决策时，如果"利润最大化"是其目标——虽然不一定是单一项目（局部）的、暂时（短期）的目标——那么为了实现这一目标而采取怎样的行动，就需要考虑各种约束条件。

资源约束

企业首先面临的是资源约束，主要以生产要素是否充足来表现。生产要素可简化为劳动和资本两大要素。当企业找不到所需的人才，厂房、设备、原材料等不能满足需要时，就深刻地感受到了资源约束。

当然，更简便地，我们又可以把上述约束简化为"资金"，因为如果不考虑资金，企业是可以招聘到优秀人才的，是可以拥有最好的厂房、设备和原材料的。

这就相当于消费里的预算约束，企业同样会面临预算约束。很少听到有企业老板说"不缺钱"的，这些企业在银行的借款就是证明。

市场约束

就是生产出来的东西能不能卖掉，以及以怎样的价格卖掉的问题。有时候，也包括企业所需的技术、设备、原材料能不能从市场上买到，以及能不能按照合算的价格买到的问题。资源约束导致的是我们这个企业能不能办起来，而市场约束导致的是企业能不能生存和发展下去。办起来的企业很多，但能够生存和发展下去的企业就大幅度减少了，可见市场约束对于企业来说更重要。

前面用那么多篇幅介绍厂商的产量与价格决策，其实就是市场约束的结果。如果不需要考虑市场约束，"皇帝女儿不愁嫁"，那就没有必要进行这样的决策了。如果无论定价多高，无论产量多大，都能够"一销而空"，那就真是不存在市场约束了。但正如前面所言，这样的情况有，但第一，很少；第二，只要是市场经济，这样的情况就必定是短暂的，因为竞争的结果，必然会使得供给增加，从而出现新的市场约束。

互动约束

对于完全竞争厂商来说，互动约束考虑得要少些，因为有无数的卖者，你不可能考虑那"无数"的人。但我们也可以简化，就是"我"与"别人"的互动或博弈，把除我之外的所有人，考虑为一个抽象的"别人"。前面我们所分析的季节性商品的情况就是典型的例子。现在价格上涨，"别人"就会在下期生产更多的商品，这样就会导致下期价格的下降，所以，"我"就尽量避开。这就是互动思维。

至于垄断竞争厂商，毫无疑问要考虑"竞争对手"的情况，以确定自己的战略。这就是波特的"五力模型"中的"竞争者"。

互动思维运用得最多的，自然是寡头的情形，因为这时的竞争对手是很明确的。我们在前面"互动约束"那章就专门讨论过寡头的情况。

完全垄断厂商是不是就不需要考虑互动约束呢？因为没有竞争对手啊。虽然没有竞争对手，但不一定就没有替代品。替代品就是竞争对手，因此，同样是需要考虑互动约束的。比如中国邮政、中国铁路，全中国"独此一家"，但它们会面对快递公司、高速公路、航空的竞争。高铁就是中国铁路面对高速公路、航空的竞争的成果。如果没有高速公路和航空业的快速发展，我们很难想象，当年那个"铁老大"，会在产品和服务上有多少改变。我们这个年代的人，一谈到当年乘坐火车的情景，真有点"不堪回首"，好在此生不会再遇到。这都要感谢竞争。而谈到竞争，就必然与市场经济联系起来。

认知约束

这是任何竞争参与者都会面临的约束。我们对市场到底了解多少？对消费者的偏好了解吗？农村的情况与城市有何不同？不同地区的情况有何不同？……这些都会影响到我们的决策。

即便是对于我们自己，也同样有认知约束。从市场上反馈回来的产品问题，我们的技术水平和生产工艺能够解决吗？下一代产品如何设计？怎样的激励机制和管理制度才是最适合本企业的？……这些都是给我们的认知约束。

当然，我们不仅要克服自己的认知约束，也可以利用消费者的认知约束，比如利用消费者的"欠理性"（既不同于"非理性"，也不同于"有限理性"），实行一些相应的销售策略。

文化与制度约束

当我们决定生产什么时，首先不能违反制度的规定。比如不能生产毒品，一般企业也不能生产军工产品，也不能违反环保要求，等等。此外，企业还需要考虑政府的税收和补贴政策，因为这会影响到生产的成本。

以税收为例，我们需要考虑到产品的需求弹性，因为这会影响到税收有多少能够通过定价转移到消费者身上。弹性越大，就意味着你一提高价格，需求量就会下降得更多，因此，就不容易把税收转嫁出去。

当我们设计产品时，必须考虑文化因素，比如在有些国家，外包装上如果有人像，消费者是不容易接受的，那么国内的一些产品要销往这些国家时，就需要改变外包装。再比如，不同文化的国家对颜色的偏好也是不同的，对于不喜欢黑颜色的地方来说，你的产品如果是黑色的，那势必销路不好。包括数字，比如中国人就不喜欢"4"，如果你的定价是"44.44 元"，估计也会影响销量。有的房地产开发商，楼盘里没有"4 楼"，3 楼过了直接就是 5 楼，13 楼过了就是 15 楼，因为很多人不愿意选带4 的楼层。

因此，经营企业真的是一个"系统工程"。战略很重要，细节也很重要，而细节往往就和文化因素有关。

政府目标

政府的作用自 20 世纪 70 年代以来就一直在接受各种挑战，这些挑战也不会终止：既然政府在第二次世界大战后的几十年内形成了对经济和社会生活的核心作用，那么人们问责政府就合情合理。

——托马斯·皮凯蒂《21 世纪资本论》

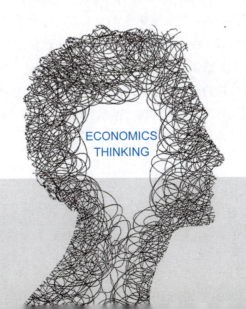

ECONOMICS
THINKING

为什么需要政府 —— 市场失灵

与科斯思考"为什么需要企业"相类似的一个问题是：既然市场是资源配置的最好方式，为什么还需要政府呢？凯恩斯的政府干预主义出现后，人们认为还有第三种资源配置方式，那就是政府。政府配置资源的方式，既不像市场，因为不是自由选择的；也不像企业，因为不一定以经济利益为目标。

的确，在古典经济学家看来，政府仅仅是"守夜人"的角色，"不管的政府是最好的政府"，这与中国道家的"无为而治"是相通的。前面我们讲过，古典经济学是建立在亚当·斯密的"看不见的手"的基础上的，并以著名的"萨伊定律"（供给会自行创造需求）做了完美的归纳。这就告诉我们，市场可以自行调整到均衡状态，也就是亚当·斯密所讲的"看不见的手"的原理。既然市场可以自行调整，并把个人利益与公共利益自行结合起来，每个人通过自己利益的最大化，实现社会福利的最大化，当然就不需要政府对经济进行干预了。

然而，1929—1933 年的"大萧条"对古典经济学的信条造成了很大的冲击：如果说供给可以自行创造需求，那为什么会出现生产过剩的经济危机呢？而且是持续数年不能靠市场自身回归到供求均衡的经济危机。

英国经济学家凯恩斯在 1936 年出版了著名的《就业、利息和货币通论》，该书奠定了现代宏观经济学的基础，也为政府干预经济提供了理论基础。政府干预经济的基本逻辑是：既然经济危机是生产过剩的危机，就意味着有效需求不足，所以，需要政府采取相应的政策和措施来刺激需求，比如增加政府支出、降低利息等。这是从宏观的角度来思考问题，如果从微观的角度来看，之所以需要政府，是因为市场也有失灵的时候。

市场失灵

简单地说，市场失灵是指通过市场机制不能有效地配置资源，或者说，市场有时不能产生最有效率的结果。

至于什么是最有效率的结果，不能从任何单一经济主体的角度出发来判断。在这一点上，经济学鼻祖亚当·斯密确立了一个非常优良的传统，那就是从整个社会的福祉来判断：一项经济活动是否改善了整个社会的福祉。比如垄断，对于垄断者而言是有利的，但它损害了整个社会的福利；比如收入分配不平等，对于高收入者来说是有利的，但它在政治和道义上可能是不能接受的；比如污染，对于排放污染的企业来说可能是有利的，但它损害了周围相关人的健康。

垄断、收入不平等、环境污染等问题靠市场是难以解决的，甚至可以说，像垄断和收入不平等很大程度上就是市场造成的。竞争是市场的本质特征，但竞争的结果，必然有成有败，有小成有大成，竞争中的胜者，就有可能逐渐形成对某一市场的垄断；竞争的结果，也可能造成收入的不平等[1]。

所以，也可以这样说，市场失灵是指市场配置资源的效率没有达到理想的效果，或者说是市场效率的下降。从另外一个角度来说，市场失灵或者说市场低效，是指仅仅靠市场不能实现既定的目标，即实现"最大多数人的最大程度的满足"[2]。如果要实现这些目标，就需要依靠市场外部的力量，而政府就充当了这一角色。

市场失灵的原因

正如我们在"市场约束"里介绍的，古典经济学意义上的完全竞争市场是一幅理想的图画，但现实是不完全符合这一理想条件的。市场效率是建立在完全竞争的基础上，因此，现实中的市场不可能实现其理想的效率。造成市场失灵或低效的主要原因有：

不完全竞争

不完全竞争就是各种不同程度的垄断，都会损害市场的效率。即便是社会所认可甚至推崇的专利产品形成的垄断，也会因为其价格超过边际成本，需求量低于完全竞

---

[1] 萨缪尔森在论述这一点时，写了这样一段非常幽默而有哲理的话："该经济可能有很高的效率，运用其资源生产大量的大炮和黄油，但是，黄油大多为少数富裕的人所消费，或者用于饲养他们的卷毛狗，而大炮仅仅是用以保护富人的黄油。"保罗·萨缪尔森，威廉·诺德豪斯.经济学：第17版［M］.萧琛，主译.北京：人民邮电出版社，2004：130.

[2] 这是功利主义所提倡或所依据的基本原则，是功利主义先驱边沁在其《道德与立法原理导论》中最先提出来的，即"最大多数人的最大幸福原则"。

争条件下的需求量，消费者的满意程度下降，从而导致社会福利的降低。

垄断为什么会降低效率？经济学家从理论上已经做出了论证。在这里，我们简单地从人性的角度也可以进行证明。人往往是自私和懒惰的。设想这样一种情况：某地缺水，只有张家有一口井，而且与外界是完全分隔的。这样，张家就形成了对水的完全垄断。水是人类必需的物品，人体大约70%是水，离开了水，人就不能生存。张家为了自己的利益，必定把水的价格定得很高，这是自私的本性。此外，张家因为可以轻轻松松地获得暴利，也就不需要对生产和服务进行任何的改进，这是懒惰的本性。而如果该地有很多家里都有井，那么，就有了竞争。竞争的结果，水的价格自然就会降下来。而且，为了获得更多的客户，供水的每一家，都会想办法改进生产和服务。我们把这两种情况进行对比，就不难看出垄断对效率的损害了。

不完全信息

从"市场约束"那章中我们知道，完全竞争的条件之一就是完全信息。但在现实生活中，信息是不完全的。比如，厂商A不一定知道厂商B的生产和投资信息，这样就造成了现实中经常出现的"投资过度"，导致生产资源的浪费；比如，生产者不完全清楚消费者的信息，结果生产出来的产品或服务，买者寥寥，同样会导致生产资源的浪费；再比如，消费者不清楚生产者的信息，买回去的产品是"假冒伪劣产品"，特别是食品和药品，对消费者的健康造成严重的影响。

这些问题，靠市场能够解决吗？至少不能完全解决，因为没有人（无论是企业还是消费者）有积极性去解决这个问题。当然，随着互联网的出现，开始有人有积极性来解决这个问题了，因为如果能够建立一个庞大的、大多数信息免费提供的网站，那就有可能依靠广告而盈利。但即便如此，对信息的真实性、有效性等问题，还是不容易解决。而且，由于盈利的可能性，导致了投资的积极性。更重要的是，信息具有我们在后面要介绍的"公共品"的性质，即非竞争性（我用不影响你用）和非排他性（我占用不影响你占用），因此，由政府来提供也是一种较好的选择。这样，可以促进市场经济的发展。

外部性

外部性是指生产或消费的某些外在影响，不能被包括在市场价格中，或者说收益与成本不能完全对应的情况，即获得收益的一方不承担所有的成本，或承担成本的一方未能获得应有的收益。比如，某水泥厂造成的空气污染，水泥厂只承担了生产成本，而没有承担空气污染对附近居民的身体健康造成不利影响的成本；吸烟者对吸二手烟的人造成的损害也是一样。再比如，某家花了不少时间和费用，把花园打理得非常漂亮，邻居可以在自家的阳台上隔着围墙欣赏，但不需要付费；很多创造发明虽然使发明人获得了巨大的收益，但也使更多人的生活和工作更加便利，比如计算机、互联网的发明，特别是现在的"共享经济"。我们把前面那种带来有害影响的外部性称为"负外部性"，也就是一个行为人给另一个行为人造成了损失，但没有承担相应的费用；而把后面那种带来有益影响的外部性称为"正外部性"，也就是一个行为人给另一个行为人带来了好处，但没有获得相应的收益。

此外，分配不公虽然不是市场失灵造成的结果，但也是需要通过政府才能解决的。

为什么需要政府——公共品

如果我们仔细"盘点"我们可能消费的产品或服务，就会发现：有些是私人[1]提供的，而有些是政府提供的。在市场经济中，绝大多数的产品或服务，比如食品、衣物、住房、家具、电器、私家车等，是私人提供的；但有些产品或服务，比如国防、公共卫生等，是政府提供的；而有些产品或服务，比如教育、医疗，则既有私人提供的，也有政府提供的。

到底该由谁来提供仍然是一个效率的问题。如果由私人提供时效率更高，则应该由私人提供，我国计划经济时期，绝大多数产品或服务是由政府提供的，最终导致了效率低下的"短缺经济"[2]。反之，如果由政府提供时效率更高，则应该由政府提供，比如接下来要介绍的公共品。

判断的两个标准

我们一般选择是否具有"竞争性"和"排他性"两个标准来对产品和服务进行分类。

所谓"竞争性"，就是"如果我用了，你就没办法用了"，比如一个苹果，我吃了你就没有吃的了，这就是竞争性的产品；而"非竞争性"，就是"即便我用了，也不影响你的使用"，比如我们去听某人讲课，只要有空位，就不会因为张三听了，而影响李四听课。

造成竞争性的主要原因是边际成本，就是说，每增加一件产品或服务，需要增加的成本。如果不需要增加成本，则是非竞争性的。上面的例子中，增加一个苹果是需

---

[1] "私人"是一个相对于"公共"或"政府"的概念，指的是个人或家庭、私有企业等。私人提供也可以理解为由市场提供。

[2] 匈牙利经济学家亚诺什·科尔内针对计划经济国家的经济状况的分析，写成了《短缺经济学》（经济科学出版社，1986年）。

要成本的，但增加一个人听课则基本上不需要增加成本（如果不考虑批改作业的成本的话），因为反正老师面对 10 人和面对 100 人都要讲，而且根据我们对教师的了解（因为我们自己就是教师嘛），来听课的人越多，听得越认真，老师反而越高兴。

而"排他性"则是指"如果这东西是我的，我就可以阻止你拥有"。比如一所房子，如果我买了，就可以阻止你再买。或者，从卖方的角度看，一件排他性的产品或服务，只能卖给一个人，不能先卖给张三，然后又把同样的产品卖给李四。但信息类的产品则不具有排他性，比如你把信息告诉了我，又可以告诉别人。造成"非排他性"的主要原因是要阻止其他人消费的成本太高，比如一条公路，如果我在上面走路，要阻止其他人在上面走路的话，需要"三步一岗、五步一哨"地动用很多人。

竞争性和排他性很容易混淆，这主要是因为大多数产品或服务是既具有竞争性又具有排他性的。我们通过上面的叙述大致可以这样来区分：竞争性是从生产的边际成本是否很低来衡量的，如果边际成本低到可以忽略不计，就具备了"非竞争性"的特征。而排他性是从所有权的角度来衡量的，如果能够清晰地界定所有权，从而阻止别人占有，则具备了排他性的特征。

这样，我们就可以根据这两个标准，把所有产品或服务划分为四类，如下表所示：

		是否具有竞争性	
		是	否
是否具有排他性	是	纯私人品：绝大多数都是私人产品，比如衣物、食品、住房、汽车等	俱乐部产品：比如高速公路、卫星电视、手机网络等
	否	公共资源：比如公共牧场、海里的鱼、空气等	纯公共品：比如国防

通过上表可以把产品和服务分为四类：

纯私人品

既具有竞争性，又具有排他性。绝大多数产品或服务属于这一类。产生私人产品需要成本，私人产品的产权清晰，也很容易阻止他人占有。私人产品通过市场提供。

纯公共品

既不具有竞争性，也不具有排他性。纯公共品是很少的，一般举国防的例子。一国的国民，都可以"消费"国防，不会因为张三消费了，李四就不能消费，所以是非竞争性的；同时，你无法也无权阻止别人消费本国的国防，所以是非排他性的。

俱乐部产品

具有排他性，但不具有竞争性。比如表中所列的高速公路、卫星电视、手机网络等，一旦建好之后，多一个人使用少一个人使用是不太会影响成本的，也就是说边际成本低到可以忽略不计。当然，任何产品或服务的使用都有一个限度，高速公路上的车如果太多，就会造成交通拥堵，但这增加的是消费者的成本（时间和燃油）；也会对道路的损害增加（特别是超重的卡车），于是增加生产者的成本。所以这类产品在限度内是非竞争性的，超过限度也会具有竞争性。

公共资源

具有竞争性，但不具有排他性。比如表中所列的公共牧场、海里的鱼、空气等。我们很难阻止别人放牧、捕鱼、呼吸空气，但牧场里的某一片草，这头羊吃了，那头羊就没有吃的，海里的某一条鱼，你捕到了，别人就不能再捕捞，某一口新鲜空气，你呼吸了，别人就不能呼吸了。公共资源往往是"天生的"，不需要投入。

除纯私人品和纯公共品外，另外两类，即俱乐部产品和公共资源，则可以人为地改变规则，使之成为私人品或公共品。比如俱乐部产品由于可以界定产权，可以由私人提供，然后通过收费来实现排他性，比如高速公路，就可以采取由私人建设，然后收过路费的方式。但由于又具有非竞争性，也可以由政府提供，可以不收费，这时就等同于公共品了。

再比如公共资源，有些可以通过界定产权而使之具有排他性，比如公共牧场，如果划归私人，那就变成了私人产品。但像海里的鱼、空气这些物品，很难使之具有排他性，鱼会从这片海域游到那片海域，空气也会流动。但可以由政府来投资改善环境，使所有居民呼吸到优质的空气，这样，空气就成为公共品。

以环境污染为例，因为这是目前危及人类生存最大的问题和隐患。企业的目的是利润，如果希望靠企业自己来改善环境，那希望是渺茫的，虽然"有良心"的企业也会这样做。"早期的矿产公司之所以能为所欲为是因为政府对他们几乎没什么要求"[1]，这自然会导致企业对环境的不负责任。当然，自从企业不断重视自己的社会责任后，环境保护问题也会逐渐好转。

---

[1] 贾雷德·戴蒙德. 崩溃：社会如何选择成败兴亡［M］. 江滢，叶臻，译. 上海：上海译文出版社，2011：14. 该书是美国著名生物学家贾雷德·戴蒙德探讨人类命运的三部曲（《第三种猩猩》《枪炮、病菌和钢铁》《崩溃：社会如何选择成败兴亡》）之一，而《崩溃：社会如何选择成败兴亡》一书对人类生存的环境因素进行了深入的分析。

政府的经济目标

愈来愈"重"的政府

对政府经济目标的关注是经济学在 20 世纪的主要突破和发展。1929—1933 年的世界性经济大危机（被称为"大萧条"，the Great Depression 已成为专用语），对古典经济学的"供给自行创造需求"的萨伊定律给了无情的一棒。因为按照古典经济学的原理，既然供给能够自行创造需求，供求总体是平衡的，哪怕有短暂的、局部的不平衡，市场机制也会使其平衡，因此，严重的、世界范围内的经济危机是不可能出现的。

但事实无情地摆在面前。我们不可能改变事实，只能改变理论。于是，1936 年，经济思想史上最重要的著作之一，英国经济学家凯恩斯的《就业、利息和货币通论》出版了，从而导致了经济学史上继斯密革命、边际革命之后的凯恩斯革命。

凯恩斯是不是经济的"救星"？虽然时间已经过去了 80 多年，现在下结论仍然为时尚早，接下来我们就会介绍政府干预主义与自由市场主义之争。但凯恩斯肯定是政府的"大救星"，因为有了凯恩斯的政府干预经济理论作为基础，于是名正言顺地，政府的规模、职能、权力、财力、影响力呈现出不断增长的态势，这一点是毋庸置疑的，无论是什么体制下的政府，莫不如此。

当然，在经济学的历史上，凯恩斯并不是第一个为政府扩张提供理论武器的人，早在 1500—1750 年间的重商主义者就已经这样做了。但亚当·斯密论证了"看不见的手"的原理，这就给了政府干预经济"当头一棒"：市场能够自行调节和促进经济发展，使得每个人在为自己的利益努力的同时也促进了社会利益，因此，政府当好你的"守夜人"就行了，一边歇着去。

凯恩斯大战哈耶克

有一本书名字就叫《凯恩斯大战哈耶克》，讲的就是以哈耶克为代表的自由市场主义，与以凯恩斯为代表的政府干预主义之间的论争。

实际上，经济自由主义和政府干预主义之争，一直贯穿于经济学说史，正如梁小民在《凯恩斯大战哈耶克》一书的"推荐序"中所说的：

经济学史就是一部国家干预与自由放任的争论史。最早的重商主义是主张国家干预的，以后的主流古典经济学和新古典经济学则是主张自由放任的。其间，德国历史学派又回归到国家干预。近代凯恩斯主义和哈耶克的自由放任则是经济学争论的焦点。

虽然现在仍然有这两种流派之间的争论，但更加令人接受的观点则是，既有市场失灵，也有政府失灵，因此，需要有一个将二者结合起来的折中理论。而且，在这样一个折中理论里，基本一致的看法是，经济的运行需要更多地依靠市场。当然，即便是在这么一个折中的理论里，还是有一个程度上的差异问题：政府干预的力量是多点好还是少点好。

对于政府来说，主张政府干预的凯恩斯主义自然是大受欢迎的。因为如果我们把政府拟人化，而且实际上政府也确实是由具体的个人在领导的，主张政府干预的凯恩斯主义能够给政府扩张权利提供理论支撑，自然就比主张自由放任的古典及新古典主义更受欢迎了。就像很少有不喜欢拥有权力的个人一样，也很少有不喜欢拥有权力的政府。

政府的经济目标

权力和责任是共生的，或者说应该是共生的。那么，拥有了越来越大的权力的政府，到底应该具有哪些经济责任，或者说经济职能呢？我们认为，政府的经济职能，主要是两个方面：一是微观层面的公平与效率的平衡，二是宏观层面的经济增长与经济稳定或者说经济波动的平衡。

平衡是政府区别于单个企业或个人的经济行为的本质之处。这正如一个家长和一个单身汉的区别。一个单身汉，"一人吃饱全家不饿"，行为有可能极端，比如全身心扑在工作上，不用去考虑平衡工作与家庭的关系问题；也可能"懒惰"到仅仅完成"8

小时以内"的工作任务，只要能够获得维持生存的收入即可，一下班就玩游戏或去歌厅，不用考虑家人的温饱。但如果是一个家长，更不用说是一个大家庭的家长了，就必然需要考虑工作时间与家庭生活时间的平衡问题，自己的收入能否保障整个家庭的生存与发展问题，以及自己的行为对家庭成员的影响问题等。

接下来，我们就从微观和宏观两个层面来分析政府的经济目标。一个社会的稳定与发展，在微观层面就是公平与效率的均衡，在宏观层面则是增长与稳定的均衡。

首先，从微观层面阐述公平与效率的平衡问题，这就需要知道什么是公平，什么是效率，分别如何衡量，而当两者有冲突的时候又如何去解决，或者说如何去平衡；然后，我们的重点是从宏观层面来阐述经济增长与经济稳定或经济周期的问题，包括如何衡量、如何平衡等。

经济公平是指收入在成员之间的分配要平等，采用基尼系数来衡量。经济效率是指资源配置的最优化，我们一般用帕累托效率来判断，也可扩展到卡尔多—希克斯效率的判断标准，这已经在前面的"为什么需要有点经济学头脑"中介绍过了。

经济增长主要是从数量的角度来衡量的，就是 GDP 的增长。相近的一个概念是经济发展，其包含的内容更广，不仅包括数量的增长，也包括结构的改善和质量的提高。

经济稳定是指经济的平稳，换句话说，就是减少经济的波动，主要包括如何降低失业，如何治理通货膨胀，如何熨平经济周期等。

政府的微观经济目标——效率与公平

经济公平：洛伦兹曲线与基尼系数

什么是公平？在这里，我们不是从伦理学的角度来分析。在经济学里，公平的判断标准，其实就是收入分配或财富的平等。所以，在后面的介绍里，可以把"公平"和"平等"等同。

如何衡量收入分配的平等程度？我们把所有人或家庭的收入从低到高排序，再把所有人或家庭分成五等份，每份20%[1]，看每一等份的人或家庭的收入在总收入中占有多大的比例。以美国为例，收入最低的20%的家庭，仅占有不到5%的收入；次低收入的20%的家庭，只占有不到10%的收入；第三个20%的家庭，占有大约15%的收入；第四个20%的家庭，占有稍微超过20%的收入；最高收入的20%的家庭，则占有近50%的收入；特别是最高收入的5%的家庭，占有超过20%的收入[2]。

美国统计学家（或说奥地利统计学家）洛伦兹在20世纪初研究国民收入分配时，采用了如图所示的曲线，被称为"洛伦兹曲线"。

---

[1] 当然也可以分为10等份，每份10%，甚至20等份，每份5%。现在研究收入分配，还特别强调收入最高的5%甚至1%的人或家庭的收入在总收入中的占比。

[2] 保罗·萨缪尔森，威廉·诺德豪斯.经济学：第17版[M].萧琛，主译.北京：人民邮电出版社，2004：312.

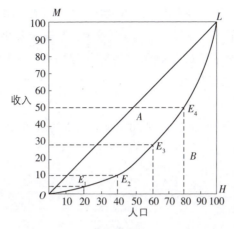

洛伦兹曲线

在上图中，横轴表示人口的比例，纵轴表示收入的比例。这样，从 O 到 L 的直线，就是一条"完全平等线"或"绝对平等线"，因为这条 45 度线上的每一个点，其横轴和纵轴的值都是一样的，也就是说，代表相同比例的人口占有相同比例的收入。

而另外一条从 O 到 H 到 L 的折线，则是"完全不平等线"或"绝对不平等线"，因为从 O 点到 H 点，意味着接近 100% 的人口，占有接近 0% 的收入，而从 H 点到 L 点，则表明接近 0% 的人口，占有接近 100% 的收入。

当然，这两条线表示的是两个极端，现实情况则介于两者之间，也就是图中的从 O 经过 E_1、E_2、E_3、E_4 到 L 的曲线。在这条曲线上，不同的点代表不同比例的人口或家庭所占有的收入的不同比例，比如 E_1 点表示最低收入的 20% 的人口或家庭占有不到 5% 的总收入；E_2 点表示最低收入的 40% 的人口或家庭占有约 10% 的总收入；E_3 点表示 60% 的人口或家庭占有约 30% 的总收入，E_4 点表示 80% 的人口或家庭占有约 50% 的总收入。

很显然，洛伦兹曲线越靠近"绝对平等线" OL，表示收入分配越平等；越靠近"绝对不平等线" OHL，表示收入分配越不平等。

洛伦兹没有进一步"发挥"。时隔近 40 年后，美国经济学家阿尔伯特·赫希曼做了进一步的分析：洛伦兹曲线把 OHL 这个三角形分成两个部分，一部分是直线 OL 到洛伦兹曲线之间的区间，其面积用 A 表示；另一部分是洛伦兹曲线到 OHL 折线的区间，其面积用 B 表示。然后，他用以下简单的公式定义了一项指标：

$$G = \frac{A}{A+B}$$

这就是基尼系数[1]。从上面的公式容易看出，基尼系数在 0～1，0 表示"绝对平等"，1 表示"绝对不平等"，基尼系数的值越大，则表示不平等程度越高。根据联合国的规定，基尼系数小于 0.2，属于"绝对平等"；0.2～0.3，属于"比较平等"；0.3～0.4，属于"相对合理"；0.4～0.5，属于"比较不平等"；超过 0.5，则属于"很不平等"。

据国家统计局公布的数据，中国 2010 年的基尼系数为 0.481，2015 年为 0.462，属于"比较不平等"的范围。

不平等的原因

一般认为，不平等可分为劳动收入的不平等和财产收入的不平等。

劳动收入的不平等主要源于能力和技能、工作强度、职业三个方面。人的各种能力相差很大，工作强度各不相同，不同职业的平均薪酬相差很大，这些是导致劳动收入差距的主要原因。

收入差距更多来自财产收入的差距，俗话说"钱找钱不费力，人找钱很费力"。财产收入主要包括继承父辈财产的收入、创办企业的利润、储蓄（投资）的收入。收入最高的 1% 的阶层，其主要收入来自财产收入；而收入最低的 20% 的阶层，基本上没有财产收入。财产收入会导致"越富越有"的结果，使得收入差距进一步增大。

因此，仅仅靠"劳动"是很难致富的，要学会投资[2]，这就是"复利"的力量：通过不断地把投资所得继续投资，从而使财富不断增加[3]。这也就是我们在"个人目标"

---

[1] 一直以为基尼系数是意大利经济学家基尼发明的，其实不然。基尼系数其实是美国经济学家赫希曼发明的，他在 1943 年提出了这个衡量收入分配不平等的指标，由于长期被误解为是基尼的发明，赫希曼 1964 年在《美国经济评论》发表了一篇名为《一项指标的父权认证》的短文。

[2] 罗伯特·清崎的《富爸爸，穷爸爸》一书的主题就是：是否善于投资理财是"富爸爸"和"穷爸爸"的分水岭。书中的"穷爸爸"是作者的父亲，一位大学教授，"学霸"级人物，但不投资理财；"富爸爸"是作者朋友的父亲，中学都没有毕业，但善于投资理财。

[3] 举一个简单的例子：假定你每个月拿出 1 000 元用于投资，每年就是 1.2 万元；假定平均每年的税后投资收益率为 5%（这个要求不高吧），那么 50 年后（为什么假定 50 年呢，因为我们一般是 20 多岁开始工作，50 年后就是 70 多岁，这个时候退休收入也不高了，身体状况也开始下降了，需要动用我们的"积蓄"了），你就拥有 251 万元左右的财富，如果仍旧是年平均税后收益率为 5%，考虑再活 20 年，这 20 年把前面 50 年的"积蓄"全部用光，那每年平均可以用大约 20 万元，这是对退休金的"有力补充"，能够在财力上保证你的"晚年"。

里一再强调投资的原因。

政府如何权衡

一般认为，平等与效率之间，存在着"此消彼长"的关系[1]。追求平等，则可能激励不足，导致效率下降；而追求效率，则必须鼓励竞争，竞争的结果，不可能平等分配所得。这是一个把蛋糕做得更大还是分配更加平均的问题[2]。

在已有的认识里，觉得资本主义更加重视效率，而社会主义则更加重视平等。换句话说，是市场经济更加重视效率，计划经济更加重视平等。然而，现实发生了很大的变化。

自从马克思、恩格斯1848年在《共产党宣言》中预告了资本主义的灭亡[3]后，西方发达资本主义国家为了对抗社会主义的"进攻"，逐渐向"福利国家"演进[4]，从而使人们感受到了更多的平等。而社会主义国家从计划经济向市场经济转变，经济效率得到提升，收入不平等程度则不断加剧，中国自1978年改革开放以来的经济发展就是一个典型的例子[5]。

一个社会的稳定，需要相对的平等，历史上很多的改革或战争，与收入不平等有关：当不平等到了某一个极限的时候，容易爆发革命或战争，从而破坏社会的稳定。而一个社会的发展，则需要效率，没有经济效率为基础的平等，是低水平的、也不会

---

[1] 参见阿瑟·奥肯.平等与效率——重大的抉择［M］.王奔洲，译.北京：华夏出版社，1987.该书"原序"（布鲁津斯研究所所长柯密特·高登撰写）中写道："社会面临着选择：或是以效率为代价的稍多一点的平等，或是以平等为代价的稍多一点的效率。照经济学家的习惯用语来说，出现了平等与效率之间的抉择。"

[2] "为了把经济这块馅饼分得更加平均，我们究竟需要牺牲这块馅饼的多大一个部分？"（保罗·萨缪尔森，威廉·诺德豪斯.经济学：第17版［M］.萧琛，主译.北京：人民邮电出版社，2004：311.）

[3] 马克思，恩格斯.共产党宣言［M］.中共中央马克思恩格斯列宁斯大林著作编译局，译.北京：人民出版社，1997：40.资产阶级"它首先生产的是它自身的掘墓人。资产阶级的灭亡和无产阶级的胜利是同样不可避免的"。

[4] 保罗·萨缪尔森，威廉·诺德豪斯.经济学：第17版［M］.萧琛，主译.北京：人民邮电出版社，2004：311.

[5] 托马斯·皮凯蒂.21世纪资本论［M］.巴曙松，等译.北京：中信出版社，2014.该书"中文版自序"中写道："据估算，20世纪90年代及2000年初中国财富不平等的程度与瑞典相当，到2010年则上升到了接近美国的水平，甚至有过之而无不及。"

是令国民满意的平等，犹如人类的原始社会。因此，两者不可偏废。政府需要在两者之间进行权衡：是多一点平等，还是多一点效率？

在这个问题上，我们也不妨采用"边际分析"的办法：当我们为了追求效率而损失的平等的代价太大时，恐怕就应该放弃一点效率，以追求更加的平等；反之，当我们为了追求平等而牺牲的效率太多时，则需要放弃一点平等，以追求效率。

不同的文化背景，也影响对平等与效率的认识。东方文化可能更加重视公平，而西方文化则更加重视效率。

市场是以追求效率为目的的，因此，平等的问题需要政府来解决。为了提高平等程度，政府常常通过征收累进所得税、累进财产税（包括遗产税、房产税）、对贫困人口的补贴等收入再分配来实现。

如何向老外简要介绍中国经济——GDP

前面我们介绍了政府的微观经济目标，是对经济效率和经济平等进行权衡。而政府的宏观经济目标呢，则是经济增长和经济稳定。但要讲清楚经济增长和经济稳定，则需要先介绍宏观经济的一些重要概念：国内生产总值、通货膨胀、失业。因此，先介绍宏观经济最重要的一个概念：国内生产总值。

首先问一个问题：

即问即答： 如果你到国外留学，或者你们班上有外国留学生，人家问你中国经济如何，你将如何回答？

大家设想一下，如果我们一一向人家介绍，我们国家每年生产多少吨钢铁、多少万斤粮食、多少辆汽车……那我们三天三夜也说不完。因此，需要有简洁的办法，而经济学为我们提供了这样的工具。

GDP：“20 世纪最伟大的发明之一”

介绍一国经济最简洁的指标，现在一般用“国内生产总值”。国内生产总值（GDP）是宏观经济学最重要的概念和指标，著名经济学家、第三代经济学教科书代表作《经济学》的作者萨缪尔森、诺德豪斯曾把 GDP 誉为“20 世纪最伟大的发明之一”[1]。

有了这个指标，你只要一句话就可以介绍中国经济了。比如：中国 2019 年的 GDP 为 99.08 万亿元人民币，如果用当年年底的汇率 1 美元等于 6.98 元人民币计算，为 14.19 万亿美元，世界排名第二。

[1] 保罗·萨缪尔森，威廉·诺德豪斯.经济学：第 17 版［M］.萧琛，主译.北京：人民邮电出版社，2004：348.

特别是当我们要比较两个国家的经济状况时，如果没有 GDP，那不仅非常麻烦，而且不一定能够比较清楚，因为一个国家可能在 A 产品上比另一个国家多，但可能在 B 产品上比另一个国家少。

有了 GDP 之后，我们就可以很简单地对不同国家的经济总量进行比较。比如 2017 年，美国的 GDP 为 19.36 万亿美元，中国为 12.72 万亿美元，日本为 4.34 万亿美元[1]。也可以用人均 GDP 对各国居民收入的情况进行比较。

什么是 GDP

那么，什么是 GDP？

GDP 是指一国或地区在一定时期内新增的最终产品和劳务的市场价值。

在这一概念中，包含了以下五个要素，或者说五个关键词。

要素一：一国或地区

这是分析的对象。我们说 GDP，是说某一国家或地区的 GDP，比如中国的 GDP、美国的 GDP、曼谷的 GDP、重庆的 GDP，等等。离开了具体的对象，经济学家无法统计和分析，听者也无法知道这是在说谁。

要素二：一定时期

GDP 是统计一国或地区在一段时间内的产出。所谓一段时间，一般指一年，因为企业是以会计年度来统计的。当然也可以指一月、一季、半年。但这些不会很准确，因为月、季、半年的经营状况，很多因素不能反映出来。企业之间的财务往来，也往往在年底结算。因此，上市公司的财务会计报告，一般年度报告是要经过审计才能发布的，但季度报告和半年度报告可以不需要审计就是这个道理。

要素三：新增的

这有两层含义：第一层含义是，GDP 必须是当年新增的产出。往年生产的，即便是今年卖掉的，也不能计入。生产出来又没有在当年卖掉的，算是存货。存货是计入 GDP 中的"投资"一项之中的。比如，海尔 2008 年生产了 500 万台电视机，但有 30

---

[1] 另有数据说美国的 GDP 为 19.55 万亿美元，中国为 13.17 万亿美元。

万台在 2008 年没有卖掉，是 2009 年卖掉的，尽管收入是 2009 年进的账，但这 30 万台电视机的产值，只能算在 2008 年的收入中。

再比如，一幅张大千的画，今年拍卖成 1 000 万元，这也不能计入今年的 GDP，因为张大千的画不是今年完成的。同样地，二手车、二手房市场今年的转让，也不能计入今年的 GDP。在这些市场上，能够记入 GDP 的是佣金收入，因为这是"新增的"。

"新增的"另外一层含义是，对于厂商来说也应该是新增的，即你自己新增的价值。比如，你是一家生产服装的厂商，生产了 500 单位的服装，但你购买了 200 单位的布匹，那你新增的价值就是 300 单位。也就是说，要减去所购置的用于生产的其他产品的价值。当然，要减去的部分中，不包括支付给劳动者的工资和缴纳给国家的税收。如果把所有成本都减去，那就不是"新增的价值"这一概念了，而是"利润"的概念。

要素四：最终产品和劳务

这一要素实际包括了两个子要素，第一是最终的，第二是产品和服务。

所谓最终的，不是说最后拿到市场上去卖的就是最终的。市场有产品和服务市场，也有生产要素和原材料市场，如果要区分，那么，前者属于最终产品，而后者不是。

与最终产品相对应的，是中间产品。中间产品是指还需要经过加工的产品。同样一件产品，既可以是最终产品，也可以是中间产品。比如布匹，如果是咱老百姓买回来自己做衣服并且自己穿，那就是最终产品；但如果是厂商买去做服装卖，那布匹就成了中间产品。

第二个子要素是"产品和服务"。也就是说，GDP 所统计的只包括两类：一是以实物形式体现的产品，如汽车、电视机等；二是以人的劳务所体现的服务，如搬运工人帮你把桌子从楼下搬到楼上，桌子还是桌子，没有变化，但更符合你的要求，因为你不可能每天都跑到楼下去使用桌子吧。

对于股票市场，既不能把每天的交易额计入 GDP，也不能把牛市中的盈利计入GDP。能够计入的，是券商收取的佣金和国家收取的税金。因为是券商提供了服务，该支付佣金；国家也相当于提供了服务，该缴纳税金。

同样地，拍卖张大千的画的成交价，也不能计入 GDP，能够计入的仍然是佣金和税金。二手市场的情形也一样。

要素五：市场价值

这也包括了两层含义：一是需要通过市场交换的；二是由市场确定的价值。

　　所谓通过市场交换的，即必须是发生了交易的产品和服务。家务是有价值的，但如果你是自己给自己做家务，就不能计入 GDP；而如果你请了保姆，保姆从你那里获得的收入，就应该计入 GDP。

　　为什么不把那些虽然没有通过市场，但的确创造了价值的产品和服务计算进去？主要是因为无法统计。你想想，如果姚明给自己做饭，是该按照保姆的价钱来计算呢，还是该按照姚明的时间价值来计算？

　　第二层含义就理所当然了，既然是通过市场交换的产品和服务，那计入 GDP 的也就是市场确定的价格。比如，你碰巧低价以 10 元的价格买了个好东西，你认为可以值 100 元，但还是只能计入 10 元。不能以是否有价值以及有多少价值来计算。空气是非常有价值的，一个人只要离开空气几分钟就会死亡，难道还不足以说明空气的价值吗？但我们不能把空气的价值计入 GDP 中，因为第一没有通过市场交换，第二也没有市场确定的价值。如果等到某一天连空气也要付费了，那就要计入 GDP 了。但愿那一天不要到来，哪怕为全世界增加无数的 GDP。

　　但有一个问题来了：既然是市场确定的价值，那存货怎么办？比如电视机，去年的价格是 2 000 元一台，但没有卖掉；今年卖掉了，但价格变为 1 800 元一台，这又如何统计呢？没关系，经济学家自然有办法。2 000 元计入去年的 GDP，今年少卖了200 元，就以"折让"的方式计入"销售成本"，减掉了，不影响 GDP 的统计。

GDP 是怎么统计出来的

有两种办法来计算 GDP。一种叫支出法，一种叫收入法。

支出法

顾名思义，支出法就是"钱用到哪里去了"，所以也叫"产品法"，是以总需求的概念为依据的。那么，钱用到哪里去了呢？我们把经济行为主体分为四类：个人、企业、政府、国外，所以，GDP 就分为：（1）个人的消费支出（C）；（2）企业的投资支出（I）；（3）政府的支出（G）；（4）国外的支出（NX）。

国外的支出如何计算呢？我们出口物品和劳务给国外，又从国外进口物品和劳务，出口减去进口后的余额，也就是净出口 NX，就相当于国外的支出。

根据以上分析，GDP 就由四块构成：

$$GDP = C + I + G + NX$$

C：个人消费

在 GDP 中所占比例最大。在美国，约占 GDP 的 2/3 强；在中国，从 2017 年的统计数据来看，也占到了 44.28%[1]。但与美国相比，还有很大的差距，所以我们才老是提"扩大内需"。

消费包括耐用品、易耗品和服务。汽车、家电等属于耐用品，是指能够多次使用的物品。但要注意：个人购买的住房，不计入消费的范围，而是投资；但租房子的租金支出属于消费。食品等属于易耗品，理发、保姆服务等属于服务。一般说来，经济

---

[1] 根据国家统计局资料。

越发达，服务在消费中所占的比例越高。

I：企业的投资

指企业在厂房、设备等方面的投入。由于家庭购买住房也属于投资，因此，很多书就讲"企业和个人的投资"。投资包括固定资产投资（主要指购置生产设备）、住房投资和存货变动。前面讲 GDP 时讲到，企业今年生产但没有卖掉的部分，就计入存货。存货每年都在变动，如果今年销售量大于生产量，存货会减少；反之则增加。因此，分析师往往根据存货的变动情况来判断经济运行情况。如果存货减少，则往往是经济变暖的表现；而如果存货增加，则经济很可能会衰退。当然，不能以一个月的短期变动为依据，一般要有一个较长时间（比如三个月以上）的持续同方向变动。

G：政府购买

政府要维持运行，需要给公务员发工资，需要办公经费，还有非常重要的一块：国防支出。政府还肩负着维护社会公平的任务，因此，需要给贫困人口以补助；以及为了鼓励和扶持某些行业和企业的发展，也会给予补助，这一块就是政府的转移支付。但转移支付不计入政府购买，因为转移支付后，实际上就变成了个人的消费或企业的投资。

NX：净出口

$$NX = 出口 - 进口$$

如果一国的出口大于进口，则 *NX* 为正，反之则为负。中国改革开放 40 余年来，每年的 *NX* 都为正。中国的外汇储备，也就成为世界第一。而美国则刚好相反，大部分年份的进口都大于出口，所以其 *NX* 常常为负。对于大多数国家来说，维持国际贸易平衡是政府的宏观经济目标之一，因此，*NX* 就常常徘徊在 0 附近。

收入法

支出法是从"钱用到哪里去了"来考虑问题的，而收入法则是考虑"钱从哪儿来的"？那么，钱从哪儿来的呢？经济是按照"生产—交换—分配"的流程进行循环的，先是组织要素进行生产，然后将产品或服务拿到市场上交换，最后把获得的收入在投入的生产要素中进行分配，然后进入下一个循环。所以，"钱从哪里来的"问题，就简化为分配给各生产要素的收入问题。因此，GDP 的收入法是根据各要素的所得来计算的。而要素是我们投入到生产过程中的，所以，各要素的收入也就是经济活动的成本，故收入法也被称为"成本法"。

生产要素分为劳动、资本、土地等。劳动的收入就是工资，这一点很容易理解。资本和土地的收入呢？资本有两种形态：一种是实物形态，即实际投入到生产活动中的机器设备、厂房等。其获得的收入就是折旧补偿和企业利润，如果是金融资本形态，如借贷资本，则获得利息；如股权资本，则获得红利和未分配利润（企业利润的组成部分）。

实物形态的资本，还可以自己不经营，转租给别人经营，则获得租金。土地也一样，如果是自己经营，则成为企业利润的一部分；如果是租给别人，则获得租金。租金和利息是相通的，不过一般把租金视为实物资本（如机器设备、厂房、土地等）的收入，而把利息视为货币资本的收入。

此外，由于政府在经济事务中的作用越来越大，也可以把政府视为一个投入要素。政府这一要素所获得的收入就是税收。需要强调的一点是，政府的税收是指间接税（比如增值税）。为什么没有把直接税（所得税）计入呢？因为我们在统计工资、企业利润等项目时，是以（所得）税前的数值为依据的，如果再把所得税统计到政府的税收中，就相当于重复计算了。

所以，根据收入法：

$$GDP = 工资 + 利息、租金、折旧 + 间接税 + （所得税前）企业利润$$

要注意的一点是，在统计个人的工资收入时，是不包括公务员、军人等的工资的，因为这一块属于政府税收开支的范围。

从理论上说，两种方式统计出来的 GDP 应该是一致的。用两种不同的方式统计，是根据国民收入的恒等式：总收入 = 总支出。当然，在实际统计工作中可能会出现一些偏差，所以有时需要进行调整。

一粒米 = 十万头牛——通货膨胀

前面我们讲到，除了经济增长率与经济周期紧密相连，甚至可以说就是用经济增长率来划分经济周期的各个阶段，还有一些重要的经济指标也与经济周期密切相关。这里要介绍的，就是俗话说的"通货膨胀猛于虎"的"通货膨胀"。

什么是通货膨胀

通货膨胀是指物价的普遍持续上涨。请注意，这里有三个关键点：一是上涨；二是持续；三是普遍。如果只是偶尔上涨，很快就恢复到原来的价格水平，那不是通货膨胀；如果只是少数商品的价格上涨，也不能叫通货膨胀。

如何衡量通货膨胀呢？经济学家采用的方法，是用价格指数的变化来计算通货膨胀率：

$$通货膨胀率 = \frac{本年价格指数 - 上年价格指数}{上年价格指数} \times 100\%$$

这就需要了解什么是价格指数。如果只有一种商品，那么，我们可以直接用这种商品的价格来代表价格指数。但社会上不可能只有一种商品，于是，就需要把大多数商品考虑进来。

首先选择一个基期，这是用来作为参照物的时间点，然后把计算期的主要商品的价格，乘以它们在经济运行中的权重，再与基期的价格指数进行比较。

$$价格指数 = \frac{\sum 计算期商品的价格 \times 权重}{\sum 基期商品的价格 \times 权重} \times 100\%$$

其中，$\sum$ 是求和符号，即所考察的每一种商品的价格乘以权重，然后再加总。

价格指数包括消费者价格指数、生产者价格指数、农产品价格指数等，我们一般用消费者价格指数 CPI 来作为计算通货膨胀率的依据，这是因为对于我们绝大多数人来说，关注的是消费者价格指数。

通货膨胀率是反映宏观经济状况的一个非常重要的指标，与经济增长率、失业率等共同反映一个经济体的内部运行状况。

如果通货膨胀率在 10% 以内，则属于"温和的通货膨胀"；而达到 10% 以上，20%、50%，甚至 100%、200%，则属于"急剧的通货膨胀"；两位数、三位数的通货膨胀率，经济还可以生存下去，如果各种价格以百分之一百万、甚至一百亿的速度上涨，经济将陷入瘫痪，这属于"恶性通货膨胀"。

民间有句话是"通货膨胀猛于虎"。为看清楚这一点，让我们来看通货膨胀的一个极端的例子。

10 万头牛 = 1 粒米

如果我们用实物来衡量中国 1945—1949 年的物价变化，那是非常有意思的。1945 年能够买一头牛的钱，到了 1946 年，还能够买一头猪；到了 1947 年，就只能买一只鸡；而到了 1948 年初，只能买一个鸡蛋；到了 1949 年，只能买一粒米的十万分之一！也就是说，1945 年能够买 10 万头牛的钱，到了 1949 年，只能买一粒米！

另一个恶性通货膨胀的例子发生在 20 世纪 20 年代初的德国。1923 年，买一片口香糖需要 3 亿马克！也就是说，如果你在 1921 年有 100 万马克，你还是"百万富翁"，但到了 1923 年，你的这 100 万马克，只能买一片口香糖的 1/300。

各位，如果你生活在这样的环境下，你还会有任何安全感吗？货币，作为政府的信用，还有任何信用可言吗？

通货膨胀产生的原因

那么，是什么造成物价持续上涨呢？如果是单一商品的价格上涨，我们可以通过前面讲的供求分析得知，这是"供不应求"的结果，这是容易得到抑制的。因为生产厂商看到有利可图，就会扩大生产，其他厂商也会进入该领域。因此供给就会增加，从而使价格下降，这就是我们在前面所讲的市场均衡原理。

而通货膨胀不是指单一商品价格的上涨，而是指整体价格水平的上涨。整体价格水平的上涨，就很难用"供不应求"来解释了。大家从自己的亲身经历不难看出，近

20 年来，绝大多数商品"供过于求"，但价格还是在不断上涨。所以，通货膨胀产生的原因，只能从货币的"价值尺度"这一职能上找原因，也就是说，货币这把"尺子"发生了变化。

举个例子就容易明白了。《三国演义》说关羽身高 9 尺，如果按现在 1 米等于 3 尺算，那关羽不是身高 3 米了吗？显然这是不可能的。到底关羽身高多少，这恐怕是一个谜，也许是小说家为了说明关羽伟岸的夸张说法而已。据说"丈夫"一词的来历就源于男人身高一丈的说法，因为商代的一尺为 16.95 厘米，一丈也就是 170 厘米左右，这在当时应该是"大个子"了。引用这个例子是想说明，"尺子"不同，得出的"身高"也就不同。同样的道理，货币这把"尺子"不同，商品的"价格"也就不同。

现在清楚了吧，通货膨胀或者说价格的持续上涨，是因为货币贬值造成的，也就是货币这把"尺子"缩短了造成的。

货币这把"尺子"是怎么缩短的呢？如果发行的货币量超过商品流通中所需的货币量，就意味着衡量商品价值的货币过多了，原来是用 1 元钱来衡量的，现在用 2 元钱来衡量，商品的价格也就自然上涨。

在金属货币时代，由于金属货币本身也是劳动生产出来的，受到开采量和冶炼制作的限制，不可能无限制地增加，因此，金属货币时代发生通货膨胀的情况比较少见，商品价格可以维持很多年不变。当然，如果发现了大的金矿、银矿，也会引起商品价格的上涨，但很快又会在新的价格水平上稳定下来。而到了纸币时代，由于纸币本身不具有价值，可以无限量地增加，这可以通过扩大单张纸币的面值和增加纸币的数量来实现，所以，通货膨胀就成为常态。特别是到了电子货币时代，连印刷钞票的成本都省了，如果不严格管理，那是非常可怕的。

从以上的分析不难看出，产生通货膨胀的唯一的也是根本的原因，就是货币发行过量。

通货膨胀对收入和财富分配的影响

通货膨胀通过价格的变动，相当于对收入进行了一次再分配。在这个再分配过程中，自然就有了受益者，也有受害者。经济学家认为，通货膨胀有利于三类人，也有害于三类人。

首先，通货膨胀有利于债务人而不利于债权人。你把 1 000 元借给别人，如果年利率为 5%，那人家一年后还给你 1 050 元，但通货膨胀率为 20%，则你一年后 1 050

元的购买力，就只相当于现在的 875 元，换句话说，你能够买到的东西减少了。相反，如果你是债务人，你借了人家 1 000 元钱，到了明年，虽然你名义上是还了 1 050 元，但只相当于还了 875 元。

现实中的两个例子最能说明通货膨胀在这方面的影响。第一个例子是近 20 年按揭购房的人。假如 10 年前你按揭购买一套价格为 30 万元的房子，30% 的首付，其余的 21 万元按照 20 年期按揭还款，你就会发现自己是很划算的，因为现在买同样一套房子，可能需要 100 万元。我们记得当时有不少人买很多套房子，简单装修后出租，每月的租金支付完按揭款还有结余，等到按揭期满，房子还是自己的。当然，中国房地产的黄金投资期已经过去了。按揭购房，就是你向银行借款，你就是债务人，通货膨胀是有利于你的。

第二个典型例子是我们以及我们的父辈，生活节俭惯了，把辛辛苦苦挣的一点工资，节省下来存在银行。结果呢，银行账户上的数字是在不断增加，但我们发现，这些不断增加的数据在增长得更快的物价面前，显得是多么的"寒酸"。因为这时我们是债权人，通货膨胀是不利于我们的。

其次，通货膨胀有利于在职的人，而不利于已经退休的人。原因很简单，退休的人已经退出了劳动市场，没有议价能力，他们所领取的退休金，虽然也会定期有所增加，但那是一种"补偿性"的增加，是因为通货膨胀导致退休金的购买力大幅下降之后所给予的一点"补偿"，远不足以"补偿"通货膨胀所导致的退休金购买力的下降。而对于在职人员来说，一方面，在工资上有议价能力，当物价上涨后，会要求工资上涨；另一方面，雇主也会通过商品价格的上涨而消化工资上涨所带来的成本压力。加之随着技术进步和劳动生产率的提高，工资上涨的幅度可能超过物价上涨的幅度。

当然，如果是恶性通货膨胀，那对在职的、退休的都不利。

最后，通货膨胀有利于政府，不利于广大的民众。这可以从两个方面来论证：

第一，货币的发行权在政府（中央银行），发行多少货币，由政府说了算。政府通过大量发行货币而"稀释"了财富。货币就好比水，财富好比汤，水加多了，汤就稀释了。举例来说，本来社会财富为 1 万亿元，其中政府占有 3 000 亿元，民众占有 7 000 亿元。现在政府增加发行 1 万亿元的货币，看起来社会财富增加到了 2 万亿元，但民众手头还是 7 000 亿元，相当于原来的 3 500 亿元，缩水了一半。

第二，是通过税收来对收入进行再分配。以我们目前的个人所得税为例，起征点为 5 000 元。假定你的收入为 7 000 元，超过起征点 2 000 元，按照 3% 的所得税率，应缴税 60 元，税后收入为 6 940 元；现在假定名义工资上涨 1 倍，增加到 14 000 元，超过起征点 9 000 元，适用税率为 10%，速算扣除数为 210 元，也就是要缴税 690 元（9 000 × 10% − 210），税后收入为 13 310 元，相当于原来的 6 655 元。与物价上涨前的税后收入 6 940 元相比，减少了 285 元，这就是政府通过通货膨胀从民众口袋中拿走的钱。

当然，个人所得税率和起征点也是会调整的，但要很多年才调整一次，而通货膨胀是经常发生的。

最痛苦的两件事之一——失业

一说到失业，就想起本书第一作者曾经讲过的一门重庆市精品视频课《幸福经济学》。里面讲到一个规律，就是人们都有一个"幸福起点"，一般说来，人们所经历的大部分事情，比如像中彩票这样的高兴事，截肢这样的伤心事，都不会对人们的幸福感造成长久的影响，一般会在一年左右恢复到原来的幸福水平，也就是"快乐起点"。但有两件事例外：一是丧偶，一是失业。可见失业对我们的影响有多大。

失业问题之所以受到普遍的关注，是因为这既影响经济增长，也影响经济稳定。失业是从政府到百姓都在关注的少数几个问题之一，从家庭的角度讲，一旦家庭成员中有失业者，整个家境就会变差；从企业的角度讲，雇用量的变化与其经济状况密切相关，一般说来，企业在经济状况变差时裁员，而在经济状况变好时增员；从国家的角度讲，劳动力是经济增长的重要源泉，失业人口的增加，意味着 GDP 的损失，不仅如此，还会影响到社会的安定。正因为失业问题如此重要，所以，竞选者在争夺政权的过程中，无不对失业率做出种种承诺，以争取民心。

为充分认识失业问题，首先我们要知道怎样来衡量失业；其次，我们要知道一个国家或地区的失业问题到底有多严重；然后，我们要了解失业到底会带来哪些损失，以及失业的原因是什么。

失业的概念

失业是指想工作、有能力工作而没有工作。这个概念告诉我们，失业涉及三个因素：第一是想工作，也就是有工作意愿。如果你压根儿就不想工作，比如现在的"啃老族"，那也不能叫失业。而衡量是否想工作，是看你是不是在努力寻找工作，比如到失业机构去登记、到处去应聘，等等。

第二是工作能力。如果没有工作能力，比如学龄儿童、老年人、丧失工作能力的伤残病人，就不能计算在内。

第三是没有工作。

因此，失业人口是指想工作、有能力工作而没有工作的劳动人口。

失业的统计

失业率是政府和研究机构需要统计的重要经济指标之一。那么，政府和研究机构是如何得到一国或地区的失业率的？

首先，要获得劳动人口的资料。劳动人口是指在一定年龄段之内，有劳动能力且愿意工作的人口。比如，某国 16 ～ 65 岁的人口为 1 亿，其中有 500 万是出于伤残、疾病等原因而丧失了劳动能力的人，有 800 万是正在上学（中学到大学）的学生，有 500 万是虽然有劳动能力但压根儿不想工作的人，还有 1 000 万是操持家务的家庭主妇，则该国的劳动人口为 7 200 万。

劳动人口资料的获得，主要是通过人口调查。人口调查分为普查和抽样调查两种方式。人口普查的工作量非常大。中国迄今已进行了七次人口普查，分别是 1953 年、1964 年、1982 年、1990 年、2000 年、2010 年和 2020 年。抽样调查一般采取十万分之一调查方式，即每十万人口中随机抽取一人进行调查。相对于普查来说，抽样调查的数据不太准确，但成本低。

其次，就是要获得失业人口的数据。失业人口，一般是指登记在册的失业人口。这样，用失业人口除以劳动人口，便得到失业率：

$$失业率 = \frac{失业人口}{劳动人口} \times 100\%$$

由于不少人长期失业后已经丧失了信心，不再登记，因此，实际上的失业率往往会高于公布的失业率。

失业率在什么范围比较合理呢？这没有统一的标准，因为会随着时代的变化而有所不同。但一般说来，失业率在 4% ～ 6% 的范围内被认为是正常的。

失业的类型

一般认为，有三种类型的失业，也可以理解为失业的三个方面的原因。

摩擦性失业

是指因为工作变动而产生的短暂性失业。"人往高处走"，人们会因为薪酬、职业兴趣、工作地点、同事关系等原因而变动工作，在工作的变动过程中，可能会引起短暂性的失业。

周期性失业

顾名思义，是指因为经济的周期性变化而产生的失业。在经济处于低谷时，对劳动力的需求减少，失业人口就会增加，这种失业叫作周期性失业。

结构性失业

是指由于经济结构的调整而引起的失业。在经济的发展过程中，新技术的出现会产生两种效应：一方面需要掌握更多的新技术的劳动力，这是互补效应；另一方面，新技术又会替代劳动，这是替代效应。总的结果是，对低技能劳动力的需求会减少，而对高技能劳动力的需求会增加。因此，低技能劳动力就会加入到失业大军中。

我们曾经针对大学生就业问题，讲过这主要是结构性问题，而不是因为中国的大学生总量过剩的问题。由于需要大学生的地方，比如乡镇、民营企业、中小企业等，大学生不愿意去；而大学生想去的地方，比如大城市、国有企业、知名企业等，又不需要那么多的大学生。

换句话说，我们也可以把劳动的供给结构和劳动的需求结构不一致所导致的失业，称为结构性失业，经济结构的调整所导致的失业，就是其中之一。

失业的损失

失业之所以令人"深恶痛绝"，是因为它会造成很多损失。其最大的损失，当然是导致 GDP 的减少。我们知道，经济增长的主要源泉是一国的劳动。如果没有工作的人数增加，就意味着劳动资源的闲置和浪费，这势必导致产出的下降。我们在前面讲到 GDP，那是实际统计出来的 GDP，其实还有一个概念，叫"潜在 GDP"，指的就是充分就业时的 GDP，既然没有实现充分就业，就会导致现实 GDP 小于潜在 GDP。

失业的损失如果由全体国民来分摊，那后果还不会那么严重。关键的问题是，失业的损失主要由失业的个体和家庭来承担。政府虽然会通过失业救济金等方式对失业人口有所帮助，但毕竟有限。这样，失业所导致，就不仅仅是一个产出损失的问题，还会对失业的个体和家庭的生活、身心健康造成极大的损害，甚至会引发社会问题。从经验来看，受到失业伤害最大的，是那些低技能劳动者，比如刚刚进入劳动力市场的青少年、受种族歧视影响而受教育程度不高的有色人种、受性别歧视影响的妇女以及那些贫民区的居民。

失业的"另一面"

说了失业那么多的"坏话",难道就一点好处都没有吗?这要从不同的角度来看问题。

从个人的视角来看,失业也不是"一无是处",这要看我们怎样来看待失业。对于已经失业的人来说,要想重新工作,就需要提高自己的技能;对于没有失业的人来说,由于面临失业的压力,也会不断提高自己的技能。

如果从企业的角度看失业,结论会有所不同。对于企业来说,失业的存在,主要是可以降低劳动力成本。劳动力市场如商品市场一样,当供大于求时,供方就有降低价格的动力。由于失业的存在,工资作为劳动力的价格,就可能低于均衡价格。所以,失业可以降低企业的生产成本。

对整个社会来说,失业的存在可以激发竞争的活力。失业虽然是一种压力,但也正因为有这种压力,社会成员才会有动力去改变自己。而社会的改变,正是社会成员改变的结果。

政府的宏观经济目标——经济增长与经济稳定

我们已经知道如何衡量一个国家或地区的经济状况的三个重要的经济概念：GDP、通货膨胀、失业。有了这个基础，就可以分析政府的宏观经济目标"经济增长与经济稳定"了。

经济增长

经济增长是政府最重要的宏观经济目标，因为如果没有经济增长，其余一切都可以免谈。经济增长也是解决一切经济问题甚至其他问题的基础。

前面我们讲到，可以用 GDP 来衡量一国的经济状况。但 GDP 是一个总量，而仅仅有总量还是不够的，这就像我们常常说，要进行横向对比、纵向对比。横向对比就是排名，比如目前的经济总量，美国排第一，中国排第二；纵向对比则是自己跟自己比，今年比去年进步了多少，这就是经济增长。

如何衡量一国或地区的经济增长呢？经济学家采用的指标是"经济增长率"。经济增长率就是一国或地区的 GDP 在一定时间内（一般指一年）的变化率。经济增长率的公式是：

$$经济增长率 = \frac{本年实际 GDP - 上年实际 GDP}{上年实际 GDP} \times 100\%$$

上式计算的是实际增长率，如果用名义 GDP 代替实际 GDP，得到的则是名义增长率。一般说来，名义增长率与实际增长率的差额，约等于通货膨胀率。

$$实际增长率 \approx 名义增长率 - 通货膨胀率$$

关于通货膨胀，我们会在后面介绍。

从以上公式不难看出，计算经济增长率是很简单的。

大家在阅读统计部门的报告时，会遇到"环比"和"同比"的说法，前者指本月与上月相比，衡量的是短期的波动情况；后者指本月与去年的本月相比，衡量的是一年的变动情况。比如，国家统计局报道说："5 月，全国规模以上工业增加值按可比价格计算同比增长 6.0%，增速与上月持平，比上年同期回落 0.1 个百分点。"[1] 这句话包含的意思有：没有考虑价格变动因素（按可比价格计算），2016 年 5 月与 2015 年 5 月比，增长 6.0%；2016 年 4 月与 2015 年 4 月比，增速也是 6.0%（与上月持平）[2]；2015 年 5 月比 2014 年 5 月增长 6.1%（比上年同期回落 0.1 个百分点）[3]。

时间和速度改变一切

时间和速度，可以改变一切。如果时间足够长，则哪怕增长速度相差一点点，也会导致彼此间巨大的差异。以 100 年为例，假定两个国家或地区的初始状况相同，比如人均 GDP 为 1 000 美元，不同的增长率，会在 100 年后导致怎样的不同？

100 年后，不同增长率的巨大差异

年均增长率 /%	1	2	3	4	5
100 年后人均 GDP/ 美元	2 705	7 245	19 218	50 505	131 501

通过上表我们看到了惊人的差异。增长率相差 1 个百分点，100 年后，人均 GDP 相差 2 倍以上。这是速度带来的变化。如果以每年 5% 的速度持续增长 100 年，则即便现在的人均 GDP 只有 1 000 美元，100 年后也将达到 13.13 万美元，比现在美国的人均 GDP 还高出一倍多！

我们再来看看时间带来的变化，假定年均增长率为 2%。

只要时间足够长，经济也会翻天覆地

n 年	50 年	100 年	200 年	500 年	1 000 年
n 年后人均 GDP/ 美元	2 692	7 245	52 485	19 956 569	3.98×1011

---

[1] 指 2016 年 5 月。

[2] "4 月全国规模以上工业增加值同比实际增长 6%"。

[3] "5 月工业增加值同比增长 6.1%"。

上表就更加令人兴奋不已：即便每年只有 2% 的增长率，即便现在的人均 GDP 只有 1 000 美元，500 年后将达到 1 995 万美元，1 000 年后则更是将达到一个天文数字：将近 4 000 亿美元。换句话说，那时候一个人的收入将超过现在很多国家的收入。

让我们以中国为例来进行一番计算。

据国家统计局公报，中国的 GDP，2017 年比 2016 年增长 6.9%。如果我们按照这个速度一直增长下去的话，那结果如下：

4 年后，也就是 2021 年（中国共产党成立 100 周年），中国的 GDP 为 108 万亿元人民币；2020 年已经过去，据统计，2020 年的 GDP 已经突破 100 万亿元人民币，达到 101.6 万亿元，那只要 2021 年增长 6.3%，就可以实现这一目标。

32 年后，也就是 2049 年（中华人民共和国成立 100 周年），中国的 GDP 为 699.59 万亿元人民币，如果按照现在的汇率计算，超过了 100 万亿美元。假定以中国现在的人口 14 亿计算，人均 GDP 将超过 7 万美元，而目前美国的人均 GDP 也才 5.7 万美元。也就是说，到建国 100 年时，我们的 GDP 总量肯定超过美国，而人均 GDP 也可能超过美国（因为没有考虑美国的增长率）。

83 年后，也就是 21 世纪末（2100 年），中国的 GDP 将达到 21 023 万亿元人民币！！这就不需要我们再计算了，简直就是全球无敌了。如果人口还是 14 亿，那么中国的人均 GDP 将达到 1 500 万美元！相当于每天超过 4 万美元！！

以上的计算看似无聊，但揭示了至少以下三个重要的道理：

第一，一个经济体要想发展，必须有经济增长。经济增长率上些许的差异，一旦经历漫长的时间，也将会带来巨大的差距。

第二，一个经济体不仅要有经济增长，而且要有长期的持续增长。2% 的年增长率在我们看来似乎很容易，但如果能够持续足够长的时间，则也将使一个经济体发生天翻地覆的变化。这正应了中国一句古话："不怕慢，就怕站。"

现在的问题是，长期持续的增长是可能的吗？更准确的表达是，长期的、稳定的、从无下跌的增长是可能的吗？

事实是，不可能，因为经济有波动，正如没有只涨不跌的股市一样，也没有只有正增长没有负增长的经济。正如一年分四季，每天有昼、夜，月有阴晴圆缺，股市有涨有跌，经济也有繁荣和衰退的并存。

但另一方面，追求长期稳定的增长，也是任何一个国家和政府的目标。因此，政府的第二个宏观经济目标，就是经济稳定。

经济稳定的对立面就是经济波动。所以，我们先来看经济波动。

经济波动：经济周期

尽管从长期来看，世界经济是逐渐增长的，但这并不排除局部、短期的波动。即便在经济增长创纪录的 20 世纪，仍有一些国家和地区的经济并没有得到应有的增长，这是局部与全局的不协调。此外，1929—1933 年的大萧条，20 世纪 70 年代的石油危机，20 世纪 90 年代的金融危机，以及 2007 年至今的金融危机，都告诉我们：经济的增长不是"一帆风顺"的，这是短期与长期的不协调。

一个经济体的经济状况在短期内的上下波动，就是我们常说的经济周期，或者说商业周期。

事实上，经济增长的轨迹的确不可能是一条一直向上的直线，而是如黑格尔所说的"螺旋式上升"。在这个螺旋式上升的过程中，自然就有"峰"和"谷"，自然就有从"峰"到"谷"以及从"谷"到"峰"的过程。

因此，经济学家把一个经济周期划分为以下四个阶段，分别是繁荣期、衰退期、萧条期和复苏期。

在繁荣期，经济处于快速增长阶段；衰退期则是从繁荣期的增长转向了下滑，甚至出现了负增长；萧条期相当于在谷底，"要死不活"的；复苏期则从谷底开始走出。从图形上看，这四个阶段分别对应的是顶峰、下降、谷底、上升。

一个经济周期大约有多长时间呢？这是每一位从事投资的人关心的大问题，因为如果踩准了周期，就能获得超额的投资收益。但可惜的是，到目前为止，还没有一个准确的时间表。我们只能大体上说：

一个短周期为 3～4 年，也叫"基钦周期"，是英国经济学家基钦 1923 年提出来的。

一个中周期为 9～10 年，也叫"朱格拉周期"，是法国经济学家朱格拉 1860 年提出来的。

一个长周期为 50～60 年，也叫"康德拉季耶夫周期"，是俄国经济学家康德拉季耶夫 1926 年提出来的。

需要说明的是，这里所说的多少年，也不过是经济学家们在对以往经济运行情况进行分析的基础上总结出来的，不代表未来的经济运行也一定会遵循这样的规律。影响经济周期的因素很多，这些因素在不同时期的变化规律也不同，因此，在不同时期，一个经济周期的持续时间也会有变化，但经济出现周期性变化的规律是一个基本事实。

经济稳定

经济稳定是政府的第二大经济目标。由于一个经济体是由众多的经济行为主体所组成的，彼此之间存在信息不对称，因此，古典经济学所称道的"市场出清"，只不过是一种理想状况而已。在现实经济中，不能实现市场出清才是一种常态。这就会导致总供给与总需求之间的矛盾。这一矛盾既可能是总量性的，也可能是结构性的，矛盾的双方在动态中寻求彼此的平衡。因此，经济不是按照一条直线在运行的，而是会出现波浪式前行的模式，这就是经济周期。

如果在商品市场之外，如资本和货币市场，以及劳动力市场，则情况就更为复杂，因为即便商品市场能够实现出清，商品市场与货币市场之间、商品市场与劳动力市场之间也不一定达到均衡。货币，本身是以商品价值为基础的，但经济运行本身很难保证两者之间的"步调完全一致"，难免出现二者不协调的局面，通货膨胀和通货紧缩问题就出现了。而在劳动力市场上，也同样很难达到市场出清的理想状况，失业问题基本上是一种常态。

我们都希望经济能够"又好又快"地增长。"快"比较容易衡量，但怎么衡量"好"呢？"好"与"快"的目标又是否能够同时实现呢？

从长期来看，事物总是遵循"螺旋式发展"规律的，但在短期内，有可能"单边上行"或"单边下行"。

所以，经济出现波动是很正常的，我们不能因为出现了经济下滑而认为经济不稳定。但如果经济波动超过了正常的幅度，比如 1929—1933 年的"大萧条"就是经济不稳定了。

因此，可以通过"反面"，也就是"经济不稳定"来理解经济稳定。经济波动如果超过了正常范围，则属于经济不稳定；反之，如果经济波动的幅度在正常范围内，则属于经济稳定。

也就是说，经济在一定范围内波动是正常的，经济稳定不是指直线式的经济增长。

怎样的范围是正常的范围，这没有一个严格的标准。可以这样说，任何事物只要在人们的"可容忍"范围之内，就是正常的。所以，在不同情况下，这个"可容忍的幅度"或者说"正常的幅度"会有所不同。比如在战争或重大的灾难时期，人们"可容忍的幅度"就会大得多，而在和平时期，这个幅度就会小得多，这是与人们的预期相关的。以股市为例，在熊市期间，人们常以"小亏当赢"来安慰自己；但在牛市期间，一年赚 20% 也会被认为是失败的投资。

尽管如此，经济学家还是通过实证研究提出了一些标准，比如通货膨胀率在 3% ～ 5%，失业率在 5% 以内都是"正常的"。

经济增长与经济稳定：阴阳平衡

经济增长是任何政府必须考虑的头等大事。离开了经济增长，经济稳定就会变得毫无意义。在传统农业经济时代，如果不遇到天灾人祸（战争），经济是平稳的，但因为没有增长，所以就是一种低水平的稳定。所以，增长永远是第一位的，只有建立在增长基础上的稳定，才是值得人们追求的稳定。

经济增长与经济稳定这两个目标之间，既有一致的一面，也有矛盾的一面。邓小平说，在发展中解决问题，这是对一致性的认识。但另一方面，过热的经济增长会导致经济结构失衡，不利于经济稳定。

本书第一作者曾经以报纸专栏文章的形式发表过一个观点，经济增长与经济结构是一个经济体的"阳"和"阴"两面，"阴阳平衡"才有利于经济发展。

经济增长是经济的"阳"面，当持续一段时间的增长后，就可能出现"阳亢"，增长主要表现为量的增加，而不是质的改善，此时，如果没有经济结构（经济的"阴"面）的改善，增长会放缓，因为人们已经不能满足于商品量的增加了。

可能你会问，为什么不能一边增加"量"，一边改善经济结构以提高"质"呢？这恐怕要从"人性"的角度来理解了。我们不难理解，结构的改善是一件"很费劲"的事，在不需要改善结构也能赚钱的情况下，人们一般是不会去试图改变结构的，这是人类的"惰性"使然；换个角度，资本也是趋于投向"容易赚钱"的地方的，这是资本的本性，而资本的本性实际上是人性的反映。以产品结构为例，如果生产现在的产品也能赚钱，人们为什么要去冒险开发新的产品呢？只有当生产现有产品不能赚钱时，人们才会去开发新的产品。

如果我们把经济运行简化为产品的生产，那它的运行轨迹就是：生产第一代产品，能够赚钱，于是继续生产，终于供大于求，赚钱越来越难，于是开发第二代产品。产量的增加，是"阳"，而结构的改善，是"阴"，经济运行就是在这样的"阴阳交替"中前进，不断地实现"阴阳平衡"。

经济周期也是一个"阴阳平衡"的过程，当经济增长过热之后，会出现生产过剩，需要改善经济结构；经济结构的改善，会促进下一轮的经济增长。

在整个经济运行过程中，"平衡"总是短暂的、相对的，而"不平衡"是常态。经济增长与经济结构的动态变化，导致了经济的"螺旋式上升"。

经济学家对经济周期的看法，历来也分为两派，一派认为，在经济周期的低谷，会导致失业率上升、经济停滞等不好的结果，因此，主张采取手段来熨平经济周期，或者至少使经济的波动幅度能够降低。

而另一派则认为，正如时间分昼、夜，一年分四季，月有阴晴圆缺，经济的周期性现象是再正常不过的事，因此，应该"顺其自然"。经济周期虽然会造成经济的不稳定，但能够通过周期性的波动，使得一些质量差的产品和企业在波动中被淘汰掉，就像"大浪淘沙"那样。如果没有波动，什么企业都轻松赚钱，那对经济的发展其实是不利的。本书作者属于这一派。

政府的经济政策

政府要实现经济增长与经济稳定的宏观经济目标，以及效率与公平的微观经济目标，需要靠哪些手段呢？

政府要实现目标，当然有很多手段和措施，但我们主要讲经济政策。而在经济政策中，从市场经济的角度看，又主要是财政政策和货币政策。我们来看看政府是如何通过这些政策来实现经济目标的。

财政政策

财政政策是政府利用财政分配来调节经济活动的工具。从收支两方面来看，财政分配包括财政收入和财政支出，而财政收入的主要方式是税收，财政支出有很多方面，但与经济活动相关的，主要是财政补贴。

先来看微观经济目标。当政府希望刺激某项经济活动的效率时，可以采取降低税率的做法，这相当于一种激励。比如，政府对高新产业往往就采取低税收的鼓励政策。

为了促进经济平等，政府既可以采用税收的办法，比如对高收入阶层征求更高税率的个人所得税；也可以采取补贴的方式，比如对低收入阶层的保障性补贴，如失业救济金、困难补贴等。

再来看宏观经济目标。当经济萧条，政府往往采取扩张性的财政政策，比如降低税率、增加国债、增加政府购买、提高财政补贴等，通过这样的方法刺激经济增长；反之，当经济过热时，政府则采取紧缩性的财政政策，比如提高税率、减少国债、减少政府购买、降低财政补贴等，目的是给经济降温。

货币政策

货币政策是通过中央银行来执行的。中央银行是各国管理金融活动的法定机构。

中国的中央银行是中国人民银行，美国是美国联邦储备系统（由联邦储备委员会、联邦储备银行和联邦公开市场委员会构成），英国是英格兰银行，德国是德意志联邦银行，法国是法兰西银行，日本是日本银行，等等。

中央银行的职能，可以用三个定语来表示：国家的银行、发行的银行、银行的银行。

所谓"国家的银行"，是指中央银行是国家货币政策的制定者和执行者，代理国库，代表国家发行债券等。

所谓"发行的银行"，是指货币的发行权在中央银行。中央银行通过货币的发行量对经济活动进行调节。

所谓"银行的银行"，是指中央银行与商业银行的关系，相当于各商业银行是中央银行的"客户"。商业银行可以是非国有的，要执行中央银行的货币政策，比如存贷款利率的调整。商业银行要把一部分钱存到中央银行，这就是存款准备金。商业银行也可以到中央银行贷款，此时，中央银行就相当于最后的贷款者。

中央银行调节经济的货币工具，主要包括调整利率、调整存款准备金率、调整再贴现率、公开市场业务。

调整利率

利率是利息和本金的比率。当我们把钱存到银行，银行会支付给我们一定的利息；当我们到银行去贷款，我们也要支付利息给银行。

利息的产生，首先是因为资金是有机会成本的，如果不存到银行，可以去干别的事情，因此，银行为了吸引我们把钱存进去，就要支付给我们利息。其次是有风险的，今年借出去的钱，明年能否收回，不是百分之百的。因此，借款人需要支付风险补偿。风险越大，利率也就越高。比如企业债券的利率就高于政府证券的利率，地方政府债券的利率就高于中央政府债券的利率，三年期国债的利率就高于一年期国债的利率。

利率直接影响相关各方的收益和成本。你把钱存入银行，如果利率高，那你的收益就高，但对于银行来说，则意味着其资金成本就高；而银行的钱是需要贷出去的，存款利率高，贷款利率也就高，于是，从银行贷款的个人和企业使用资金的成本也就高。

因此，央行就可以通过调整利率来调节经济：当经济过热时，就提高利率，这样企业的资金成本就会增加，会减少在银行的贷款，或归还贷款，这样就使得在经济中运行的资金量减少，给经济"降温"；反之，当经济萧条时就会降低利率，减轻企业的资金成本，以刺激经济的复苏。

调整法定准备金率

存款准备金是商业银行按照存款总额的一定比例存放在中央银行的资金。存款准备金分为法定存款准备金和超额存款准备金，前者是按照中央银行有关存款准备金率的要求下限必须存入中央银行的，后者则是商业银行根据自己的实际情况可以任意存取的。

当存款准备金率提高，就意味着商业银行需要存入中央银行的资金增加，这样，能够用于贷款的资金就减少，或者说，能够投放到市场的资金就减少；反之，当降低存款准备金率，则能够投放到市场的资金就增加。

因此，央行通过调整法定存款准备金率，就可以调节经济活动中的货币量，从而调节经济。当经济过热时，央行就提高存款准备金率；反之，当经济萧条时，就降低准备金率。

调整再贴现率

先要介绍什么叫贴现。比如你有一张票据，价值100万元，但还没有到期，你又急需要用钱，怎么办呢？你可以到银行去，把这张票据给银行，银行则根据这张票据的价值（综合考虑票面价值、利率、风险大小、到期还有多少时间等因素，比如估值为105万元），给你一笔现金，比如102万元。相当于你把票据卖给了银行或抵押给了银行，这就叫贴现。按字面也好理解："现"就是"现金"，"贴"则是"缩水"，因此，贴现就是按照一个小于1的比例（比如上面的比例为0.971 = 102/105）拿到现金。

当然，你也可以把票据卖给私人或其他企业，道理是一样的。

贴现率越高，你能够拿到的现金就越少。所以，民间把贴现也叫"贴水"，指能够拿到的现金与票据价值的差额。比如刚才的例子，贴水就是3万元。

而再贴现呢，则是商业银行把这张票据拿到中央银行去换钱。中央银行当然不可能按照票据的价值支付那么多现金给商业银行，所以也会有"贴水"。由于商业银行相当于把票据第二次进行贴现，所以叫"再贴现"。

央行通过调整再贴现率，同样可以调节经济活动中的货币量。当经济过热时，就提高再贴现率，这样流入市场的资金就会减少；反之，当经济萧条时，就降低再贴现率。

公开市场业务

指在公开市场（也就是债券市场等）上通过买进卖出债券来调节市场上的资金量。当买入债券时，就相当于央行把货币投放到了市场上，而当卖出债券时，则相当于央行把货币回收了。因此，当经济萧条时，央行就买入债券，投放货币；反之，当经济过热时，央行则卖出债券，回收货币。

货币政策主要影响的是宏观经济目标，也就是经济增长和经济稳定。

有的同学老记不住什么时候采取什么政策，教大家一个小窍门，无论是财政政策还是货币政策，都是增加或减少流入市场中的货币而已，当经济过热时，需要减少流入市场中的货币量，而当经济萧条时，则需要增加流入市场中的货币量。大家仔细对照上面所讲的各种政策，看是不是这样？

政府这样做就是为了实现经济增长与经济稳定两大目标。当经济处于萧条期时，通过扩张性的经济政策来刺激经济增长，这个大家能够理解；但当经济过热时，政府为什么要采取紧缩性的经济政策呢？这不是与经济增长的目标不相符合吗？

当然不是。正如我们在前面多次讲到的，经济过热也不是好事，不仅迟早会导致衰退，更重要的是导致资源的浪费。俗话说，"爬得越高，跌得越惨"，因此，政府就需要在经济过热时把这个热度降下来，这就需要对经济进行调整。

团体目标

一个和尚挑水吃，两个和尚抬水吃，三个和尚没水吃。

——中国民间谚语

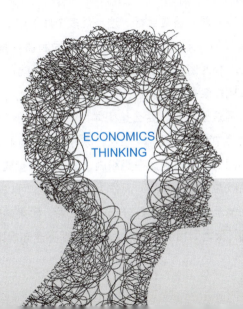

ECONOMICS
THINKING

团体及其目标

团体与组织的区别

所谓团体，是与个体相对的。从数量上简单地看，两个及以上个体所组成的，就是团体。但仅仅有数量是不够的，街上众人，熙熙攘攘来来往往，就不属于我们的研究范围。

另外，我们经常看到的企业、政府部门、大学、医院等，人数肯定在两个以上，但也不属于我们研究的范围，我们常常把这类对象称为"组织"。

根据"组织理论之父"马克斯·韦伯的阐述，我们可以概括出组织的三个特征：有共同利益或目标、有规则、有等级秩序。

而团体既不同于乌合之众，也不同于组织。与乌合之众相比，团体应该是具有共同利益或目标，也应该有一定的行事规则，否则，就不可能聚集到一起。但与组织相比，我们认为团体不应该有严格的等级秩序。所以，我们认为团体具有以下三个特征：

1. 有共同利益或目标。这是众多个体能够聚集为团体的关键。没有这一点，团体是不成立的。比如业主委员会，其共同利益就是小区的安全和良好的物业管理服务；哪怕一个临时组成的旅游团队，其共同目标就是一趟快乐而物有所值的旅行。

2. 团体会有一些规则，只有这样才能起到"召集"的作用，才会产生可能一致的行动。但这些规则，要么是团体之外的"自然"（如惯例）所规定的，要么是团体在形成过程中自发形成的。而且，你可以遵守这样的规则，也可以不遵守，这是团体与组织不同的地方，因为在组织内，规则是所有成员必须遵守的。当然，是否遵守，所获得的收益是不一样的，而作为团队成员，可以自由地选择，选择的基础当然是根据自己的情况，对规则进行分析后的结果。如果遵守规则比不遵守规则好，则会选择遵守规则；反之则相反。如果大多数人都不遵守规则了，要么修改规则，要么解散团体。

3.团体内的成员是平等的，没有严格的等级秩序。即便是团体的头目，往往也是起着"召集人"的作用，而不是"领导者"的作用。当然，有的"召集人"由于自己出众的个人魅力，能够自发地成为这个团体的"领导者"，那也是有的，但即便如此，也没有改变成员平等的状况。这是团体与组织的根本区别。比如一个旅游团队，虽然有导游，甚至还可以临时选出一个"队长"，但这个队长不可能凌驾于其他人之上，别人对他的意见，可以选择听从还是反对。所以，旅行团是典型的团体。

总之，团体是建立在自由、自愿的基础上的，哪怕事实上不一定自由、自愿，但至少规则上是这样的。有的人可能认为参加团体也不好，但还是一边骂娘一边参加。那是因为如果他不参加，可能结果会更不好，于是只好"两害相权取其轻"，至少他是有选择的自由的。

综上所述，团体的三个典型特征是：有共同利益或目标但不一定行动一致（这一点在后面要讲，也是构成本章的主要内容）；有规则但可自由选择是否遵守；有"头目"但所有成员是平等的。

关于团体和组织的两个注意点

为了更清晰地界定团体，我们认为以下两点需特别注意：

1.团体的特征与团体成员的特征并非一致，因为团体成员既可以是个人，也可以是组织。因此，两个及以上个人是团体，两个及以上企业也是团体，两个及以上国家还是团体。因此，我们就先从两个及以上个人组成的团体讲起，然后讲两个及以上的企业，最后讲两个及以上的国家。这也是为什么把团体目标放在最后一讲的理由，因为需要把个人、企业、国家或政府的目标讲完之后，才能更好地阐述团体的目标。

2.即便是正式的组织，有严格的规则和等级秩序，也不排除其内部存在诸多的团体。当组织内的成员为着一个非组织的利益或目标行动时，就是一个团体。比如，员工对单位食堂的饭菜质量有意见，或者对工资有意见，或者对某位领导者有意见，这时就有两种途径来解决问题，第一种是通过所谓的正常组织渠道逐级反应，或通过选举等程序重新投票。但当这些渠道缺失，或者受阻，或者效率太低时，员工很可能采取第二种方式，即所谓的"过激"行为，比如罢工、游行、静坐、集会抗议等方式达到目的。当采取第二种方式时，这些员工所组成的就是团体了。

至于组织内的一些"非正式组织"，比如联谊会、同乡会、校友会、兴趣小组等，就是典型的团体。

换句话说，团体的成员，可以是组织，而组织的成员，也可能是团体。

团体成员会为共同利益而行动一致吗

现代团体理论的创立者，是美国经济学家曼瑟尔·奥尔森。他的初版，1965年以博士论文为基础的著作《集体行动的逻辑》就是奠基之作。该书一开头就说："有共同利益的个人组成的集团通常总是试图增进那些共同利益，这一点至少在涉及经济目标时被认为是理所当然的。"但他通过严密的论证，对这一观点进行了否定。也就是说，具有共同利益的团体并不一定会去增进团体的利益。

这就引出一个问题：既然个体不一定为了团体的共同利益而行动，那为什么要加入这个团体呢？特别是在我们所假定的个体有自由选择是否加入团体的权利的情况下？理由是：个体加入团体，与不加入团体相比，能够获得更大的利益。因为有些利益的实现存在"阈值效应"。"人多力量大"，靠一己之力很难完成团体才能完成的任务，比如，一个人去游行示威，不太可能有什么影响，除非这个人是世界级的著名人物，或者采取某种极端的方式；但如果是一群人去游行示威，特别是这个群体的人数很多，那效果就不一样了。虽然团体完成任务后，个体所分得的利益也许并不多，但总比个体连任务都无法完成时的"没有利益"好。正如奥尔森所说：

个人的、没有组织的行动，或者根本无力增进那一共同利益，或者不能充分地增进那一利益。因此，当存在共同或集团利益时，组织就能一显身手。[1]

既然个体已经选择加入团体，却又不为团体的利益而行动，其可能的解释有以下三种：第一，个体如果不采取行动，也能够获得与采取行动一样的利益，而采取行动是有成本的，当然其理性的选择就是不采取行动；第二，个体虽然也采取了行动，但不是尽其所能地行动，而是做做表面文章，甚至阳奉阴违，以最小的成本获得可能的收益；第三，更有甚者，个体可能会牺牲团体的利益，因为这样能够给自己带来更大的利益。比如，有的销售人员就偷偷把订单拿给竞争对手，因为从中获得的利益，远

---

[1] 在奥尔森的著作里，对"团体"和"组织"是没有严格区分的，常常等同。而在我们这里，是严格区分开了的。

远超过他从自己公司能够得到的奖金或分成，甚至连股东（理论上只要没持有 100% 的股份都可能）也会为了自己的利益而牺牲公司的利益。

团体目标

当我们说一个组织的目标时，可以简单地说是"组织利益的最大化"，虽然这个利益不一定是经济利益。但我们却不能简单地用"团体利益最大化"来表示团体的目标，因为团体利益最大化与个体利益最大化并不一定一致，而对于团体成员来说，其自身利益的最大化才是具有内在动力的，而这个时候团体利益却并不一定最大化。如果我们用"团体成员利益最大化"来表达团体的目标，就与团体不是直接相关了。

既然个体利益的最大化不一定是团体利益的最大化，那团体的目标到底是什么呢？我们认为，团体的目标可以表述为：团体利益与个体利益的兼容，或者说是团体利益与个体利益的平衡。换句话说，就是充分利用个体的理性决策，以实现团体的共同利益。这样的团体才是有效率的团体，也最能实现自己的目标。反之，如果不能兼容个体利益和团体利益，那么，站在自身利益进行决策的个体的行为，可能就会损害团体的利益。我们在前面的"互动约束"中所讲到的"囚徒困境"，就是典型的个体利益最大化不能导致团体利益最大化的例子。

团体为什么还存在

既然个体不一定为团体利益而行动一致，那团体为什么还会存在呢？除了上面所讲的，确实在很多情况下，由于"阈值效应"的存在，个体需要通过团体才能完成某些任务之外，还有两个很重要的原因：

第一，人们在认识上的偏差，准确来说就是"事前—事后"的思维问题。很多时候，"事前"是很难预料到结果的，而结果又是"事后"的，这种时间上的问题是人类思维所面临的根本问题之一。

事前，人们可能认为参加到一个团体中，是能够获得比不参加更大的利益的。但从事后的结果看，很多时候往往"事与愿违"。虽然这样的团体最终会解散或消失，但在"事后的结果"没有出现之前，人们往往抱有希望，这就是团体存在的基础。如果人们事前就能预料到不能从团体中获得好处，那这样的团体就不存在了。

换句话说，人们所谓的"理性"，也是在"已知条件"下的理性，而对于"未知条件"，由于受到认知的约束，就很难用理性的标准来衡量。

而且人们往往高估自己的能力，这叫"内省偏见"或"乐观偏见"：我们通常会高估自己，低估别人。75%的管理人员认为自己属于人群中顶尖的20%，90%的司机认为自己的驾驶技术高于平均水平。因此，即便事前知道结果不好，只要这结果不是完全确定的，人们也会参与。股市投资就是典型的例子，虽然有"一赚二平七亏"的统计规律，这应该算是"事前"就知道的，但每个进入股市的人都会乐观地认为自己是那"能赚钱的10%的人"，因而把大把的钱搬进股市里，甚至不惜高利息举债。

第二，团体往往是那些别有用心的野心家利用的最好工具。任何人要想依靠一己之力，是很难完成什么艰巨或"伟大"的任务的，需要依靠团体，所谓"众人拾柴火焰高"。于是，这些野心家就鼓动三寸不烂之舌，只说未来美景，不谈艰难过程，也不谈可能失败，煽动"乌合之众"进入团体，以增进成员利益为幌子，最终是为了自己隐藏的私利。如果成功了，就分给大家"一杯羹"；如果失败了，野心家总是很早就想好自己的"退路"，逃之夭夭，留下一个"烂摊子"团体，最终消散。

接下来，我们分析个体是如何违背团体利益的。

一个学习小组几人最合适——搭便车

故事 1：学习小组

从二十年多年前开始，本书第一作者就在课堂教学中采用了这样的方式：以小组为单位布置任务，然后开展课堂讨论。

由于是大班教学，学生人数较多，往往一堂课的学生高达百余人，为了每个小组一个学期内至少能够完成两项任务，我们按 10 人左右分组，并且给每个小组的评分就是该组每位成员的分数。

但从课堂讨论就能发现，每个小组的 10 人中，真正认真完成了任务的不到一半，大多数属于我们在下面要讲的"搭便车"者。

即问即答：如果你是教师，将如何改进学习小组的管理方式？

于是我们改变考核方式，由小组长给每位成员评定贡献系数，可以从 0 ～ 1 不等。结果发现，绝大多数小组长给成员评定的贡献系数都一样，并且很高（0.9 ～ 1 不等），即便有所区别也很小，比如 0.95、0.96、0.97 等。

我们又把每组人数减少到 5，每学期只布置一项任务，但把任务的难度增加了。在评分中加入了每位成员课堂汇报、答辩（由教师以及随机选择的其他小组提问）的表现，小组长的评分占 40%，我们对每个人课堂表现的评分占 60%。

看看，就是这么一个简单的问题，如果激励机制不设计好也会出问题。

故事 2：公交车上的实验

1998—2000 年，本书第一作者在报社干了两年半。他曾经在公交车上做过这样一个实验：他很早就来到公交车的起始站，然后与售票员沟通好："这班车的 10 个位置的票我买了。如果他要主动买票，你就收着；如果他不主动买票，你就不要去催人家买票了。"售票员很疑惑地望着他，以为他是"神经病"。他对售票员说："等到了终点站，我再告诉你为什么要这样做，好吧。"

他就坐在最后面的座位，前面的每排都有一个座位是他预付了钱的。当然，这只有他和售票员知道。

他默默地看着每一个人上车下车，用手机记录着每一个坐在他已经买了票的位置上的人的性别、估计的年龄，以及从衣着上看是不是缺钱的人。请注意，他用的是"是不是缺钱"，而不是"是不是有钱"。

他先后做了 10 次实验，包括了重庆市的主要公交路线。也就是说，有 100 人在他的默默注视下，到底会不会主动买票？

结果如何呢？你猜一猜，有多大比例的人会主动买票？

结果是：100 人中，只有 18 人主动买票，其余的人，都装着若无其事的样子；有的也会不自在一下子，但因为售票员没有催问，也就作罢；还有估计会脸红或心跳加快的，由于他坐在最后排，看不到他们的脸色。

当然，这是快 20 年前的事了。现在的情况如何，我们不好说。

搭便车

以上行为，美国经济学家奥尔森在《集体行动的逻辑》一书中取了个名字，叫"搭便车"，指不花钱而能坐享别人带来的好处。比如学习小组，懒惰的成员就可以坐享勤奋努力的小组成员的成绩。

我们之所以在公交车上做那样的实验，是想检验一下搭便车是不是人的本性。结果很遗憾，这确实是大多数人的本性。不花钱能得到好处，从经济学的角度讲是很"经济"的，因为从"成本—收益"来看，"效率"很高啊。这样的行为就属于"理性"行为。

搭便车的三种不同情况

第一种情况：团体利益是既定的。

比如，单位出台一项规定，大多数人都认为不合理，于是在热心分子的号召下，准备与单位领导面对面抗议。一旦抗议成功，就会取消这项规定。

这个时候，最容易发生"搭便车"行为。搭便车者会这样想：如果抗议无效，我参加了不仅没用，而且还会在领导眼里留下不好的印象，所以，我还是不参加的好；如果抗议成功，那我参不参加都能获得与大家一样的好处，若不参加的话，不仅不需要"浪费"时间精力，而且也不会在领导那里留下不好的印象，因此，我也是不参加的好。也就是说，无论什么情况，我都是不参加的好。

这样的情况还有很多，比如涨工资的集体谈判，也是一样的。

问题的关键是，如果大家都这样想，都是搭便车者，那就无"车"可搭了。搭便车者可能会这么想，但不会因此而改变自己的行为。好在搭便车者不会是全体成员，甚至在很多情况下不会是多数成员，所以才会有搭便车者存在的地方。

第二种情况，团体利益是不定的，往往会与参与人数的多寡或比例高低相关。

这就是常说的"人多力量大"。比如业主与物业公司之间就物业管理费标准和服务项目的谈判，参与的业主人数越多，业主们能够获得的利益就越大。在这种情况下，搭便车者的比例就会下降。

第三种情况，个体能否获得团体行动所带来的利益，完全与个体是否参与有关。

比如单位工会搞的节假日游园活动，需要参与了才能获得小礼品。此时，个体就完全以自己是否值得花时间去获得小礼品来衡量了，也就不存在搭便车的行为。

实际上，这第三种情况不属于我们研究的范围，但可以为解决搭便车行为提供一些思路，因此，也就附带在此说明。

"搭便车者困境"

关键问题是：这样的行为，对于"搭便车"的个体来说是"经济"的，但对于团队来说则是损害效率的，是不经济的。而且，搭便车的人越多，团队的效率就越差。道理很简单，为团体创造利益的人越少，团体利益也就越小。仍以学习小组为例，如果每个学生都很努力，学习小组的成绩就会提高，但由于努力的人减少了，就不能很好地完成任务了。特别是，人与人是相互影响的，而且往往"坏"的影响力远远超过"好"的影响力，正如俗话所说的"学好三年，学坏三天"。张三看到李四不努力，也就会降低自己的努力程度，哪怕张三本来是想很努力的。

而分享团体利益的人越多，每个人能够分享到的利益也就越少。最后，如果连团体利益都不存在了，这个团体也就解散了，而搭便车者也就无便车可搭了。

为什么能搭便车

以上讲的是为什么会搭便车。那为什么能搭便车呢？这主要是因为存在以下两方面的原因：

第一，团体利益是很难分割的，相当于俗话说的"一荣俱荣，一损俱损"。这就有点相当于"公共品"，只要是团体中人，一旦有利益都能享受。比如国防和治安，不能说我们不是军人或警察，就不能享受国防和治安的好处。所以，"组织的实质之一就是它提供了不可分的、普遍的利益。一般说来，提供公共或集体物品是组织的基本功能"。或者说，"只有当涉及公共意图或集体物品时，组织或集团的行动才是不可或缺的"。

第二，个人贡献很难衡量。既然团体的任务是需要个体协作去完成的，个体的贡献就很难衡量，除非像一些体力劳动性质的任务，比如把一堆砖从一个地方挑到另一个地方，可以根据每个人挑的数量来计算贡献。遗憾的是，随着人类社会的进步，体力劳动在人类劳动中所占的比重越来越小。比如完成一项科研任务，团队成员的贡献就很难衡量，所以才产生矛盾。

换句话说，如果团体利益不是公共品而是私人品，成员的贡献也很好计量，那么搭便车的现象就不会出现了，因为用"多劳多得，少劳少得，不劳者不得"就可以解决问题，搭便车者就属于"不劳者"，由于"不得"，就没有搭便车的动力。

即便团体利益不好分割，如果能够准确计量个体的贡献，搭便车者也难有立足之地，除非团体规则没有制订好。因为搭便车者很容易被识别出来，团体就可以将其剔除团体。

团体利益的分配方式与搭便车

从以上论述中不难看出，搭便车行为的出现，有时候是与团体利益的不可分割有关的。比如通过罢工争取到了工人的利益，最终所有工人都会享受到，不会因为谁没有参加罢工就不能享受；再比如竞选总统，如果竞选团队最终成功了，不可能大家轮流当总统，其他人最多只能成为内阁成员。

但搭便车的最主要原因是与个体贡献的难以衡量相关的。个体贡献的衡量虽然是个难题，但我们可以事先规定一个分配的办法或规则，这样就会对搭便车行为产生影响。大体说来，有以下四种分配方式，我们逐一进行分析。

第一种方式：绝对平均主义

就是常说的"按人头分配"，只要是团体成员，便获得相等的份额。这样的分配方式，在现实中很难见到，即便是在原始社会，氏族男子捕获了一头猛兽，也会对猎手有额外的奖励，余下部分才在氏族成员中平均分配。

但接近平均分配的情况是有的。比如我国改革开放前的分配制度，就被形象地形容为"大锅饭"。虽然也有级别上的收入差别，但不大，而且只与级别有关，与贡献基本无关。于是，大家的目的就是"混级别"，而级别主要与资历、学历有关。学历不一定人人能混到，但资历是人人都能混的。于是，"出工不出力"的现象就比比皆是。即便是现在，那些仍然带有计划经济特色的单位，比如政府部门、学校等，其分配机制还是带有平均主义的明显特点。

再举一个例子：农村实行联产承包责任制时，就是以人口数量为依据"包干到户"的，虽然也存在土地肥沃贫瘠之别，离家远近之分，但总体上还是平均的，会进行"排列组合"：肥沃的与贫瘠的搭配，远的与近的搭配。所以，就造成了土地极为分散的格局，比如原来的一大块肥田，可能就会被分割为很多份。这当然是不利于农业生产的。

在平均主义的分配体制下，团体成员的积极性几乎为零，"搭便车者"比比皆是，因为无论是否出力，反正到时都有自己的一份。这个时候起作用的不是经济因素，而是伦理因素了。

第二种方式：按出"资"比例分配

这里的"资"，不一定是真金白银，也包括我们俗话所说的"资本"，比如"这个人很有资本"，不一定指他有多少钱，而是指他很有"资历"，有"人脉"。所以，这种团体利益分配方式是从"源头"进行考虑的。

比如，现在成立一个什么协会，请某位曾经做过政府副省级以上的退休官员来当会长，就不是因为他能出多少钱（即便有钱也不敢出啊），而是因为他有另外的"资本"；或者请一位著名的企业家（比如马化腾）来当会长，也不是需要他出钱（马化腾当然敢出钱），而是看中他的影响力和社会关系。假定为了吸引这些人加入团体而事先规定，今后团体利益的 10% 给会长，副会长每人得 2%，常务理事每人得 0.5%，理事每人得 0.1%，余下的按照会员人数平均分配。这样的分配机制，就是按"资"分配。

在这样的分配机制下，从纯粹经济的角度说，团体成员"出力"的程度就与其能够获得的利益成正比。但即便是在这样的分配制度下，仍然会有违背团体利益的行为发生。因为如果团体外的利益集团给出更高的提成比例，当事人就有可能干出有损团体利益的事来。比如，现在有一笔 100 万元的生意，拿到自己团体，今后按比例分配的话，自己可以获得 5 万元，但另外一个团体说，只要把生意拿给他们，就给 20 万元。如果这笔生意团体内没人知道，或者知道的人极少，那就有可能生意外流。

所以，这种分配方式虽然比"大锅饭"好，但也不能完全杜绝团体成员有损团体利益的行为。个人的道德水准，仍然是一个非常重要的影响因素。

第三种方式：按贡献分配

这是从"结果"进行分配的，就是所谓的"多劳多得，少劳少得，不劳者不得"。当然，现在已经不是简单地以"劳动量"来衡量了，因为以智力为主的劳动，很难用"量"来评价其对团体利益的影响。所以，用"贡献"来衡量更加合适。

但由于团体行为往往是协作行为，要衡量具体成员的贡献也是一个难题。不过，个成员身上，但总是可以找到一些方法来 …… 理学中的"绩效考核"。对于绩效考 …… 要的一点是，这个办法只要事 无能为……的问……完……就这样即可，至于是不是有"漏洞"，那是"事后"才能做出判断的，如果有，那就在下一次进行修订。

在这种分配方式下，团体成员的积极性会更高。但同样地，由于衡量贡献的难度，团体成员搭便车的现象仍然会存在。比如，高校和科研院所对获得省部级以上科研奖励都是有奖金的，而奖金的分配，要么直接交给团队负责人，要么按照排名的次序进行分配。而即便是把权力交给团队负责人，也往往是按照排名的次序进行分配。在这种情况下，排名靠前的人，也许并不是贡献最大的人，而往往是各方挂名的领导，或者"资深人士"，他们即便没有出力，也同样能得"大头"，所以对于他们来说，搭便车就顺理成章了；而排名靠后的人，因为只能得"小头"，也往往会"偷奸耍滑"。这就是为什么每次奖金的分配都会造成怨言不断，甚至有可能导致团队解体，特别是当团队中的成员能够在不依靠那些"头头脑脑"也能获得项目的时候。

在第二种和第三种分配方式中，由于团体成员的所得是不一样的，有的多，有的少，相应地，能够从团体利益中获得较大比例的成员，就会比获利比例小的成员更有积极性。"互动约束"中讲到的"智猪博弈"就可以用来解释这种情况：小猪（分享比例小的成员）的"最佳策略"是"等待"，也就是本章所讲的"搭便车"。

当然，还有一些分配方式是把以上三种基本方式进行组合而成的。比如，一定比例的收益按贡献分配，一定比例的收益按出资比例分配，一定比例的收益按人头分配。理由也很充足：按人头分配是为了"公平"，"见者有份"；按贡献分配是为了调动大家的积极性；按"资"分配是"尊重历史"。最终，在不断的磨合和演变中，可能就会形成某一团体的分配方式。因此，分配方式的好坏，很难有一个统一的标准，适合的、运行成本低的制度就是"好制度"。

第四种方式：按需分配

这里所说的按需分配，当然不是理想中的共产主义的分配方式。举例来说，你住在河边，原来是需要靠渡船才能过河的，每过一次河，来回需要2元钱；现在村里集资，在河上修了一座桥，由于是大家集资修的，对村民全面开放，这样的话，你哪怕一天从桥上来回10次，和一次也没过桥的人是完全一样的，都不需要付钱。反过来，如果按照以前过河的费用计算，你现在过河 10 次，就相当于节省了 20 元，这就是你的收益，还不包括过桥与乘渡船相比所节约的时间。这个收益就完全是"按需分配"的。

当团体所提供的，是完全的"公共品"时，收益的分配方式就是这种模式。

如果能够做到按需分配，当然从"结果"来看，就不存在是否搭便车的问题。因为如果你没有过河的需要，不可能为了从心理上"赚"回当初集资修桥的钱而不断地在桥上来回走吧。但从当初集资的情况来看，同样会存在"搭便车"的问题。贫穷的家庭一般不会出资，或者要出资的话，也是象征性地表示一点。这一方面是因为支付能力，另一方面则是：反正家里也没车，家人出门办事的情况不多，也没有什么亲朋好友要来，修不修桥影响不大，哪怕桥修好后，他家的人过桥的次数很可能比富裕家庭的人还多。所以，一般说来，集资的结果就是前面的"智猪博弈"："大猪"（富裕家庭）行动（出资），"小猪"（贫困家庭）等待（搭便车）。

当然，在我们的传统文化里，把"修桥铺路"视为行善积德的好事，富人也乐意为之。所以，我们才会看到在农村里，如果当地出了几个有钱人，就很可能把家乡的桥、路修好的事情，主动让乡亲们"搭便车"。

企业团体与国家团体

企业团体

以上讲的是个人。如果是由很多企业组成的团体呢？

行业协会、商会等，应该是大家都知道的，由众多企业组成的团体吧，又有怎样的"搭便车"行为呢？比如，某商会要和政府谈判一件棘手的事情，"人多力量大"，当然希望各个企业都派代表去，但总有很多企业以各种理由来推脱。为什么？因为如果谈妥了，好处大家都会得，我即便没去，也会得到好处，只不过是多少而已；而如果没有谈妥，我也不会得罪政府。

如果说与政府谈判这样"敏感"的事情容易刺激企业主的神经，那我们就以市场价格为例吧，这样就很"中性"了。

石油限产为何难以为继

由企业组成的团体如此，由国家组成的团体也如此。

欧佩克，即国际石油输出国组织，就是一个由多个国家组成的团体。这样的国际性组织还有很多，如欧盟、非盟、东盟、亚太经合组织、奥委会等，最大的就是联合国。

联合国是第二次世界大战后为了协调国际关系、维护世界和平与安全，由主权国家组成的国际组织，总部在美国纽约，现有 193 个成员国，算是一个大型的团队了。

那么请问大家，在联合国采取的各种行动中，各成员国是否都会尽力而为呢？显然不是的。对于大多数国家来说，与其说是"参与者"，不如说是"旁观者"。最来劲的，无非是美国和"当事国"而已。但即便是联合国做出的决定，美国有时也不予理睬。在联合国，各成员国是平等的。所以，这些国际组织完全符合前面所讲的"团体"的特征。

这里主要谈欧佩克的石油限产。每隔一段时间，欧佩克就要进行一轮谈判，其中的主要内容，是就限制各成员国的产量达成一致。为什么要限产呢？道理很简单，石油属于弹性系数小于1的商品，当产量降低后，价格的上升幅度会大于产量的下降幅度，因此，总收入是增加的，这对各成员国都有好处：既降低了生产成本（因为产量降低了），又能够使得石油的可开采年限延长（同样是因为产量降低了）。

可为什么欧佩克每隔一段时间就要进行一轮谈判呢？原因很简单，因为欧佩克对各成员国没有强制权力，各成员国渐渐违反限产协议之后，就需要进行下一轮磋商。

那为什么各成员国要这样"背信弃义"呢？当然是为了各自的经济利益而不顾团体的整体利益。

奥尔森更加数量化地提出了团体成员遵守团体规则的条件，"只有当对产业的需求弹性小于或等于某一特定企业占产业产量的份额时，该企业才会受到激励限制产量"。并由此推导出这样的结论：团体规模越大，就意味着要求需求弹性越小。比如10家企业组成的团体，要求弹性系数小于等于 1/10，100 家企业组成的团体，则需要弹性系数小于等于 1/100。在现实中，具有这么小的弹性系数的，估计只有食盐、接生、殡葬服务等少数商品或服务了。因此，团体的行动一致是很难的。

我们在前面讲"囚徒困境"时，就通过一个简单的模型，论证了各成员国为了自身的利益，是不会选择限产的方案的。接下来，我们将这个模型稍微扩展一下，来看看企业的选择。

两个企业的模型

为了更好地说明奥尔森的理论，我们不妨来举一个例子。

假设只有两家企业组成的团体（当我们进行博弈分析时，往往可以这样做，就是"自己"和"对方"两个参与方），它们生产的产品面临如下的市场需求表：

产量	80	90	100	110	120
价格	130	115	100	90	80

从上表不难看出，限产对大家是有好处的。我们以产量 100、价格 100 作为目前的状况，那么，当产量降低到 90 时，总收入就从现在的 10 000 增加到 10 350，而当

产量降低到 80 时，总收入增加到了 10 400。当然，价格不可能无限量地上升。以上是假定石油的需求价格弹性是小于 1 的。

为了便于以下的分析，我们也列举了假如增加产量的情况。很容易发现，当产量增加后，由于需求弹性小，总收入是下降的，分别下降到产量为 110 时的 9 900，和 120 时的 9 600。

这是从团体的角度来看的，而团体中的个体不会这样想，也就是说，不会产生与团体一致的行动。当团体要求成员减少产量时，成员有以下策略可供选择：

策略一：不减产，维持现有的产量 50。

策略二：不仅不减产，而且还增加产量到 60。

策略三：减产到 40。

到底采用哪种策略，不仅取决于自己，而且取决于对方，这就是互动约束。而对方的策略，同样有三种：减产、维持现有产量不变、增产。

那到底选择什么策略呢？我们先假定对方选择什么策略，看在这个时候我们选择哪种策略最好。

对方采用策略一，即对方维持产量 50 不变。那么，我方三种策略的收益分别为：

维持现有产量 50，由于对方也维持现有产量，那收入就还是 5 000 不变；

增产到 60。这时总产量为 110，价格减到 90，对方收益为 4 500（＝50×90），我方收益为 5 400（＝60×90）；

减产到 40。这时总产量为 90，价格涨到 115，对方收益为 5 750（＝50×115），我方收益为 4 600（＝40×115）。

通过对比不难看出，如果对方维持产量不变，那么，我方增加产量的收益最大为 5 400，比产量不变时的 5 000 和减少产量时的 4 600 都高，因此，我方的最佳选择是增加产量。

对方采取策略二，增产到 60，那么，我方三种策略的收益分别为：

维持现有产量 50，总产量为 110，价格为 90，对方收益为 5 400（＝60×90），我方为 4 500（＝50×90）；

增产到 60，总产量为 120，价格为 80，我方和对方的收益都为 4 800（＝60×80）；

减产到 40，总产量为 100，价格为 100，对方收益为 6 000（＝60×100），我方收益为 4 000（＝40×100）。

在以上三种策略中，我方还是增产的收益最大（4 800＞4 500＞4 000）。

对方采用策略三，即对方很"诚信"，按照团体的要求减产到 40，那么，我方三种策略的收益分别为：

维持现有产量 50，则总产量为 90，价格为 115，对方收益为 4 600（= 40 × 115），我方收益为 5 750（= 50 × 115）；

增产到 60，总产量为 100，价格为 100，对方收益为 4 000（= 40 × 100），我方收益为 6 000（= 60 × 1 000）；

减产到 40，总产量为 80，价格为 130，我方和对方的收益都为 5 200（= 40 × 130）。

在以上三种策略中，还是增产的收益（6 000 > 5 750 > 5 200）最大。

换句话说，无论对方采取什么策略，我方的最优策略都是增产。那么，对方也不是"傻子"，同样会采取增产的策略。这就是为什么每隔一段时间就要对限产进行谈判的原因。

以上简单模型，既可以用于个人和企业，也可以用于国家。

如何解决团体问题——小团体和奖惩机制

那么，如何解决团队成员的"搭便车"问题呢？奥尔森在《集体行动的逻辑》中，针对团队行为中的"搭便车"等机会主义行为，提出了一些解决方案，包括小团队管理、建立有效的激励与惩罚机制等。

奥尔森论证了，"由于在其他条件相同时，……集团中的个体数量越大，离最优水平就越远。"因此，解决团体问题的第一个方法就是小团体管理。

小团队管理

即问即答：为什么小团队管理是解决"搭便车"问题的有效办法？

先看现实案例：

会议：一般来说，人数众多的大会议，参会人员就不会那么重视和守时，缺席、中途离席以及早退的情况也比比皆是。而人数在20人以下的小会议，参会者就不会那么随便了。道理很简单，参会者会这么想，人多嘛，缺我一个根本看不出来，不像人数少的小会议，甚至座位前的桌子上还摆着姓名牌，空着就一目了然了，不去不太好。当然，带有强制性的行政会议例外。研讨会最能说明这一点，因为参与者是有相当大的自由度的。

前面讨论过的学习小组，也是如此。小组人数一多，搭便车的人就多。本书第一作者长期为企业提供管理培训服务，有一次，在某个集团公司培训，因为参培人数太多，主办方就把每个小组分成20人，结果发现，每次主动发言的，每个小组就那么一两人，其余人，即便是被点名发言，要么说"还没有想好"，要么就重复其他人的观点。所以，我们才在前面说，小组人数不宜超过5人。

为何小团体的搭便车者减少

这一方面与利益相关性有关。团队成员少，无论是利益或损失，对每个成员的影响就很大，而如果团体成员多，影响就很小。比如，如果只有 5 个人，对每个人的平均影响就是 20%，大家就会很在意；而如果团队有 100 人，那对每个人的平均影响就只有 1%，想想"无所谓"。

另一方面，与监督成本有关。团队成员越多，对成员的监督成本就越高，因而就难以监督。团队成员也知道这一点，所以，在不好监督的情况下，会采取"逃避"方式。想想上面所说的开会的情形就清楚了：一般来说，开小会你不会缺席；而如果开大会，你就有可能缺席了，因为反正也不一定注意到你嘛。

应用：稻盛和夫的"阿米巴经营"

稻盛和夫是日本企业界的传奇人物，不仅自己白手起家创办了两家进入世界 500 强的公司（京瓷和第二电信），而且在 2010 年，78 岁的他临危受命出任日本航空公司董事长，仅用了一年时间，就使公司从濒临破产（日航已经在他到任前一个月向东京地方法院提交了破产保护）转为盈利，成为日本的"神话"。

关于稻盛和夫，当然有很多话可说，但与本章内容相关的，是他的"阿米巴经营模式"。阿米巴是一种虫子，虫体赤裸、柔软，可向各个方向伸出伪足（伪足除具有行动的功能外，还能摄食），体形不定，俗称"变形虫"，生存能力极强，在池塘、水沟、水田中终年可见，能侵入人和动物体内，引起疾病。

"所谓阿米巴经营是一种经营方法，简而言之就是把组织划分成一个个小的团体，通过独立核算制加以运作，在公司内部培养具有经营者意识的领导，实现全体员工参与经营的全员参与型管理。"[1] 换句话说，阿米巴经营就是为了破解大团体的"搭便车行为"，化整为零，充分发挥小团体的优势。现在那些患有"大公司病"的企业，应该好好思考一下了。

---

[1] 稻盛和夫. 阿米巴经营［M］. 陈忠，译. 北京：中国大百科全书出版社，2009.

奖惩机制

要避免团队成员的"搭便车"行为，建立有效的奖惩机制是非常重要的。如果一个团队是吃"大锅饭"的，那就肯定会出现"搭便车"行为。农村实施联产承包责任制前，采取的是集体劳动，按照出工的时间计工分。比如成年男子，一般一天计10分，妇女计6分，但只是按照出工的时间计分，不是按照努力和贡献程度计分。所以，大多数人都想"偷懒"：每耕作一段时间，就杵着锄头把子，说说笑笑。

"偷懒"，也属于"搭便车"行为，叫"出工不出力"。

后来，家庭联产承包责任制释放了农村的巨大的生产力。这就是一种奖励与惩罚机制：谁干的多，谁得的多；谁不干，谁就没有。

所谓奖励与惩罚机制，就是把每个人的获得与他的贡献结合起来。谁的贡献大，谁的所得就多；反之，谁的贡献小，谁的所得就少。如果谁给团体造成了损失，谁就应该得到惩罚。只有这样，才能使每个团队成员努力干活，而不是"偷懒"，而不是"搭便车"。

在管理中，这就是绩效考核与薪酬制度。所谓绩效考核，就是要确定每个人的贡献大小，而薪酬制度，则是要根据每个人的贡献大小计算薪酬。

所以各位，如果今后大家在一个单位从事管理工作，请记住：绩效考核和薪酬制度是单位最重要的制度，它是指挥棒，引导着人们的行为。

进一步学习经济学的建议

诚然，学习经济学并不一定能让你变成一个天才；但不学经济学，命运就很可能会与你格格不入。

——萨缪尔森

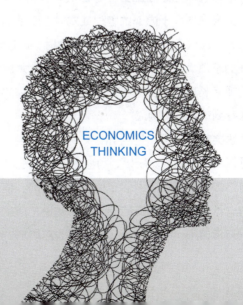

ECONOMICS
THINKING

经济学的未来

20 世纪经济学的发展

20 世纪是一个伟大的世纪，不仅有"大萧条"、两次世界大战这样的大灾难，更有计算机、互联网、航天技术等大发明和大进步。仅从经济的角度看，20 世纪的经济增长和发展是人类以往任何一个世纪所不能比拟的。

经济学在 20 世纪也获得了巨大的发展。这些发展可以归纳为一点，那就是对古典经济学基本假定的突破。

由于有关经济学在 20 世纪发展的内容太庞杂，我们只能以举例的方式来说明。

比如，交易成本理论。1991 年诺贝尔经济学奖获得者罗纳德·科斯，在 1937 年发表了一篇像散文一样的论文《企业的性质》，提出了"交易成本"的概念，使得制度经济学改头换面而成为"新制度经济学"。科斯所思考的问题是：既然市场是配置资源的一种有效方式，那为什么还需要有企业呢？科斯把市场配置资源的成本称为"交易成本"，而把企业配置资源的成本称为"管理成本"或"组织成本"。于是，当外部的交易成本大于内部的管理成本时，企业的存在就是合理的、经济的；反之，如果内部的管理成本大于外部的交易成本时，就应该通过市场来实现。

举例来说，如果你只请人帮你搬个家，那就通过市场好了，没有必要自己办个搬家公司或者长期雇用搬运工；但如果你长期需要搬运工，那就采取雇用的方式，而不是每次都到市场上去请人。

在古典经济学里，是没有"交易成本"这一概念的，因为古典经济学假定生产要素是可以自由流动的。所以，科斯的贡献就是对古典经济学基本假设的一次突破。

再比如，古典经济学假定信息是完全的，信息也是对称的。但现实中，信息是不完全的，不仅我们想知道的不一定能知道，而且要想知道也需要付出成本；更重要的是，我知道的不一定你知道，比如你去应聘时，你的人品、能力，你自己最清楚，而招聘方不一定清楚。

在突破了信息完全和信息对称的假设后，创立了信息经济学，特别是其中的"委托—代理"理论，对现代经济学的影响非常大。我们把信息的劣势方称为委托方，把信息的优势方称为代理方。像刚才所说的应聘者，就是信息的优势方，是代理方；而招聘者，则是信息的劣势方，是委托方。在企业，股东是信息的劣势方，是委托方；经营者是信息的优势方，是代理方。甚至上下级之间也是如此，下级是否努力，下级自己最清楚，因而下级是代理方；而上级则是信息的劣势方，从而是委托方。当然，遇到人事、财务、战略等决策问题时，上级是信息的优势方，下级是劣势方，因而上级是代理方，下级是委托方。这也对啊，员工是"主人翁"嘛。

"简单—复杂—简单"，这是学科发展的必然循环。在人们的认知能力还不足以解决各种问题时，通过一些严格的假设使问题简单化；而当人们的认知能力提升之后，加之其他相关学科的发展，可以使一些假设放松，从而使问题复杂化，这样可以更加深入地研究问题；但最终的结果，还是要使问题简单化，这是因为人们能够更加深入地认识到事物的内在规律。

从这个角度来看，经济学现在还处在"复杂化"阶段，从经济学大量使用数学，甚至"滥用数学"这一点，就可以得到佐证。因此，经济学的未来发展之路，第一，是能够再回到"简单"的路径上来，第二，当然是通过进一步向"科学"靠近而回到"简单"上来。

经济学离科学还有多远

要判断经济学离科学还有多远，首先要了解什么是科学？或者说，判断一个学科是否属于科学的标准是什么？

科学的判断标准有三：事实、逻辑、预测。

到目前为止的经济学，早已经是在"用事实说话"了，而且，也具有很强的理论逻辑，但在预测上还不敢恭维：第一，每年各大机构对各国经济增长的预测，就没有多少准确性；第二，更不能预测大的经济危机什么时候出现。

但我们认为，经济学在这一点上的预测是成功的：就是当人们违背经济规律的时候，它能告诉你会怎样，当然，这个"会怎样"的具体时间，还不能预测。比如，我们原来不按市场规律办事，我们的经济就非常糟糕。

从以上分析可以看出，经济学离科学的距离还有很远：因为它还不能预测当人们按照经济规律办事时，结果会如何。只能预测不遵循经济规律时的后果会如何，而且还不能预测时间。

分工、交叉与综合

未来经济学的发展，我们觉得可以用三个词来概括，那就是分工、交叉、综合。

首先是分工。分工是经济进步的基础，同样也是学科发展的基础。只有当人们对每一个细小的问题都研究透彻之后，学科才能进步。我们常常赞叹中国先秦时期以及古希腊时期辉煌灿烂的文化，但那还不是科学，因为只是在开始的"简单"阶段，属于整体性的阶段，孔子、老子、孟子、苏格拉底、柏拉图、亚里士多德，都是百科全书式的人物。那个时候，科学还处在萌芽时期，不需要分工。

影响经济的因素非常多，我们现在还没有完全弄清楚有哪些因素，更不清楚不同的因素在不同的条件下对经济产生的作用如何。因此，需要更加深入地研究。而一个人的时间精力是有限的，因此，只能就其中一个很小的方面进行研究，这就是为什么要分工的原因。

其次是交叉。各个学科都在发展，学科之间的渗透也非常快、非常深。借鉴其他学科的发展成就来研究经济问题是必然趋势。其中最重要的是经济学与心理学的交叉，产生了如今蓬勃发展的行为经济学。

最后是综合。所谓综合，就是要在深入研究经济的各个方面，并且借鉴其他学科成就来研究经济各个方面的基础上，最终围绕经济增长与经济稳定、经济效率与经济公平等问题，获得更加科学的结论，能够使经济学真正成为科学。

进一步学习的建议

前面多次提到，本书只是从思维的层面对经济学这个庞大的学科做了简单的介绍，如果按照课程性质划分，则属于一门引导大家进一步学习经济学的导论性质的课程。对于一般读者来说，也许已经足够。但对于想进一步学习经济学的读者来说，无论你是想成为经济学的专业人士，还是因为被激发了学习的兴趣，想进一步了解经济学，都需要进一步学习。因此，在本书的结尾，想对这些想进一步学习经济学的读者提供几点参考意见。

经济学的"级别"与读书推荐

如果你对经济学感兴趣，那我们就介绍一下接下来如何学习。我们常常把经济学分为初级、中级、高级三个阶段。

初级经济学是面向大学低年级本科生和其他非经济学专业学生的，可学习萨缪尔森和诺德豪斯的《经济学》，在萨缪尔森生前已出第19版，属于第三代经济学教科书的代表作。本书第一作者三十多年前（1988年）从物理学改行报考经济学研究生时，读的就是商务印书馆翻译出版的萨翁的《经济学》第10版，记得是上中下三册，中国人民大学的高鸿业教授翻译的。或者学习曼昆的《经济学原理》或斯蒂格利兹的《经济学》，都是非常好的经济学入门教材。

中级经济学是面向高年级本科生或低年级研究生的，微观部分可学习范里安的《微观经济学：现代观点》，或者平狄克、鲁宾菲尔德的《微观经济学》，或者赫舒拉发的《价格理论及其应用》；宏观部分可学习多恩布什的《宏观经济学》，或者曼昆的《宏观经济学》。

高级经济学是面向博士研究生和研究人员的，微观部分可学习范里安的《微观经济学：高级教程》，或者马斯－科莱尔的《微观经济理论》；宏观部分可学习罗默的《高级宏观经济学》。

初级、中级、高级的划分，主要基于两点：第一是分析工具的难度；第二是分析范围的广度。也就是深度和广度的问题，经济学的基本原理和思维方式是差不多的。因此，即便你只学了我们这本最简单直白的《经济学思维》，也可以像经济学家一样思考了。

学习经济学需要具备的基础

要想进一步在经济学里深造，根据很多经济学家的建议，以下三方面的基础是必须具备的：

经济分析工具

现在的经济学研究，"比拼"的似乎已经不是思想，而是数据的多少和技术的高低。计量经济分析、博弈论、经济实验设计，是 20 世纪发展起来的主要分析工具。大家只要一翻阅经济学专业期刊和专著，就会发现里面充斥着图表、数学符号和公式。为了看懂，我们必须具备相关基础，数学、统计学是必须的。

此外，现在用于经济分析的软件也不少，如 EViews、SPSS、SAS、TSP 等。学会一个软件是比较简单的，关键还是需要有数学、统计学的基础，以及经济学理论、计量经济分析。要不然，我们看不懂软件计算出来的结果意味着什么。

经济学理论

无论采用多么高深的分析工具，如果离开了经济学理论，那就不再是经济学，而是数学。专门分析过经济学与数学关系的文章也不少 [1]。

因此，要想在经济学领域取得一定的成就，就离不开对经济学理论的掌握。

经济史和经济思想史

我们在本书开始时，就曾讨论过经济学的"科学"性问题，至少到目前为止，它还不是一门完全意义上的科学。科学是可以不断累积进步的，几乎可以肯定地说，后一代人能够超过前一代人。而哲学、文学、艺术等却不是这样的，很难说后一代人能够超过前一代人。比如，我们能说现在的哲学能够超过两千多年前的古希腊和先秦吗？我们能说现在的小说能够超过两百多年前的《红楼梦》吗？

正因为如此，学自然科学的人，其学科的历史往往是一门选修课，而对于哲学、

[1] 胡伟清. 经济学运用数学的尺度 [J]. 统计研究，2006（1）：74-77.

文学、艺术学科的人来说，哲学史、文学史、艺术史是必修课，而且是主干课。

经济学则介于两者之间，因此，"经济学史"这门课在一流大学里，一般是必修课，但在其他学校里也未必。

不过，如果我们多读几本著名经济学家的传记就会发现，他们在经济思想史方面的造诣是非常深的，即便他们不以"经济思想史"为饭碗。

因为我们往往能够从前辈经济学家的著作中找到思路和灵感，学习他们的思维方法。历史不一定重演，但往往有着惊人的相似。

而经济思想史，又是与经济史密切相关的。还有，要更好地理解经济思想史，也需要了解与之相关的经济史。

本书的主要目的是希望能够激发大家对经济学的兴趣，而不是教多少经济学的分析工具。如果你读到这里还觉得经济学有趣，那就达到了本书的目的了。祝大家能够愉快地学习经济学，能够通过学习经济学获得愉快，并能够更好地理解经济、社会与人生。

　　终于要将书稿交给出版社了。我也像怀胎十月的妇人，见到自己的新生儿时，那种疲惫与兴奋，难以言表。

　　我是一个比较"懒惰"的人。不是我不想写，也不是我不能写，而是怕，怕写出来的东西没有什么意义。能够卖多少，那主要是出版社的事，但如果到了读者手里，人家翻开一看，"什么玩意儿？"那就是我的事了。

　　我不想成为"玩意儿"，也不想我写的东西成为"玩意儿"。我又不是为了评职称，何必呢？

　　但有时候，一些想说的话，堵在心头，也是很难受的。当然，我可以选择写日记的方式，不仅可以不让自己堵，还不用怕别人说"什么玩意儿"。

　　然而我又没有修炼到那么高的境界，功利心还是有的，虽然已不如年轻时。

　　所以，就把它交给了出版社。

　　关于经济学思维，我当然还有很多话想说，但既然属于"思维"类的，也就不能篇幅太长，那样的话，就是教材了。而关于教材，我就更加怕了，因为那弄不好是要误人子弟的，不像现在这个样子，最多被人说"什么玩意儿"罢了。

　　但就像妇人生下自己的孩子后，无论美丑，妇人都是欢喜的。孩子嘛，总是自家的好。

　　然而妇人如果想再生的话，有关优生学、营养学、教育学、医学、心理学、遗传学方面的建议，还是很想听的，因为这个孩子不行，还希望下个孩子好些。

　　所以，无论您的意见如何，我都绝对笑纳，请不吝赐教。我的邮箱是：13308383288@163.com，一定认真拜读，且如果有再版的机会，一定将您的好建议加进去，并注明您在某观点上的著作权。

胡伟清

2021 年 5 月